JN284670

アパレルと健康
―基礎から進化する衣服まで―

日本家政学会被服衛生学部会 編

井上書院

はじめに

　毎日着ている衣服が私たちの健康に与える影響を考えてみませんか？　発熱する素材，吸熱する素材，汗を素早く吸収する素材，皮膚の乾燥を防ぐ素材など，着心地が良いだけでなく，着ていると健康を増進する衣服が街中にいっぱい流通しています。私たちの健康志向を叶えてくれる衣服と街中で頻繁に出逢います。衣服に高機能性を付与した最近のアパレルの動きには，目を見張るものがあります。しかし，衣服の中には，適正な着用のしかたをしないと，身体に悪影響を及ぼすものもみられます。

　私たち社団法人日本家政学会被服衛生学部会では，アパレルと健康の関わりを解明するために，長年にわたって，暑さ寒さに対する身体のしくみを明らかにする研究を継続するとともに，心地よい衣服の圧迫や，心地よい着心地を実現するための生理・心理測定を行い，より進化した衣服の提案なども行っています。また，高齢者や障がい者に優しい衣服についても提案しています。

　本書では，それぞれの部会員が得意とする研究分野の最新情報を盛り込みながら，アパレルと健康の関わりを解説します。日常生活に活かせるアパレルの基礎から進化する衣服までの最新情報がいっぱいです。読者の皆様には，必ず，ご満足いただけると確信しています。是非，手に取ってご一読ください。

　最後に，本書を出版するにあたって，今日の社団法人日本家政学会被服衛生学部会を涵養していただきました諸先輩に深く感謝申し上げます。また，本書の出版にご尽力賜わりました井上書院に，心よりお礼申し上げます。

2012年3月
社団法人日本家政学会被服衛生学部会
部会長　成瀬正春

アパレルと健康　目次

まえがき ……………………………………………………………………… 3
編集委員・執筆者一覧 ……………………………………………………… 10

第1章　健康で豊かな衣生活のために

1.1 「被服衛生学」の成立と発展 ……………………………………………… 12
1.1.1 第2の皮膚－被服の誕生 …………………………………………… 12
1.1.2 「被服衛生学」の定義と歴史 ……………………………………… 13
1.1.3 わが国の「被服衛生学」の発展 …………………………………… 14

1.2 アパレルと健康－豊かな衣生活を求めて ……………………………… 15
1.2.1 既製服時代の被服衛生学－アパレルと健康 ……………………… 15
1.2.2 健康視点から求められるアパレルの機能 ………………………… 15
1.2.3 アパレル機能の評価方法 …………………………………………… 17

1.3 アパレルと健康－近未来を見据えた研究に向けて …………………… 18

第2章　暑さ寒さと健康

2.1 基礎 ………………………………………………………………………… 20
2.1.1 健康の条件 …………………………………………………………… 20
　（1）皮膚温と体温 ……………………………………………………… 20
　（2）体温の種類と測定 ………………………………………………… 20
　（3）体温の変動 ………………………………………………………… 21
　（4）皮膚温 ……………………………………………………………… 23
　（5）平均体温 …………………………………………………………… 23
2.1.2 産熱と放熱 …………………………………………………………… 24
　（1）産熱 ………………………………………………………………… 24
　（2）放熱 ………………………………………………………………… 25
　コラム1　国際単位への換算－1 …………………………………… 27
2.1.3 自律性体温調節と行動性体温調節 ………………………………… 28
　（1）体温調節機構 ……………………………………………………… 28
　（2）産熱と放熱のバランス …………………………………………… 28
　（3）自律性体温調節 …………………………………………………… 29
　（4）行動性体温調節 …………………………………………………… 30
　（5）対寒反応と対暑反応 ……………………………………………… 31

2.2 寒い環境に適した衣服 …………………………………………………… 32
2.2.1 寒冷時の生理反応 …………………………………………………… 32
　（1）体温保持に向けて ………………………………………………… 32
　（2）末梢部への影響〈局所寒冷血管反応〉 ………………………… 33
　（3）循環機能，体温への影響 ………………………………………… 33
　（4）寒冷順化 …………………………………………………………… 34
　（5）性差と冷え性 ……………………………………………………… 34
2.2.2 着衣形態と衣服の形による要因 …………………………………… 36

(1) 衣服とヒトの関係を理解するための基礎事項 ………………………………… 36
　　　(2) 寒冷環境で必要な衣服条件 ………………………………………………………… 37
　　2.2.3 繊維・布の性質による要因 …………………………………………………………… 40
　　　(1) 衣服材料の熱特性 …………………………………………………………………… 40
　　　(2) 水分が衣服材料の熱特性に及ぼす影響 …………………………………………… 40
　　　(3) 衣服材料の水分特性 ………………………………………………………………… 41
　　　(4) 肌着素材の水分特性が健康に及ぼす影響 ………………………………………… 42
　2.3 暑い環境に適した衣服 ─────────────────────── 44
　　2.3.1 暑熱時の生理反応 ……………………………………………………………………… 44
　　　(1) 暑熱時の体温調節 …………………………………………………………………… 44
　　　(2) ヒトの発汗反応 ……………………………………………………………………… 45
　　　(3) 暑熱適応 ……………………………………………………………………………… 47
　　　(4) 地球温暖化と熱中症 ………………………………………………………………… 47
　　2.3.2 着衣形態と衣服の形による要因 ……………………………………………………… 48
　　　(1) 人体からの熱・水分移動および皮膚呼吸への換気の影響 ……………………… 48
　　　(2) 涼しいデザインと着方 ……………………………………………………………… 49
　　　(3) 歩行動作と環境の気流による換気放熱促進 ……………………………………… 50
　　2.3.3 繊維・布の性質による要因 …………………………………………………………… 52
　　　(1) 繊維・布の熱移動に影響を及ぼす要因 …………………………………………… 52
　　　(2) 繊維・布の水分移動に影響を及ぼす要因 ………………………………………… 54
　2.4 進化する衣服 ───────────────────────── 56
　　2.4.1 寒冷対策 ………………………………………………………………………………… 56
　　　(1) 衣服素材の保温機能 ………………………………………………………………… 56
　　　(2) 厳寒対策の電熱服 …………………………………………………………………… 58
　　2.4.2 暑熱対策 ………………………………………………………………………………… 59
　　　(1) 暑熱対策としての冷却衣服 ………………………………………………………… 59
　　　(2) 冷却衣服の熱的快適性 ……………………………………………………………… 60
　　2.4.3 環境条件によって変化する衣服 ……………………………………………………… 62
　　　(1) 発汗および寒暑によって温度調節する布 ………………………………………… 62
　　　(2) 気孔率が放熱量に及ぼす影響 ……………………………………………………… 62
　　　コラム2 世界の衣服（寒い環境・暑い環境） …………………………………… 64

第3章　衣服による圧迫（衣服圧）と健康

　3.1 基礎 ──────────────────────────── 66
　　3.1.1 人体の構造と動き ……………………………………………………………………… 66
　　　(1) 人体の構造 …………………………………………………………………………… 66
　　　(2) 骨格・関節・筋 ……………………………………………………………………… 66
　　　(3) 身体の運動の種類と可動域 ………………………………………………………… 67
　　3.1.2 衣服圧の発生と皮膚の動きに追随する布 …………………………………………… 70
　　　(1) 衣服圧の発生 ………………………………………………………………………… 70
　　　(2) 人体の動きと衣服 …………………………………………………………………… 70
　　　(3) 布の引張特性，体表面の曲率と衣服圧の関係 …………………………………… 71
　　　(4) 皮膚の動きに追随する布 …………………………………………………………… 72
　　3.1.3 衣服圧測定の困難さ …………………………………………………………………… 74
　　　(1) 衣服圧測定法の問題点 ……………………………………………………………… 74

      (2) 衣服圧測定と官能評価，生理的評価 ··················· 75
   コラム3 国際単位への換算-2 ··················· 76
3.2 身体圧迫が健康に及ぼす影響 ··················· 77
   ### 3.2.1 胴部への圧迫 ··················· 77
      (1) 呼吸運動の影響 ··················· 77
      (2) 胴部に圧を生じる衣服 ··················· 78
      (3) 胴部圧迫による内部構造の変化 ··················· 78
      (4) 胴部圧迫による人体への影響 ··················· 79
   ### 3.2.2 脚部への圧迫 ··················· 81
      (1) むくみの原因 ··················· 81
      (2) 静脈還流とリンパ還流のしくみ ··················· 81
      (3) 弾性靴下による脚部の圧迫によるむくみ抑制 ··················· 82
      (4) 脚部圧迫が皮膚血流量に及ぼす影響 ··················· 83
      (5) 加齢に伴うむくみ量の変化 ··················· 83
      (6) 圧感覚からみた弾性靴下の圧力範囲 ··················· 83
   ### 3.2.3 足部への圧迫 ··················· 85
      (1) 履物による弊害 ··················· 85
      (2) 足の健康と靴選び ··················· 87
3.3 寝具による圧迫 ··················· 89
   ### 3.3.1 睡眠と人体生理 ··················· 89
      (1) 睡眠 ··················· 89
      (2) 睡眠時の生理 ··················· 90
   ### 3.3.2 寝具による圧迫 ··················· 92
      (1) 敷寝具の硬さと仰臥時の接触面形状および脊柱曲線 ··················· 92
      (2) 寝姿勢と体圧分布 ··················· 93
      (3) 圧迫とずれによる皮膚循環動態への影響 ··················· 93
      (4) 床ずれ（褥瘡）の発生要因 ··················· 94
      (5) 体圧分散寝具 ··················· 95
3.4 衣服圧を利用した進化する衣服 ··················· 96
   ### 3.4.1 スポーツウェアと記録 ··················· 96
      (1) 競泳用水着の変遷 ··················· 96
      (2) 衣服圧利用による競泳用水着の記録への挑戦 ··················· 96
   ### 3.4.2 局所圧を利用した衣服 ··················· 98
      (1) 表面筋電図の測定 ··················· 98
      (2) 表面筋電図の解析 ··················· 99
      (3) 活動筋の支援・負荷を目的とした弾性衣料の開発 ··················· 99

第4章 皮膚の清潔・肌触りと健康
4.1 基礎 ··················· 102
   ### 4.1.1 皮膚の構造 ··················· 102
      (1) 表皮 ··················· 102
      (2) 真皮 ··················· 102
      (3) 皮下組織 ··················· 103
      (4) 汗 ··················· 103
      (5) 皮脂 ··················· 104

4.1.2 皮膚上の細菌とトラブル ………………………………………………………… 105
  (1) 皮膚常在菌 ………………………………………………………………………… 105
  (2) 皮膚細菌叢と皮膚トラブル ……………………………………………………… 105
  (3) 臭気の発生と消臭・防臭加工 …………………………………………………… 105
   コラム4　足の臭いは冬こそご用心 ………………………………………………… 107
 4.1.3 皮膚の乾燥とトラブル ……………………………………………………………… 108
  (1) 皮膚の最外層：角層の構造について …………………………………………… 108
  (2) 身体部位における皮膚の乾燥 …………………………………………………… 108
  (3) 角層の保湿機能 …………………………………………………………………… 109
  (4) 表皮のバリア機能 ………………………………………………………………… 110
  (5) かゆみ ……………………………………………………………………………… 110
4.2 汚れの付着と衣服機能の低下 ─────────────────────── 111
 4.2.1 肌着 …………………………………………………………………………………… 111
  (1) 汚れの発生源 ……………………………………………………………………… 111
  (2) 汚れの種類 ………………………………………………………………………… 111
  (3) 性能の変化 ………………………………………………………………………… 112
  (4) 肌着の動向 ………………………………………………………………………… 113
  (5) 洗たくの豆知識 …………………………………………………………………… 113
 4.2.2 おむつ ………………………………………………………………………………… 114
  (1) おむつの種類 ……………………………………………………………………… 114
  (2) おむつ着装による皮膚の炎症 …………………………………………………… 115
  (3) おむつのデザイン ………………………………………………………………… 116
  (4) 使用済み紙おむつの処理について ……………………………………………… 116
4.3 心地よい触感 ──────────────────────────── 117
 4.3.1 接触冷温感, 風合い ………………………………………………………………… 117
  (1) 接触冷温感 ………………………………………………………………………… 117
  (2) 布の風合い ………………………………………………………………………… 118
 4.3.2 極細繊維 ……………………………………………………………………………… 120
  (1) 極細繊維の定義と製法 …………………………………………………………… 120
  (2) 細さを活かした高感性機能素材 ………………………………………………… 121
4.4 進化する衣服 ──────────────────────────── 123
 4.4.1 スキンケア加工 ……………………………………………………………………… 123
  (1) スキンケア加工 …………………………………………………………………… 123
  (2) 抗アレルギー加工 ………………………………………………………………… 124
 4.4.2 身体をガードする繊維 ……………………………………………………………… 125
  (1) 制電性繊維 ………………………………………………………………………… 125
  (2) 紫外線遮蔽繊維 …………………………………………………………………… 125
  (3) 電磁波遮蔽繊維 …………………………………………………………………… 126
  (4) 心臓ペースメーカー使用者のための電磁波遮蔽衣服 ………………………… 126
   コラム5　宇宙滞在時の衣服と臭い …………………………………………………… 127

第5章　おしゃれと健康

5.1 基礎 ────────────────────────────────── 130
 5.1.1 こころと健康 ………………………………………………………………………… 130
  (1) 健康とは …………………………………………………………………………… 130

(2) こころとストレス ……………………………………………… 130
　　(3) こころのケア …………………………………………………… 131
　　(4) 着装と健康 ……………………………………………………… 131
　5.1.2 ファッションと心理 …………………………………………… 132
　　(1) 欲求としてのファッション …………………………………… 132
　　(2) ファッションによって生じる感情 …………………………… 132
　　(3) ファッションと色彩 …………………………………………… 133
　　(4) ファッションと高齢者 ………………………………………… 134
5.2 こころを測る ─────────────────────── 135
　5.2.1 生理的情報を測る ……………………………………………… 135
　　(1) 脳波と事象関連電位 …………………………………………… 135
　　(2) 心電図 …………………………………………………………… 136
　　(3) 血圧 ……………………………………………………………… 136
　　(4) ストレスホルモン ……………………………………………… 136
　5.2.2 心理情報を測る ………………………………………………… 137
　　(1) 心理評価の手法 ………………………………………………… 137
　　(2) データ解析 ……………………………………………………… 137
　　(3) 生体計測データはゆらぐ ……………………………………… 138
5.3 おしゃれを楽しむ ──────────────────── 139
　5.3.1 おしゃれの心理的効果 ………………………………………… 139
　5.3.2 おしゃれの生理的効果 ………………………………………… 141
　5.3.3 高齢者とおしゃれ ……………………………………………… 142
　5.3.4 セラピー効果としてのおしゃれ ……………………………… 143
　　(1) ファッションセラピー ………………………………………… 143
　　(2) コスメティックセラピー（化粧療法） ……………………… 143
　5.3.5 おしゃれを楽しむ ……………………………………………… 143
5.4 進化する衣服（五感を刺激する繊維） ───────────── 144
　5.4.1 優美な光沢をめざして ………………………………………… 144
　　(1) ポリエステル繊維の高発色化 ………………………………… 144
　　(2) 光干渉発色繊維 ………………………………………………… 145
　5.4.2 感温変色素材，紫外線変色素材，香る素材 ………………… 146

第6章　機能特化が必要な衣服

6.1 基礎 ───────────────────────── 148
　6.1.1 身体機能の発達と低下 ………………………………………… 148
　　(1) からだの加齢変化 ……………………………………………… 148
　　(2) 成長期の体型変化とからだつき ……………………………… 148
　6.1.2 体温調節反応の加齢変化 ……………………………………… 152
　　(1) 温覚・冷覚感受性 ……………………………………………… 152
　　(2) 温度制御 ………………………………………………………… 152
　　(3) 高齢者に身体負荷の高い更衣（衣服の着脱）環境 ………… 153
6.2 乳幼児と妊産婦の衣服 ───────────────── 154
　6.2.1 乳幼児の体温調節反応と衣服 ………………………………… 154
　　(1) 熱中症 …………………………………………………………… 154
　　(2) 着せすぎによるうつ熱 ………………………………………… 155

  6.2.2　乳幼児のロコモーションと衣服 ·· 156
  6.2.3　妊産婦の衣生活 ·· 157
6.3　高齢者の衣服 ─────────────────────────── 158
  6.3.1　更衣動作の問題点とその配慮 ··· 158
  6.3.2　着脱しやすい衣服の工夫 ··· 160
  6.3.3　着衣着火事故と防災・難燃加工の衣服 ································· 161
  6.3.4　その他の安全性 ·· 163
6.4　障がい者の衣服 ─────────────────────────── 164
  6.4.1　障がい者の現状と各種補装具(身体機能補助増進衣) ········ 164
  6.4.2　補装具(身体機能補助増進衣)の着心地 ··································· 165
  6.4.3　障がいのある人の衣生活 ··· 166
  6.4.4　生活の質(QOL)を高める衣生活 ·· 167

引用文献 ·· 168
参考文献 ·· 170
索引 ·· 172

[編集委員・執筆者一覧]

〈編集委員〉
菅井清美　　新潟県立大学名誉教授
諸岡晴美　　京都女子大学
三野たまき　信州大学
平林由果　　金城学院大学

〈執筆者〉　　　　　　　　　　　　　　　　　　　　　　　　　　　　　　　　〈担当〉
井上真理　　神戸大学大学院人間発達環境学研究科 准教授 博士(学術)　　　　3.1.2
今村律子　　和歌山大学教育学部 教授 博士(医学)　　　　　　　　　　　　3.4.1, 6.3.3, 6.3.4
潮田ひとみ　兵庫教育大学大学院学校教育研究科 准教授　　　　　　　　　　2.3.3
内田有紀　　金城学院大学生活環境学部 非常勤講師 博士(学術)　　　　　　4.4.1
内田幸子　　高崎健康福祉大学健康福祉学部 教授 博士(被服環境学)　　　　5.3
岡田宣子　　東京家政大学家政学部 教授 学術博士　　　　　　　　　　　　6.1, 6.2.2, 6.3.1, 6.3.2
甲斐今日子　佐賀大学教育学部 教授 博士(医学)　　　　　　　　　　　　　4.4.2
菊池直子　　岩手県立大学盛岡短期大学部 准教授　　　　　　　　　　　　　2.4.1
久慈るみ子　尚絅学院大学総合人間科学部 教授　　　　　　　　　　　　　　6.2.1, 6.2.3
小柴朋子　　文化学園大学服装学部 教授 博士(被服環境学)　　　　　　　　2.3.1
斉藤秀子　　山梨県立大学人間福祉学部 教授 博士(被服環境学)　　　　　　3.1.1
薩本弥生　　横浜国立大学教育人間科学部 教授 博士(被服環境学)　　　　　2.3.2
佐藤真理子　文化学園大学服装学部 准教授 博士(学術)　　　　　　　　　　2.2.1
嶋根歌子　　和洋女子大学家政学群 教授　　　　　　　　　　　　　　　　　3.3.2
菅井清美　　新潟県立大学 名誉教授 博士(工学)　　　　　　　　　　　　　5.2, コラム4, 5
髙野倉睦子　元神戸女子大学家政学部 准教授 博士(医学)　　　　　　　　　4.1.1
田村照子　　文化学園大学大学院生活環境学研究科 教授 医学博士　　　　　1.2, 1.3
栃原　裕　　九州大学大学院芸術工学研究院 教授 医学博士　　　　　　　　1.1, 1.3
中橋美幸　　富山県工業技術センター生活工学研究所 主任研究員 博士(学術)　3.4.2
長山芳子　　福岡教育大学家政教育講座 教授　　　　　　　　　　　　　　　4.2.2
成瀬正春　　金城学院大学生活環境学部 教授 医学博士　　　　　　　　　　4.1.2
西原直枝　　聖心女子大学文学部 専任講師 博士(学術)　　　　　　　　　　2.4.2
野上遊夏　　聖徳大学児童学部 准教授　　　　　　　　　　　　　　　　　　5.1.1
平岩暁子　　金城学院大学生活環境学部 非常勤講師 博士(学術)　　　　　　5.1.2
平林由果　　金城学院大学生活環境学部 教授 医学博士　　　　　　　　　　3.2.3, 5.1.2, 6.2.1
深沢太香子　京都教育大学教育学部 准教授 博士(被服環境学)　　　　　　　2.1.1, コラム2
堀　雅子　　福岡教育大学教育学部 教授　　　　　　　　　　　　　　　　　2.2.2
前田亜紀子　群馬大学教育学部 准教授 博士(工学)　　　　　　　　　　　　2.1.3
間瀬清美　　名古屋女子大学家政学部 准教授 博士(医学)　　　　　　　　　4.2.1
丸田直美　　共立女子大学家政学部 教授 博士(被服環境学)　　　　　　　　2.1.2
水野一枝　　東北福祉大学感性福祉研究所 特別研究員 博士(医学)　　　　　3.3.1
三野たまき　信州大学学術研究院教育学系 教授 博士(学術)　　　　　　　　3.1.3, 3.2.1, コラム3
緑川知子　　四條畷学園大学リハビリテーション学部 教授 医学博士　　　　6.4
村上泉子　　(株)カネボウ化粧品スキンケア研究所 主任研究員 博士(工学)　4.1.3
諸岡晴美　　京都女子大学家政学部 教授 学術博士　　　　　　　　　　　　2.2.3, 2.4.3, 3.2.2, コラム1
與倉弘子　　滋賀大学教育学部 教授 学術博士　　　　　　　　　　　　　　4.3.2, 5.4.1
米田守宏　　奈良女子大学生活環境学部 准教授 博士(学術)　　　　　　　　4.3.1, 5.4.2

第1章
健康で豊かな衣生活のために

第1章 健康で豊かな衣生活のために

1.1 「被服衛生学」の成立と発展

1.1.1 第2の皮膚－被服の誕生

　デズモンド・モリスが1967年に出版した著書で，彼は，ヒトを表す言葉として「裸のサル」を用いた。このように，ヒトが他の動物と大きく形態学的に異なっている点は，「直立二足歩行をすること」，「大脳が発達していること」，「犬歯の退化した独自の歯列を持つこと」などのほかに「毛皮を身につけていないこと」が挙げられる。特に哺乳類では，水中動物（イルカなど）や大型動物（ゾウなど）以外では，そのほとんどが，全身に厚い毛皮を身につけている。

　700万年前に，霊長類（チンパンジー）から初めて別れて出現した人類の最古の祖先の猿人も，チンパンジーと同様に，毛皮を身につけていたものと考えられている。しかし，アフリカで進化した原人は，ライオンや狼のような鋭い牙や，チータのような俊敏な足を持たないため，獲物を得るためには，日中，長時間をかけて狩りをしなければならなかった。そのため，直射日光よけの毛皮が，放熱のためにはじゃまとなり，毛皮を脱ぎ捨て，皮膚に汗腺（エクリン腺）が発達し，気化熱により放熱を促進したものと思われる。

　ヒトが再度，毛皮（被服）を身につける契機となったのは，人類の出アフリカである（図1.1）。温暖なアフリカから，寒冷なヨーロッパで生活するには，保温材としての被服が不可欠となった。ネアンデルタール人がヨーロッパや中東で活動したのは，20万年前から3万年前位で，彼らが生きた時代のヨーロッパは，ツンドラ並みの気候であったと思われる。彼らにはその当時，被服を縫う技術はなかったので，着用していたのは毛皮だけであったとされているが，毛皮着用によって寒冷によく耐えられた。

　アフリカに新人が誕生したのは，およそ20万年前とされているが，10万年前には，第二次出アフリカを経験した。4万年前にはクロマニヨン人がヨーロッパに移り住み，現代ヨーロッパ人の祖先となった。精巧な石器を使用し，縫い針で被服を縫い，寒さに対抗することができた[1]。

　ヒトは，その後の技術の発展により，多くの繊維素材を利用・開発し，各種の被服を作製してきた。被服を自己表現の手段として位置づけ，文化として楽しむことも数千年間にわたり行ってきた。また最近では，コンピュータを被服のように身にまとうウェアラブルコンピュータも現実的になっている。このように被服の役割は，寒さから身を守る毛皮の代用品から，「便利・快適」，「安全・安心」，さらには「豊か・楽しい」生活を送るための装備へと大きく変化している。

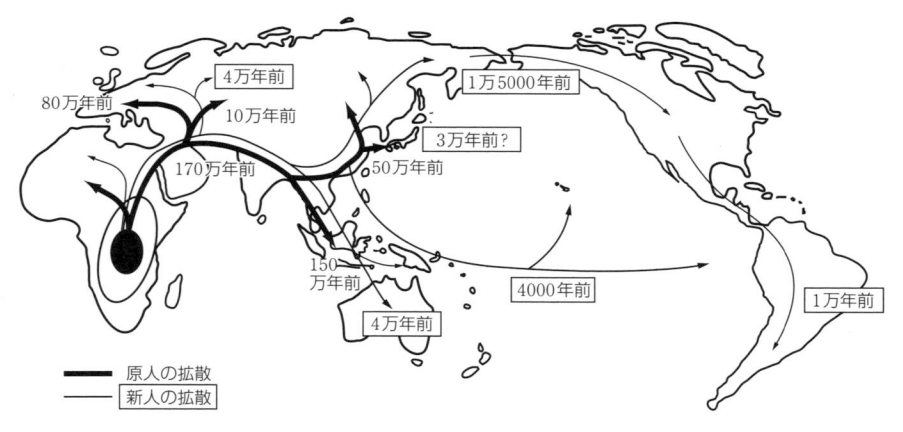

図1.1　人類の地球拡散の歴史。原人の第1次（170万年前）と新人の第2次（10万年前）出アフリカ
（出典：馬場悠男，ホモ・サピエンスはどこから来たか，河出書房，2000, p.69）

1.1.2 「被服衛生学」の定義と歴史

　被服衛生学は，衛生学の一分野である。もともと衛生学とは，文字どおり「生(いのち)を衛(まもる)」という意味で，健康を維持する術を研究する学問である。被服衛生学とは，被服を着用したヒトの健康を維持・増進するための学問であり，「生物としてのヒトの生理・形態・成長・適応などの諸特性を基礎として踏まえ，人間－被服－環境系の中における被服の役割を考究しつつ，安全で快適・機能的な被服の条件や特性，そして，社会生活全般を含めた健康的な衣生活のありかたを追求し，その結果の応用・実践を図る学問」と定義されている[2]。

　医学の祖とされる古代ギリシャのヒポクラテス(Hippocrates, B.C.460～370)は，その著書『空気，水，土地』の中で，環境と衛生の関わりを論じ，健康と疾病を自然現象として科学的に初めて説いたとされているが，被服と健康との関係を特に論じることはなかった。

　19世紀後半に始まる衛生学の確立まで，不衛生な被服，迷信や健康と対立するような美意識により，多くの被服衛生学上の問題が発生した。16～17世紀に流行った乳幼児を細長い布で巻くスワドリングの習慣（図1.2），16～19世紀に流行した西洋での婦人服のコルセット（図1.3），19世紀まで続いた中国女性の纏足（図1.4）などがその典型であろう。

　被服衛生学の基礎ともいうべき，温熱生理学，環境衛生学，代謝生理学の基礎を構築した研究者3名を年代順に紹介する。サンクトリウス(Sanctorius, 1561～1636)は，温熱生理学の祖とも

図1.2　体全体をぐるぐる巻きにされた2カ月の乳児
18世紀になって初めて医師がその害を指摘した。

図1.3　コルセットを着用し，極端にウェストが狭まった女性
正常な呼吸も難しかったと思われる。子供や男性も着用した時代もあった。

図1.4　纏足を施された清時代の婦人たち
長期間の足の拘束により，足骨も大きく変形した。

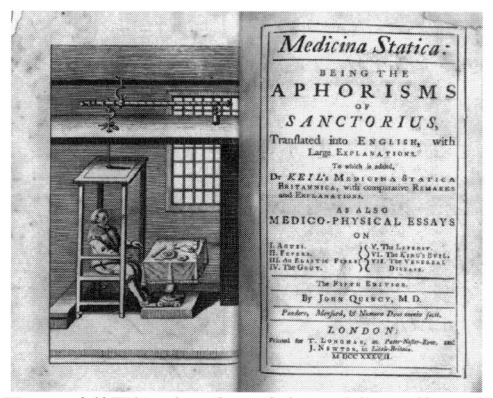

図1.5　人体天秤の上に乗って食事する人物を記載した本
人体天秤の原理・装置は，1900年代中頃の測定器とあまり変わらない。

いうべき人物で，自らが開発した人体天秤(図1.5)により，食事前後の体重を精密に測定し，呼吸や皮膚からの水分蒸発により体重が減少することを明らかにした。これを「不感蒸散」と呼び，健康の維持に重要であると主張した。

ペッテンコーフェル(Pettenkofer, 1818～1901)は，ミュンヘン大学にドイツ初の衛生学講座を設立してその教授を務めた。特に生活環境と病気発生との関係を重視して，生活環境の改善が疾病予防に欠かせないことを論じ，「近代衛生学の祖」「環境医学の祖」とも呼ばれる。

被服衛生学と関わる代謝生理学分野に多くの業績を残したのが，ドイツのカイザー・ヴィルヘルム生理学研究所の設立者の一人で，1913年から1926年の間，所長を務めたルブナー(Rubner, 1854～1932)である。彼は，自作の熱量計を使って体内でタンパク質，脂肪，糖質から発生する熱量を算定し，基礎代謝が体表面積に比例することを明らかにしている。

被服衛生学の発展に寄与した研究所として，1933年にアメリカのイェール大学に設立されたピアス研究所(John B. Pierce Laboratory)を忘れてはいけない。同研究所は，空調条件(温湿度，空気質等)が人々の健康と快適性に及ぼす影響を研究し，新有効温度を開発するなどの多くの業績を挙げてきた。被服条件が温熱快適性に大きく影響を与えるために，研究所では被服を扱った研究も多く実施された。なかでも，ギャッギ(Gagge, 1908～1993)教授らが開発した被服保温力を表す単位clo値は，広く被服衛生学分野で用いられている。

さらに，両世界大戦を通じて，多くの兵士が著しい暑さや寒さにさらされ，兵士の任務遂行や生命保持のための研究が米軍研究所と協力して推し進められた。その研究の集大成である被服衛生学の名著『体温調節の生理学と被服の科学』[3])が出版されたのが1949年であった。

1.1.3 わが国の「被服衛生学」の発展

わが国の被服衛生学の研究は，前述したドイツのペッテンコーフェル教授のもとに留学し，帰国後開設された東京大学医学部衛生学講座の研究者の登壇を待たなければならなかった。第2次世界大戦中には，寒冷地である満州や暑熱地の南方で戦う兵士の軍服の衛生学的研究が，陸軍や医学部衛生学教室で行われた。

わが国における被服と健康に関わる本格的な研究は，第2次世界大戦後に始まった。当初は，従来からの医学部衛生学教室(東京大学の石川知福教授，京都大学の戸田正三教授など)だけであったが，家政系学部に被服学科が新設されると，東京学芸大学(後に文化女子大学教授)の渡辺ミチ教授，奈良女子大学の水梨サワ子教授をはじめ，多くの研究者が被服衛生学研究に携わった。国立研究所でも，厚生省(現厚生労働省)の国立公衆衛生院に開設されていた衣住衛生室において，被服衛生の研究が吉田敬一教授（後に昭和大学医学部衛生学教室教授）を中心に実施された。1976年には，(社)日本家政学会に被服衛生学研究会(現在の被服衛生学部会)が発足し，被服と健康に関わる研究部会やセミナーを通じた勉強会や情報交換が活発に行われ，現在に至っている。

また現在は，被服学科のみならず，人間工学，感性科学，生理人類学，スポーツ科学等の幅広い分野の研究者が，被服と健康に関わる研究に携わり，研究手法も，生理学的評価だけでも，最近の医療電子機器の発達により，従来からの体温測定，被服圧測定，代謝量測定に留まらずに，脳波，筋電図，血流，局所発汗量，脳血流量，心電図波形分析等の最先端の技術が活用されている。

1.2 アパレルと健康－豊かな衣生活を求めて

1.2.1 既製服時代の被服衛生学－アパレルと健康

　前述のとおり，被服衛生学は学問分野を表す名称として確立し，現在まで用いられている。しかし，現実の生活場面においては，被服の名称はほとんど用いられることなく，これに代わって衣服・衣類を総称する用語として，「アパレル」の名称が多く用いられている。

　元来，アパレル（Apparel）の語は，米国で衣服全般を指す用語として使われ，日本では1970年初頭から，「アパレル産業」というように既製服企業関係で使用され始めた。1976年に出された国の繊維産業ビジョンにおいて，アパレル産業の名称と概念が産業全体に認知され，以来，既製衣料の普及に伴い，アパレルの用語が，日本標準商品分類（総務省）では衣服の意，日本標準産業分類（総務省）でも，衣服・その他の繊維製品製造業という使われ方をするに至った。

　現在，アパレルは，衣服・服装など衣服全般，主として洋装系の衣服を意味し，アウターウェア，インナーウェアのほか，アパレル小物（ネクタイ，靴下，手袋，帽子，スカーフ，ハンカチーフ等），さらに広義においては寝具，履物など，いわゆる人体を包む衣料品すべてを含めた，従来の被服と同義語の意味でも用いられる。また，アパレルはアパレル産業の意味にも用いられ，狭義にはアパレル製造業と卸売業を，広義には小売業まで含めた意味で用いられる。

　本書では「被服衛生学」の内容を表す表題として，より現代生活に寄り添ったわかりやすい表現「アパレルと健康」を用い，安全・安心・快適で機能的，さらには心豊かな，真の意味で健康な衣生活のあり方を考えるための基本的な内容と現代社会における課題を取り扱うことにする。

　かつて，被服の調達は家庭内の仕事であり，各家庭において母親が家族一人一人の顔を思い浮かべながら，四季折々の衣服を整えてきた。しかし近年，さまざまな家事労働が急速に社会化する動向の中で，被服の生産も家庭内生産からオーダーメイドへ，そして生産された被服を不特定多数の人々が着用する既製服の時代へと変化し，現代では国境を越えた世界中の人々が，さまざまな国で生産された既製服を利用するに至っている。

　着用者の顔の見えない生産システム，さらに世界的なアパレル企業間の開発・コスト競争の激化は，生産から消費に至るプロセスを複雑化させ，結果的にサイズの不適合や，素材・加工・パターン・縫製のさまざまな段階で生じる不具合や健康問題等を生じさせている。

　また社会の高齢化，環境問題，技術革新による新素材の登場，成熟社会におけるファッション要求等の急激な社会変化が，アパレルの健康問題の質をも変化させつつある。アパレルの生産・流通・消費の各過程に携わる人は，アパレルの設計・製作に関する知識をもつとともに，これを着用する人のことを考え，その生理・形態・運動・心理等の諸特性を踏まえた健康への視点をもつ必要がある。

1.2.2 健康視点から求められるアパレルの機能

　アパレルは人体表面を覆い，外界の気候や物理的環境から人体を保護する役割を果たすとともに，対社会的には，着用者のアイデンティティ，すなわち社会的・文化的・美的価値観を表現する媒体としての役割を果たしている。健康で豊かな衣生活に向けては，この二つの役割，すなわちアパレルの身体的生理的保護機能と，社会的心理的表現機能がともにバランスよく満足されることが求められる。

表1.1にアパレルに期待される具体的な機能をまとめた。本書では，これらを大きく次の5つの内容に分類し，その内容を第2章以下の各章で取り上げることとした。

第2章「暑さ寒さと健康」では，最も重要な機能である衣服の気候適応機能について取り上げる。近年，地球の温暖化現象の進行に伴う夏の猛暑，さらに東日本大震災と福島原子力発電所の事故に伴う電力不足が重なって，夏の熱中症の発症数が急増した。人間にとって体温の維持は健康の基盤であり，衣服の着脱，衣服素材・形態による調節が体温維持に果たす役割は大きい。今後の地球環境問題を考えるとき，屋外はもとより室内においても，衣服による適正な環境適応が必要不可欠となる。

省エネルギーの見地から，夏にはできるだけ高い冷房温度に，冬にはより低い暖房温度に抑制し，かつ国民が健康で過ごすことが望まれる。2005年，環境省主導で開始されたクールビズ，ウォームビズ運動は，このような主旨で開始されたものであり，国民の多くがこれに賛同し，アパレル企業各社も夏を涼しく，冬を温かく過ごすための繊維素材やデザイン，各種アイテムの開発などにしのぎを削っている。本章では，人間の体温調節の生理を基礎に，アパレル製品の気候適応機能を高めるための考え方，また近未来を見据えた進化する衣服の現状等について記述する。

第3章「衣服による圧迫（衣服圧）と健康」では，衣服の機能性，特に着心地の良さに関わる要因として，第一に求められるフィット性と動きやすさ，衣服による拘束性（衣服圧）について取り上げる。前節で取り上げた歴史的に不健康と考えられる衣服例，例えばスワドリング，コルセット，纏足などは，いずれも衣服による身体の締め付けが引き起こした健康障害事例である。現代社会でも強く潜在している女性の痩身志向，そのためのファンデーションなどによる過度な締め付けによる衣服圧は，健康を損ねる要因であるが，一方，最近では適度な衣服圧による身体機能の増進効果，スポーツウェアにおけるパフォーマンスの向上効果等が証明されつつある。衣服圧には功罪のあることを認識した上で，適正に利用することが重要である。いずれにしても，これらの基礎は，人体の構造や形状，運動変形などを理解し，衣服の変形応力によって生じる衣服圧が，人体にどのような生理的影響を及ぼすかを知ることである。衣服圧を利用した進化するスポーツウェアの現状等についても取り上げる。

第4章「皮膚の清潔・肌触りと健康」では，衣服がつねに接触している皮膚との関係について取り扱う。衣服，特に下着や靴下，寝間着など皮膚に接触して着用される衣服は，皮膚から排出される汗や皮脂，垢などを吸収して，皮膚を衛生的に保つ役割を果たしている。おむつや生理用品などでは，この機能が最優先される。また近年，衣服の肌触りが人間の自律神経系や内分泌系に影響するという事例も報告されている。柔らかい衣服に包まれると心地良いし，反対に肌触りが

表1.1 衣服の機能

生命の維持	医療効果	道徳上
危険の防止	身体鍛錬	儀礼上
作業能率の向上	身体の清浄維持	懲罰
スポーツ記録の向上	抗菌消臭	美の表現
動作特性の向上	汚染の防止	個性表現
体温調節の補助	睡眠促進	標識
風雨氷雪への対策	休養促進	威嚇
日射の防御	体の隠蔽	誇示
紫外線防御	体型の維持・補正	反抗
		扮装
		擬態
		伝統・祭礼
		呪術・祈願

（出典：田村照子編著，衣環境の科学，健帛社，2004，p.5）

悪いとイライラすることを経験するが，これが単なる心理的なものではなく，生理学的な効果をもつというものである．本章では，まず皮膚の構造や生理，皮膚から分泌される汚れ，汚れ吸収のメカニズム，肌触りや風合いの評価，さらに近未来に向けた進化するスキンケア繊維等について記述する．

第5章「おしゃれと健康」では，アパレルのもう一つの機能である，心の健康に関わるおしゃれやファッション性について取り上げる．衣服は身体の保護と同時に，着用者のアイデンティティを表現するものである．しかし，人間がなぜおしゃれをしたがるのか，ファッション性とは何かという問いは哲学的であり，また非常に大きいテーマである．ただし，お化粧やおしゃれが，高齢者を元気にする効果は多数報告されており，ここではあくまでも，おしゃれが生理学的にも人間の活性度を上げる効果をもつという視点から，おしゃれの効果やその測定方法について記述することとした．

第6章「機能特化が必要な衣服」では，身体・生理機能の発達と低下，乳幼児や妊産婦，高齢者や障がい者等，健康な人とは異なった配慮を必要とする対象の「衣服と健康」について取り上げる．それぞれの身体機能，運動機能，生理機能の特徴を理解し，その上に立った衣服の機能，素材特性，デザイン上留意すべき点等について考えてみたい．

1.2.3 アパレル機能の評価方法

アパレルの研究・開発に当たっては，製品の機能を正確に評価し，その結果を研究・開発にフィードバックする方法を理解しておく必要がある．現在，アパレル製品の評価方法としては，製品の特性，例えば，吸湿・発熱性や吸水・速乾性，引張荷重伸長特性などを物理的に測定する方法もあるが，アパレルが人体に及ぼす影響，アパレルの快適性を評価する方法としては，人間の3つの反応，すなわち心理反応・行動反応・生理反応を観察・計測する方法がとられる．

このうち心理反応は，着用したアパレルが，「とても動きにくい」，「やや蒸れる」，「べたつく」など，主として言語尺度によって評価される．行動反応は，着用時の動作特性の観察や，競技成績・パフォーマンス等によって評価される．最も客観的評価方法として多く使用されるのは生理反応で，着用時の快・不快が，体温調節，呼吸・循環，運動，神経，ホルモン等の各種反応測定によって評価される．

人間の心理・行動・生理反応は，個人によって大きく異なるため，人体を対象とするこのような研究では，被験者の基本特性の記述が重要である．表1.2に，アパレルと健康に関する研究で重要とされる人間に関する基本測定項目と，心理・行動・生理反応として用いられる測定指標の例を示す．

表1.2 アパレルと健康に関する基本測定項目と心理・行動・生理反応として用いる測定指標

基本測定項目	身体サイズ，形状，体組成，姿勢，性，年齢，人種，生育地域，適応，生体リズムなど
心理反応指標	主観申告，自覚症状，ストレス感，疲労感，快適感などに関する各種官能評価法
行動反応指標	着脱行動，着衣量，姿勢変化，作業域，反応時間，視線の動き，運動能力，作業成績など
生理反応指標	体温調節機能（代謝，深部体温，皮膚温，発汗量，濡れ率，血流量など） 呼吸・循環機能（肺活量，呼吸数，換気量，心拍数，血圧，心電図，血流量など） 運動・感覚機能（筋力，筋電図，重心動揺，筋血流，感覚弁別力，感覚閾値など） 自律・中枢神経系反応（脳波，脳血流，脳電図，心拍変動，血圧変動など） 内分泌系反応（血液・皮脂・尿・汗・唾液中の各種微量成分分析など）

1.3 アパレルと健康－近未来を見据えた研究に向けて

　本書では，各章の中で現在最も先端的な技術を利用した「進化するアパレル」を紹介している。近未来のアパレルと健康に関する研究領域は，おそらくその延長上に広がっていると考えられる。

　アパレルと健康の問題は，一般の衣服だけでなく，特殊機能服（防護服，宇宙服，ウェアラブルコンピュータなど）においてさらに重要な意味をもっている。例えば，アスベストやサリンなどの有害物や鳥インフルエンザ等の危険なウィルスを取り扱う作業（図1.6），最近の原子力発電所の事故処理作業では，作業者の健康を保つ上で防護服の着用が不可欠である。

　ところが，環境に対する防護性能を高めると，夏季には防護服の密閉性により熱中症の危険が増えるなどの問題が指摘され，これらのバランスをいかにクリアするかが問われている。ヒーターやファンを組み込んだヒーター服や冷却服，空調服などはこの解決策として有望である。

　また近年，開発・応用され始めているスマートテキスタイル，例えば，相変換物質（PCM）をマイクロカプセルに内蔵し，繊維素材や織物に練り込んで，過度に体温が上昇しないように調節するインテリジェント衣服も，日常服とともに防護服の健康問題解決策として有効であろう。

　さらには，「ウェアラブルコンピュータ」利用の衣服も多くの可能性を秘めている。これは携帯電話やiPadのような携帯するコンピュータがさらに進化して，被服とコンピュータが合体した衣服である[4]。典型的には，頭部装着型ディスプレーを頭につけ，コンピュータを腰などに付けて利用するが，防護服にコンピュータ機器を備えた「知的防護衣」が完成すれば，われわれの生活安全を格段に向上させるものとして期待されている。

　例えば，このような防護衣を着用すると，防護活動中の活動状況を外部からモニタリングすることが可能となり，さらに活動者の生体情報を連続把握することにより，隊員の安全を確保することもできる。これを一般の高齢者服に応用すると，自宅介護者の生体情報モニタリングが可能となり医療の向上につながる。ソビエトやアメリカが開発してきた宇宙服では，液体による体温調節服（図1.7）などの最先端の研究が続けられているし，宇宙航空研究開発機構が開発した宇宙船内服の技術が，福祉分野の被服にも応用される。

　ヒトの健康と衣服の関係は，日常服・防護服の壁を越えた研究開発の中から，さらなる進化を遂げるものと期待される。変化し続ける環境の中で，着用する人の安全と快適性を研究する領域は，近未来に向けて重要性を増し，被服衛生学の果たす役割はきわめて大きい。

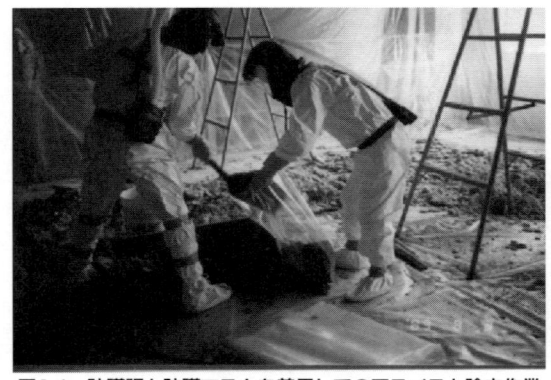

図1.6 防護服と防護マスクを着用してのアスベスト除去作業
作業場はビニールで覆われ，夏には酷暑となる。

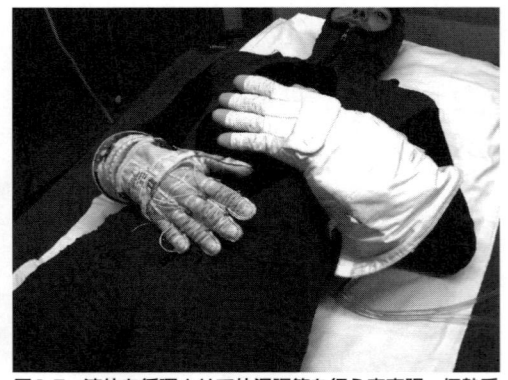

図1.7 液体を循環させて体温調節を行う宇宙服，伝熱手袋を着用しての実験風景

第2章
暑さ寒さと健康

2.1 基礎

2.1.1 健康の条件
(1) 皮膚温と体温

　生物であるヒトは，体温がほぼ一定に維持された恒温動物であるものの，大型であるために，曝露された環境に応じて人体中で示す温度が異なる。人体は，体温調節の観点から，重要な脳のある頭部や臓器のある体幹内部などの核心部（深部）と，皮下組織や皮膚などの外殻部に分けられる。その概念を図2.1に示す。寒冷環境に曝露された場合には，核心部と同温度を示す人体内領域は非常に狭く，外殻表面との間に大きな温度勾配を生じる。一方，暑熱環境に曝露された場合には，外殻部での温度は核心部での温度ときわめて近くなるため，核心部と同じ温度を示す人体領域は広くなる。

　このように，核心部では，生命活動の維持に関わる代謝が主に行われるため，環境によらず恒温性は維持される。それゆえ，ヒトの体温とは核心部において示す温度を指し，これを「核心温」という。一方，外殻部の示す温度を「外殻温」という。外殻温は，体温調節において人体表面からの放熱に深く関与するため，曝露された気温に応じて大きく変動する。外殻温を最も明確に捉えられるのが，体表の温度，いわゆる「皮膚温」である。

　気温が皮膚温に及ぼす影響について，核心温（ここでは，直腸温）とともに図2.2に示す。下着のみを着用した，裸体に近い状態の日本人男子大学生を，気温17℃から34℃に曝露した結果である。核心温は，約17℃の温度範囲の影響を受けず，ほぼ一定の値を示すものの，外殻温である皮膚温は，気温の低下に伴って低下する。特に，体幹から遠位にある末梢の皮膚温低下が著しい。

(2) 体温の種類と測定

　体温（核心温）は，体温調節機能を評価する上で，重要な指標である。その測定は難しいものの，適切な測定部位が実験的に検証されている。その代表的な測定部位として，図2.3に示すとおり，鼓膜，口腔，食道，腋窩，直腸の5部位があげられる。各測定部位における特徴を表2.1に示す。腋窩温や口腔温，鼓膜温は，外気の影響を受けやすい。そこで，これらを体温として測定する場合には，断熱の工夫を要する。

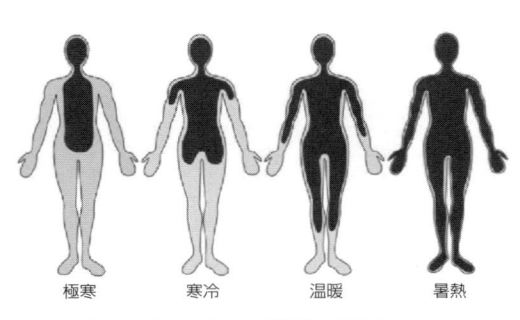

図2.1　人体における核心部と外殻部の概念

濃色部は核心部における温度であり，直腸の場合，約37℃の安定した値を示す。淡色部は外殻部における温度である。外殻部は，気温に応じて示す温度が著しく変化する部位であり，低い気温になるほどその厚さは増す。したがって，低温に曝露されると，核心部と外殻部表面の温度勾配は大きくなる。
（出典：入來正躬，体温生理学テキスト，文光堂，2003，p.3より作成）

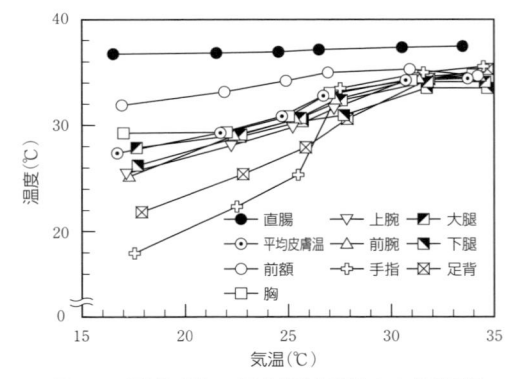

図2.2　気温に対して示す身体各部位の皮膚表面温

核心温である直腸の温度は，気温によらず，ほぼ一定の値を示す。他方，外殻温である各部位の皮膚温は，気温に応じて変動し，その変動は身体部位によって異なる。曝露された気温の低下に伴う末梢における皮膚温の低下は，特に著しい。

1) 腋窩温

専用の温度計（体温計）を，45度の角度で腋窩奥にて密閉し，挟み込む。この状態を10分以上維持して，安定した値を指示値とする。日本人における平均的な値は，36.8±0.29℃である。最も簡単な測定方法であり，被験者への心理的・身体的負担も少ない。

2) 口腔温

専用の温度計を舌下に挿入し，口を軽く閉じる。呼吸は鼻で行うようにして，5分ほど経過した値を指示値とする。舌下の部位による差異は小さく，日本人を対象とした平均値は，37.0±0.22℃である。

3) 直腸温

細長く軟らかい専用のセンサを，肛門から深さ8cm以上，挿入する。計測技術と信頼性，安全性の面から，研究上広く使用されている。センサの挿入深さによって指示値が異なる場合もあるが，直腸温は，安静時において36.6℃から38.0℃の範囲にある。

4) 食道温

心臓の大動脈血流の温度を反映した核心温として測定される。専用の温度計を鼻穴から食道へ挿入する。このとき，センサ先端から長さ40cmまでを挿入することが望ましいとされている。測定には医学的技術を要すると同時に，被験者への負担も大きい。

5) 鼓膜温

体温調節中枢である，視床下部へ流れる内頸動脈血流の温度を反映した核心温として測定される。鼓膜温の直接的測定は倫理上，技術上，非常に難しい。最近は，非接触型測定法として，鼓膜用の放射温度計が開発されている。

(3) 体温の変動

1) 概日リズム

ヒトは，約1日周期の生物リズムをもつことが知られている。これを「概日リズム（サーカディアンリズム）」という。ヒトが睡眠と覚醒を周期的に繰り返すのと同様に，体温にも，図2.4に示

表2.1 核心温の種類と測定時におけるその特徴

核心温の種類	反映身体部位と平均的値	測定技術	被験者への心理的・身体的負担，危険性
腋窩温	体幹 36.8℃±0.29℃ （要測定10分以上）	技術を必要とせず，単純に測定できる。	不快感をもたらすことは，ほとんどない。 電子型センサの場合，破損の危険性は低い。
口腔温	体幹 37.0℃±0.22℃ （要測定5分以上）	技術を必要とせず，単純に測定できる。	軽度な不快感をもたらすことがある。 消毒が不十分だと，感染症の原因となることがある。 使用中のセンサ破損などの潜在的な危険性がある。
直腸温	体幹 36.6℃≦直腸温＜38.0℃ （安静時）	測定には，熟練した技術を必要とする。	不快感をもたらすことが多々ある。 使用時の消毒が不十分だと，感染症の原因となることがある。 使用中のセンサ破損などの潜在的な危険性がある。
食道温	心臓の大動脈血	医学的監視と技術の両方を必要とする。	局所麻酔（湿布または噴射タイプ）を用いて鼻から挿入するため，苦痛や不快感をもたらすことが多い。 使用時の消毒が不十分だと，感染症を引き起こすことがある。 使用中のセンサ破損などの潜在的な危険性がある。
鼓膜温 （放射型，非接触型）	視床下部へ流れる内頸動脈血	間接的測定は，単純に測定できる。	不快感をもたらすことは，ほとんどない。 使用時の消毒が不十分だと，感染症の原因となることがある。

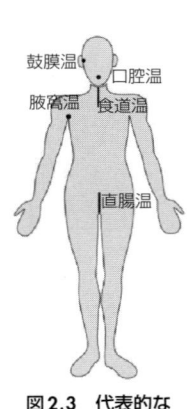

図2.3 代表的な核心温の測定部位

（出典：相原まり子ほか，日本生気象学会雑誌，1993，vol.30，no.4，pp.159-168，栃原裕，人工環境デザインハンドブック，丸善，2009，pp.28-30より作成）

すような概日リズムがある。直腸を核心温とした場合，早朝に最低値を示し，その後は徐々に上昇し続ける。そして，夕方に最高値を迎えて，夜から早朝にかけて低下する。その変動幅は，0.7℃から1.3℃と大きい。体温調節反応には，概日リズムによる差異が生じることも懸念されるので，実験は同一時刻に行うことが望ましい。

2）性周期による体温の変動

性成熟期にある女性は，月経周期に伴い体温の変動が認められる。起床直後の覚醒時における核心温を「基礎体温」といい，性周期における基礎体温の変動を図2.5に示す。基礎体温は，低温相と高温相に分けられる。月経から排卵期までは，基礎体温は低温相にあり，排卵期を迎えた際に，さらに0.2℃から0.3℃程度の一過性の低下を示す。その後，基礎体温は，排卵期よりも約0.5℃程度の上昇した高温相となる。この状態は14日程度継続されて，月経を迎える頃に再び低温を示す。

女性ホルモンであるエストロゲン中のエストラジールは，熱産生を抑制し，同時に放熱を促進するため，核心温を低下させることが，一方，プロゲステロンは熱産生を促進し，放熱を抑制することが，動物実験より報告されている。これより，性周期による基礎体温の変動は，女性ホルモンの影響によるものであると考えられている。

3）年齢による体温の低下

体温は，年齢によって異なることが知られている。各年齢におけるヒトの腋窩温について，**表2.2**に示す。腋窩温の場合，生後に高値を示した後，徐々に低下して，10歳程度までの間に安定する。65歳以上の高齢者における腋窩温は，10歳から50歳までの年齢群よりも0.23℃程度低温となる。

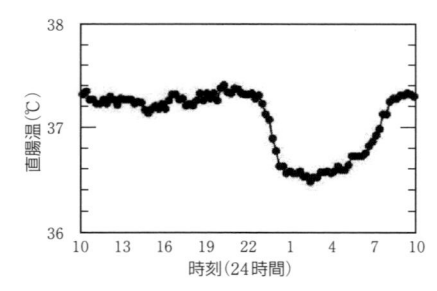

図2.4 核心部である直腸温の日内変動

核心温は，早朝に最低値を示して，夕方から夜にかけて最高値を示すサイクルを，約24時間の周期で繰り返している。

表2.2 加齢による腋窩温の変化

年　齢	腋窩温
0〜1歳	37.09℃
2〜3歳	37.08℃
4〜5歳	37.12℃
6〜9歳	37.06℃
10歳以上	37.01℃
10〜50歳	36.89 ± 0.34℃
65歳以上	36.66 ± 0.42℃

（出典：入來正躬ほか，日本老年医学会雑誌，1975，vol.12，pp.172-177，入來正躬，体温生理学テキスト，文光堂，2003，p.27より作成）

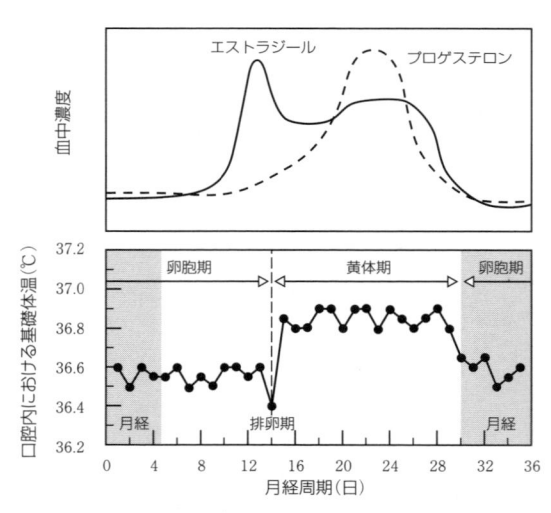

図2.5 性周期における基礎体温と血中女性ホルモンの変動

エストロゲン中のエストラジールが分泌されると，基礎体温は低下して排卵期を迎える。その後，プロゲステロンが分泌されると，基礎体温は上昇する。体温が測定部位によって異なるのと同様に，基礎体温は測定部位によっても異なる。

（出典：細野剛良，からだと温度の事典，朝倉書店，2010，pp.43-45より作成）

(4) 皮膚温

ヒトの体温は，環境温度によらず，ほぼ一定値を示すのに対して，人体の外殻温である皮膚温は，環境温度に応じて大きな変動を示す。しかしながら，図2.2でも示したとおり，環境温度に対する皮膚温の変動は，身体の部位によって異なる。具体的には，寒冷環境に曝露された場合，頭部や体幹における皮膚温の低下は小さいものの，体幹から遠位となる四肢やその末梢部における皮膚温には，著しい温度低下が生じる。

このように，人体は一個体でありながら，皮膚温には部位的な差異が認められる。そこで，下記の式に示すとおり，身体部位における皮膚温(T_i)と，当該部位が全身中に占める面積比(a_i)より，全身における平均的な皮膚温が求められる。これを「平均皮膚温($\bar{T}_{sk}$)」という。

$$\bar{T}_{sk} = \sum_{i=1}^{n} a_i \cdot T_i$$

ここで，a_iは表2.3に示すとおりである。その表中番号に該当する身体計測部位を図2.6に示す。

(5) 平均体温

ヒトの体温は，ほぼ一定に維持されるものの，外殻温は環境温度に応じて大きく変動する。したがって，人体における平均的な温度は，環境温度によって異なる。そこで，核心温と皮膚温を用いて得られる平均体温(T_b)が，人体の平均的な体温として定義されている。直腸(T_{re})を核心温として用いる場合には，下記の式のとおり，気温に応じて核心温と皮膚温の重み付け係数は異なる。平均体温は，人体の貯熱量を求める際に必要であり，体熱平衡の検討によく用いられる。

$T_b = 0.6 T_{re} + 0.4 \bar{T}_{sk}$　　　（寒冷環境）

$T_b = 0.65 T_{re} + 0.35 \bar{T}_{sk}$　　（中性環境）

$T_b = 0.8 T_{re} + 0.2 \bar{T}_{sk}$　　　（暑熱環境）

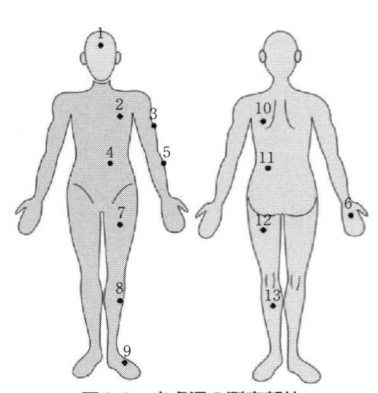

図2.6　皮膚温の測定部位
（図中の番号は，表2.3を参照）

表2.3　体表面積による平均皮膚温算出の係数 a_i

身体部位 図2.6中の番号	提案者 部位	HardyとDubois 7点	12点	Ramanathan 4点	Horiら 10点	入來 8点
1	額	0.070	0.070		0.098	0.070
2	胸		0.088	0.300	0.083	0.090
3	上腕			0.300	0.082	0.130
4	腹	0.350	0.088		0.162	0.180
5	前腕	0.140	0.140		0.061	0.120
6	手背	0.050	0.050		0.053	
7	大腿前	0.190	0.095	0.200	0.172	0.160
8	下腿前	0.130	0.065	0.200	0.134	0.160
9	足背	0.070	0.070		0.072	
10	背		0.088		0.083	0.090
11	腰		0.088			
12	大腿後		0.095			
13	下腿後		0.065			
全身		1.00	1.00	1.00	1.00	1.00

（出典：栃原裕，人工環境デザインハンドブック，丸善，2009，pp.28-30，入來正躬，体温生理学テキスト，文光堂，2003，p.9，Hori, S, et al., Jap. J. Physiol. 1977, vol. 27, pp.525-538 より作成）

2.1.2 産熱と放熱

(1) 産熱

体内に摂り入れられた食物を消化・吸収し，呼吸によって取り込まれた酸素によって酸化・燃焼させて，体温維持などの生命活動や運動エネルギーとして利用される。この仕組みを「エネルギー代謝」といい，産出されるエネルギーを「エネルギー代謝量」という。エネルギー代謝量のうち約20%は，筋収縮や組織増殖など機械的・化学的，あるいは電気的エネルギーとして用いられるが，残りの約80%は熱エネルギーに変換され，体外に放散される。図2.7にエネルギーの流れを示す。主なエネルギー源は，3大栄養素である糖質，脂質，タンパク質である。

エネルギー代謝は，呼吸による酸素消費量と二酸化炭素排出量から求めることができる。近年はガスマスクを着けることなく，部屋に入っただけでヒトの呼気と吸気を自動的に分析できるエネルギー代謝測定室（ヒューマンカロリーチャンバー）も開発されている。

エネルギー代謝には，基礎代謝，労作代謝（運動時代謝），食事誘導性代謝などがある。

1) 基礎代謝

エネルギー代謝は，食物の消化・吸収，環境温度，身体的・精神的条件などの影響で変化するため，そのような影響を除いた条件における生命維持に必要な覚醒時の最小限のエネルギー代謝を「基礎代謝」という。通常，快適条件下，早朝空腹時，覚醒安静状態で測定される。基礎代謝量は，同じヒトではほぼ一定の値を示す。

表2.4に日本人の年齢別，性別基礎代謝基準値を示す。体重当たりの基礎代謝量は，幼少期が最大で，20歳くらいまでは低下が著しく，以後は緩やかな低下を示す。女性は男性より基礎代謝量が少ない。これは，男性より代謝活動の低い脂肪量が多いためである。この差は成人で大きく，幼少期や高齢者では小さくなる。また，日本人を対象とした測定で，基礎代謝量は冬高く，夏低いという季節差も報告されている。睡眠時のエネルギー代謝量は基礎代謝量の約0.7～0.8倍，座位安静時のエネルギー代謝量は基礎代謝の約1.2倍程度である。

2) 運動時代謝

運動をすると，それに伴って骨格筋の収縮が起こり，安静時の酸素摂取量に加えて多くの酸素

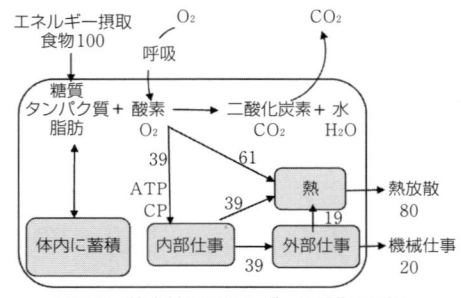

図2.7 体内外のエネルギーの平衡モデル

食物として潜在的なエネルギーが，100単位体内に供給されたものとする。呼吸によって取り込んだ酸素によって燃焼させ，エネルギーとして放出される。人体の外部仕事の機械効率は，およそ20%である。

（出典：Carlson, L.D. & Hsieh, A.C.L.：Control of Exchange, Macmillan, 1970, p.15）

表2.4 日本人の基礎代謝基準値と基礎代謝量

年齢(歳)	男性 基礎代謝基準値 (kcal/kg/day)	男性 基準体重での基礎代謝量 (kcal/day)	女性（妊婦，授乳婦を除く） 基礎代謝基準値 (kcal/kg/day)	女性 基準体重での基礎代謝量 (kcal/day)
1～2	61.0	710	59.7	660
3～5	54.8	890	52.2	850
6～7	44.3	980	41.9	920
8～9	40.8	1,120	38.3	1,040
10～11	37.4	1,330	34.8	1,200
12～14	31.0	1,490	29.6	1,360
15～17	27.0	1,580	25.3	1,280
18～29	24.0	1,510	22.1	1,120
30～49	22.3	1,530	21.7	1,150
50～69	21.5	1,400	20.7	1,110
70以上	21.5	1,280	20.7	1,010

各年齢別基礎代謝基準値に各自の体重をかけると，その人の1日の基礎代謝量を算出することができる。18～29歳女性の基礎代謝基準値は，2005年度よりわずかだが減少している。

（出典：厚生労働省，日本人の食事摂取基準(2010年版)）

が必要になるため，代謝量は増加する。運動量の指標としては，エネルギー代謝率（RMR）が用いられている。RMRは，以下の式で表される。

$$RMR = （運動時代謝量 - 安静時代謝量）／基礎代謝量$$

同じ運動をしても，体格によって運動時代謝量は異なるが，基礎代謝量当たりにすることで個人差をなくし，運動の強度を簡単な数字で表すことができる。しかし，エネルギー代謝率は安静時代謝量をゼロとして算定しているため，基礎代謝率や睡眠時代謝量がマイナスの値になる。

また，安静時のエネルギー代謝量を1METとして，運動時のエネルギー代謝量がその何倍にあたるかを表すMETSも指標として用いられている。これは，標準的な男性の安静時代謝量（$1MET = 50 kcal/m^2 \cdot h = 58.2 W/m^2$）を基準とする指標である。METSは，以下の式で表される。

$$METS = 運動時代謝量／安静時代謝量$$

RMRとMETSの換算式は，安静時代謝量を基礎代謝量の1.2倍とみなせば，以下のようになる。各種運動時代謝量と代謝率を**表2.5**に示す。

$$RMR = 1.2 \times (METS - 1)$$
$$METS = 0.833 \times RMR + 1$$

3）食事誘導性代謝

食物を摂取することにより，エネルギー代謝が増加することを「食事誘導性代謝」という。これは，摂取した食物中に含まれている糖質，脂質，タンパク質のエネルギー源栄養素の比率によって異なる。

（2）放熱

体内の熱は，呼吸気道や体表面から体外に放散される。これを「放熱」という。

1）呼吸に伴う放熱

呼吸により吸い込んだ空気は，加温・加湿されてはき出される。この時，体内から熱が移動する。以下に述べる体表面からの放熱に比べると小さいので省略されることもあるが，山岳高所などの低圧環境においては配慮されなければならない。

表2.5 各種運動時の代謝量と代謝率

活動		代謝*(W)	METS	RMR	活動		代謝*(W)	METS	RMR
安静時	睡眠時	70	0.7	−0.4	自動車運転	乗用車	100〜195	1.0〜2.0	0.0〜1.2
休息	いす座	75	0.8	−0.2		重機	315	3.2	2.6
	立位	120	1.2	0.2	家庭内作業	料理	160〜195	1.6〜2.0	0.7〜1.2
事務所	いす座読書	95	1.0	0.0		掃除	195〜340	2.0〜3.4	1.2〜2.9
	いす座ワープロ	110	1.1	0.1	工場内作業	ミシン掛け	180	1.8	1.0
	いす座ファイル整理	120	1.2	0.2		軽作業	195〜240	2.0〜2.4	1.2〜1.7
	立位ファイル整理	135	1.4	0.5		重作業	400	4.0	3.6
	歩き回る	170	1.7	0.8	ツルハシ，ショベル作業		400〜475	4.0〜4.8	3.6〜4.6
	梱包作業	205	2.1	1.3	レジャー	社交ダンス	240〜435	2.4〜4.4	1.7〜4.1
平坦地歩行	時速3.2km/時	195	2.0	1.2		美容体操	300〜400	3.0〜4.0	2.4〜3.6
	4.8km/時	255	2.6	1.9	テニス	シングル	360〜460	3.6〜4.7	3.1〜4.4
	6.4km/時	375	3.8	3.4	バスケットボール		490〜750	5.0〜7.6	4.8〜7.9
					競技	レスリング	700〜860	7.0〜8.7	7.2〜9.2

＊：標準的体表面積（$1.7 m^2$）のヒトを想定
各種運動時の代謝量とMETS，RMRを示す。スポーツや重作業をすると代謝量が増加し，代謝率も高くなる。「いす座読書」が安静時代謝量に相当し，METSでは1，RMRでは0となる。
（出典：ASHRAE：1993 ASHRAE Handbook, Fundamentals, Chapter 8, pp.7-8）

2) 体表面からの放熱

体熱は，血液によって体内の各部に運搬され，やがて体表面から伝導，対流，放射，蒸発の四つの経路によって体外に放散される。

①伝導（conduction：K）　物体内で物質の移動を伴わずに，熱が温度の高いほうから低いほうへ流れる現象を「熱伝導」という。熱伝導による放熱量は，温度勾配に比例する（フーリエの法則）。人体と直接接している物体に熱が移動する現象をいい，単位時間に移動する全熱量は，以下の式で表される。同一環境でも，物質の熱伝導率が異なるため，触れたときの冷たさの感じ方は異なる。いろいろな物質の熱伝導率を**表2.6**に示す。

$$K = \frac{\lambda}{d}(t_s - t_o)A_k$$

ここで，K：伝導による放熱量（W），λ：熱伝導率（W/(m·K)），d：接触物質の厚さ（m），t_s：皮膚温（K），t_o：接触物質の温度（K），A_k：有効伝導面積（m²）である。

②対流（convection：C）　空気や水のような流体の移動によって熱が移動する現象を「対流」という。静止している人体において，体表面に接した空気は，暖められて軽くなり上昇気流を生じる。これを「自然対流」という。これに対して，動作や風によって自然対流が無視される場合を「強制対流」といい，放熱は促進される。夏季に扇子やうちわを使って涼をとるのも，強制対流を起こして放熱を促進させていることになる。人体からの対流による放熱量は，以下の式で表される。

$$C = h_c(\bar{t}_s - t_a)A_c$$

ここで，C：対流による放熱量（W），h_c：対流熱伝達率（W/(m²·K)），$\bar{t}_s$：平均皮膚温（K），t_a：気温（K），A_c：有効対流熱伝達面積（m²）である。

③放射（radiation：R）　物体間で熱放射線（電磁波）の形でエネルギーが伝わる現象を「放射」という。熱放射線は「赤外線」とも呼ばれ，可視光線より波長が長く（0.7μm～1mm），目に見えない光である。私たちの住む地球は，太陽の放射熱で暖められている。また，こたつやファンヒーターからの放射熱で，体を温めることもできる。しかし，冬の寒い室内で周囲の壁の温度が低いと，体熱が奪われる。人体からの放射による放熱量は，以下の式で表される。

$$R = \sigma \cdot \varepsilon (\bar{T}_s^4 - T_r^4)A_r$$

ここで，R：放射による放熱量（W），σ：ステファン・ボルツマン定数5.67×10^{-8}（W/(m²·K⁴)），ε：皮膚の放射率，$\bar{T}_s$：皮膚の平均絶対温度（K），T_r：平均周壁絶対温度または平均放射温度（K），

表2.6　いろいろな物質の熱伝導率

物　質	測定温度 °C	熱伝導率 W/(m·k)	物　質	測定温度 °C	熱伝導率 W/(m·k)
銀	0	428	水蒸気	0	0.016
銅	0	403	綿布	40	0.08
鉄	0	83.5	綿（繊維軸方向）		2.90
コンクリート		1.0	綿（軸に垂直方向）		0.243
木材（乾）	25	0.18	毛布	30	0.04
紙		0.06	羊毛（繊維軸方向）		0.48
氷	0	2.20	羊毛（軸に垂直方向）		0.16
水	0	0.56	ポリエステル（繊維軸方向）		1.30
空気	0	0.024	ポリエステル（軸に垂直方向）		0.16

人体に接触する物質の熱伝達率が大きいほど，人体からの放熱量も多くなる。公園で鉄のベンチに座ると非常に冷たく感じるが，木のベンチではあまり冷たく感じないのはこのためである。

水は熱伝導率が空気の約25倍，繊維の熱伝導率は空気の約10倍である。布の見かけの熱伝導率は，布の構成要素である繊維の熱伝導率，繊維の異方性，繊維の体積分率などによって影響される。

（出典：理科年表　平成23年，丸善（2010），および環境としての被服（家政学シリーズ），日本家政学会より作成）

A_r：有効放射面積(m^2)である。

人体の放射率(ε)は，皮膚の色とは関係なく，0.95～0.99程度である。人体の有効放射面積(A_r)は，四肢内側面が外部に対する放射面とならないことや姿勢によって異なるため，体表面積の0.70～0.85程度である。

④**蒸発**(evaporation：E)　水が皮膚表面から蒸発する際に，気化熱が人体から奪われる。これは，水の相変化を伴う熱の移動で「蒸発放熱」という。皮膚表面からの蒸発には，不感蒸散と発汗がある。蒸発による放熱量は，以下の式で表される。

$$E = 2430P$$

ここで，E：蒸発による放熱量(W)，P：水分蒸発量(g/s)，式中の2430(J/g)は水の蒸発潜熱である。

体表面からの放熱のうち，伝導，対流，放射によって放散される熱を「乾性放熱」，または「顕熱移動」といい，蒸発によって放散される熱を「湿性放熱」，または「潜熱移動」という。人体からの放熱経路とそれに伴う温熱環境因子との関係を**図2.8**に示す。

図2.9に室温と熱放散量の関係を示す。環境温が平均皮膚温より低い場合は，主に伝導，対流，放射による乾性放熱と不感蒸散による蒸発によって行われるが，環境温が平均皮膚温より高くなると，環境から熱が体内に入ってくることになり，有効な放熱経路は汗の蒸発のみとなる。

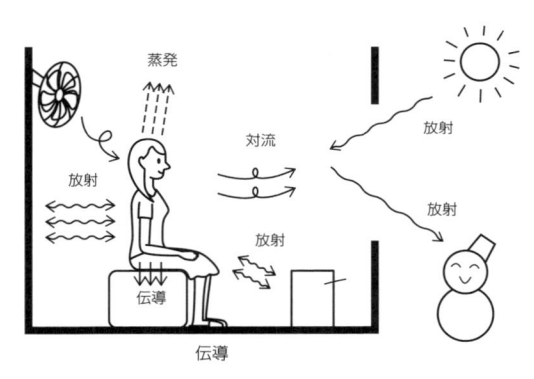

図2.8　人体からの放熱メカニズム

体熱は体表面から，伝導，対流，放射，蒸発によって外界に放散される。環境温が皮膚温より低い場合は，マイナス放熱（吸熱）となる。

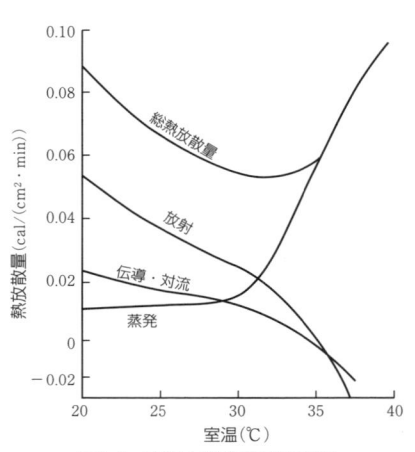

図2.9　室温と熱放散量の関係

寒冷環境では，放射による放熱が最大で，次いで伝導，対流，蒸発の順となる。環境温の上昇とともに，放射・伝導・対流による放熱は減少し，環境温が29℃を超えるあたりから急激に低下する。逆に発汗が始まるとともに，蒸発による放熱が急増する。
(出典：岸恭一，やさしい生理学，改訂第6版，南江堂，2011，p.137)

コラム1　国際単位への換算－1

	従来の単位	国際単位
熱量	kcal 1 0.2388	kJ 4.1868 1
熱流束	kcal/($m^2 \cdot h$) 1 0.8598	W/m^2 1.163 1
熱伝導率	kcal/(m・h・℃) 1 0.8598	W/(m・K) 1.163 1

温度差：1℃ = 1K
0℃ = 273K
（例）20℃ = 293K（= 20 + 273）

2.1.3 自律性体温調節と行動性体温調節

(1) 体温調節機構

　衣服を着用した体表面は，被覆部と露出部に区分される。被覆部では衣服気候が形成され，露出部と併わせて暑さ寒さを感じている。衣服の外側には住居があり，さらにその外側には自然環境があり，風土や文化もある。これらが体温調節に関わっている。

　脊椎動物における系統樹では，爬虫類までは変温動物であり，それ以後の鳥類および哺乳類から恒温動物となった。なお恐竜については，恒温動物に類似していたと考えられている。恒温動物としての戦略は，代謝水準を高く維持することによって，低温環境下でも活動を可能とすることであり，食物連鎖において上位を占めることとなった。

　図2.10は，さまざまな動物およびヒトにおける外気温と直腸温の関係について示したものである。ヒト以外の動物では，環境温の増大に伴い，あるポイントから急に直腸温が上昇するのに対し，ヒトは比較的安定した推移を示す。これは発汗機能が発達しているためである。非力である人類が，食物連鎖の頂点に立つことができた最大の要因は，脳の発達にあるとされるが，発汗による体温調節能力も大いに寄与していると思われる。

(2) 産熱と放熱のバランス

　恒温動物であるヒトの深部体温は，朝方は低く，夕方は高いという日内リズムを伴いながら，ほぼ一定の範囲（37℃前後）に保つよう調節されている。この現象は「体内恒常性（ホメオスタシス）維持」と呼ばれ，体内で生産される熱量（熱産生）と，身体外部へ放出される熱量（熱放散）のバランス調節による。生命現象は，ある温度範囲内で起こる一種の化学反応である。化学反応にとって熱は重要であり，体温を適切な範囲に保つことは，生命維持のための鍵となる。

　図2.11は，体熱平衡について模式的に示したものである。下に体熱平衡式の概念について示す。

$$産熱量 - 放熱量 = S$$

産熱に関わるものは，人体における代謝であり，寒冷時における震えや作業などによって増大する。発汗はつねに放熱として作用する。放熱量には，前節において示された伝導（K），対流（C），放射（R）が関わっており，人体が置かれた状況に応じ，おのおのの値は増減する。

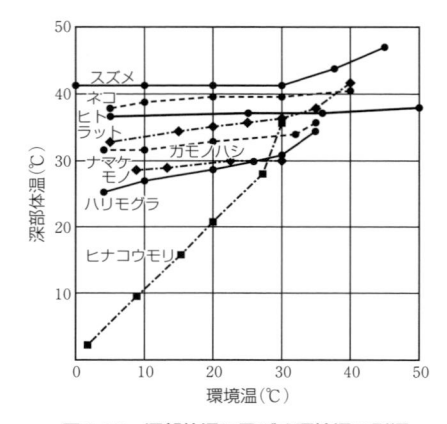

図2.10　深部体温に及ぼす環境温の影響

いろいろな動物が，異なる環境温に曝露されたときの深部体温の変化について示してある。ヒトは他に比べてきわめて安定していることがわかる。
（出典：Hensel, et al., Temperature and Life, Springer, 1973, p.515 より作成）

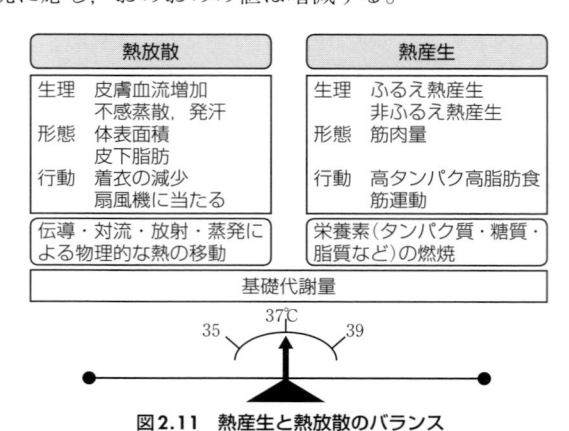

図2.11　熱産生と熱放散のバランス

熱放散と熱産生は，天秤のように互いにバランスを保っている。熱放散が亢進すると，天秤は左側に傾き，体温は低下する。すると，やがて熱産生機能が働き，天秤の針が元に戻る。こうした作用には，生理，形態，行動などが関わっている。
（出典：日本生理人類学会編，生理人類士テキスト，2010，p.131 より作成）

S については，次式のように表すことができる。定数0.83は人体の比熱を意味する。

$$S = (0.83 \cdot m/A)(\Delta \bar{T}_b/\Delta t)$$

ここで，S：貯熱量(W/m²)，m：体重(kg)，A：体表面積(m²)，$\Delta \bar{T}_b/\Delta t$：平均体温変化量(℃/h)である。平均体温に変化がない状態では，S はゼロとなる。また，放熱量が不足して体温が上昇するとき，S はプラスとなる。

ヒトは食物を摂取し，呼吸し，ミトコンドリアによるATP産生を通じて，生体の維持，運動，成長，生殖などが展開されている。そうした過程で熱エネルギーが産生され，これが体温調節に関わっている。図2.11に示している基礎代謝量とは，恒温動物として生きるために必要とされる覚醒時における最少エネルギー量を意味し，生命活動のベースとなっている。日本人成人男子の場合，ほぼ70Wに相当する。

アトウォーター係数とは，栄養素がもたらす熱量の指標であり，糖質，脂質，タンパク質ではそれぞれ4, 9, 4kcal/gである。また「食事誘発性産熱反応」，あるいは「特異動的作用」と呼ばれる現象もある。これは文字通り，食事に伴う体温上昇作用であり，この効果はタンパク質において高い。図2.12に示されるように，2～3時間後に極大に達し，約10時間続く。寒冷下で高タンパク高脂質食が好まれる理由の一つとされる。

身体が寒冷に曝露されると，骨格筋が収縮し，「ふるえ熱産生」がもたらされる。また，「非ふるえ熱産生」と称される現象もある（後述）。

血液は熱も運ぶ。皮膚表面の近くを流れる血管は，寒冷下では収縮し，暑熱下では拡張する。これにより体外へ向かう熱流が調節される。脳は多くのエネルギーを消費する器官であり，その値は基礎代謝量の約1/3に相当する。しかしながら，通常われわれの脳はいたってクールであり，特に発熱を感じない。その理由は，顔の皮膚表面において，血液がいったん冷やされた後，脳内に注がれるためである。これを「選択的脳冷却」と称する。

正常な皮膚表面はつねに湿っており，絶えず水分が蒸発している。これを「不感蒸散」と称し，通常の暮らしにおいて，1日当たり約900mℓといわれている。このうち1/3は呼吸から，また2/3は皮膚から放出される。不感蒸散域を超えて環境温が高くなると，発汗が開始される。

1gの水の気化熱は2.43kJに相当し，熱放散にとって発汗はきわめて効率がよい。クーラーがない状況にあっては，唯一の熱放散手段である。気流や風は蒸発を促し，通常，これにより熱放散は進むが，著しい高温下では，風は体温上昇作用をもたらす。このように風が逆効果となる気温は，相対湿度が100％であるとき，およそ36℃である。

(3) 自律性体温調節

自律性体温調節とは，不随意的に起こる熱産生および熱放散に関わる効果器の反応（代謝，血管運動，発汗，立毛など）を意味する。図2.13のように，情報伝達経路の違いにより，中枢神経性体温調節と内分泌性体温調節に分類されている。自律性体温調節反応の第一段階は，血管の収縮あるいは拡張によるものである。

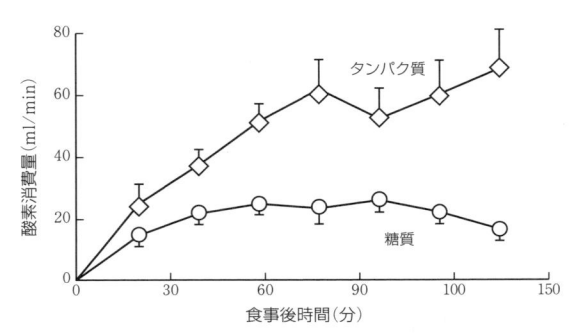

図2.12 食事誘発性産熱反応

健常な人における，タンパク質または糖質300kcalを含む食事後の温熱応答を示したもの。
（出典：入來正躬，体温生理学テキスト，文光堂，2003，p.40）

交感神経系による調節において，血管平滑筋細胞にあるα1受容体がアドレナリンを受容し，平滑筋が収縮し，その結果，血管が収縮する。内分泌系においては，血管収縮を引き起こす物質であるアドレナリンが副腎髄質より放出され，血液によって全身に運ばれ血管収縮が生じる。発汗の調節も交感神経によって行われる。交感神経末端よりアセチルコリンが放出され，これが汗腺にあるムスカリン受容体で受容され発汗が生じる。

寒冷時には，骨格筋の収縮による熱産生反応が生じる。このふるえ熱産生には，体性神経系が関与している。一方，褐色脂肪細胞あるいは内臓においては，ふるえを伴わない，非ふるえ熱産生がもたらされる。なお，前者には交感神経系が，後者には内分泌系が関与している。

図2.14は，生体と気温との関係を模式的に示したものである。著しい高温または低温は，おのおの高体温症および低体温症をもたらし，やがて熱中死および凍死に至る。生存可能な領域は，物理的調節域と化学的調節域に大別される。物理的調節域は，さらに湿性調節域と乾性調節域に区分される。湿性調節域では発汗作用に依存し，乾性調節域は血液配分や血流量の変化による。化学的調節域では，ふるえ熱産生，非ふるえ熱産生，筋運動の増減によって調節されている。

中性温域とは，安静時の代謝量が最低レベルに維持できる環境の温度範囲を意味し，その下限と上限の温度をおのおの「下臨界温」および「上臨界温」という。

自律性体温調節反応には個体差があり，性，体格，体組成，年齢，日内リズム，月経周期などが関与する。また，運動，飲酒，喫煙などの生活習慣も関わっており，これらは特に血管の収縮拡張反応に影響を及ぼす。さらに，順化や適応といった現象もみられる。例えば，長期にわたって高温に曝露されることにより，発汗による体温調節能力が向上する。また，冷たい海水に浸る海女では，ふるえが発生する水温は一般人より低くなる。

（4）行動性体温調節

自律性体温調節が不随意的に起こる生体反応であるのに対し，行動性体温調節は意識的に実行されるものであり，身体活動水準，生体リズム，季節変化，その他に応じて温熱的に快適あるいは適切な状態を得ようとする行動である。表2.7に，各種の物理的要因に対応する行動性体温調節の主な例を示した。

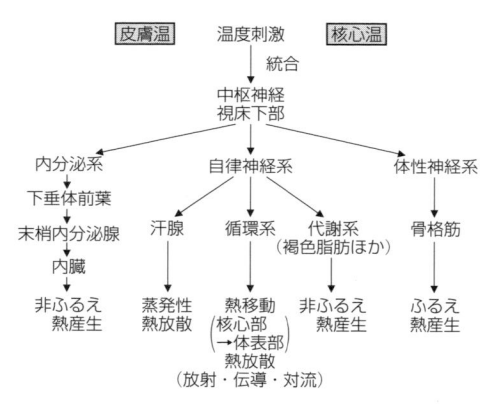

図2.13　自律性体温調節に関与する調節型の大要

視床下部は，体温調節の中枢である。ここに身体各部から温度情報が届けられる。それらの情報が統合され，内分泌系，自律神経系，体性神経系の各方面に，体温を制御するための信号が送られる。
（出典：田村照子編著，衣環境の科学，建帛社，2004，p.24）

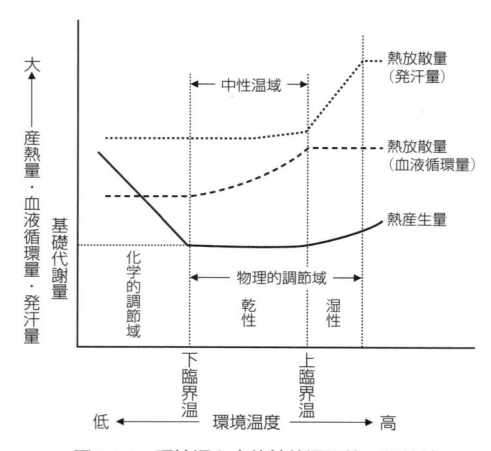

図2.14　環境温と自律性体温調節の調節域

外界温度と体温調節に関連する熱放散量と熱産生量の関係の模式図。
（出典：日本生理人類学会編，生理人類士テキスト，2010，p.133）

行動性体温調節は，動物世界においても広く認められる。飼い猫は家屋の中で最も快適な場所を知っており，季節に応じて好みの居場所を変える。ブタをはじめ泥まみれになることを好む動物は多いが，これは体熱除去のためでもある。ミツバチは，はばたき行動によって，外気温にかかわらず巣箱内温度を34～35℃前後の一定に保っている。

人類の行動性体温調節には，暮らしぶり，風土，生活文化，経済状態，歴史などの違いが関与しており，きわめて多様である。そうした中，衣服による調節は，裸のサルといわれる人類にとって大きな意味をもつ。

衣服をまとうことにより，皮膚と衣服との間にはミクロな気候，すなわち衣服気候が形成される。人体はこの微小な空気層に包まれており，快適感はこの層の物理的性質に依存している。つまり温熱生理学的観点では，衣服は酷暑や寒冷といった外気に対する緩衝材として重要な役割を果たし，衣服気候を適切に保持している。こうして人類は，砂漠，極地，高山，深海，宇宙といったさまざまな環境に進出することが可能となった。

(5) 対寒反応と対暑反応

寒冷環境にさらされると，皮膚血管の収縮と皮膚血流量の低下が起こり，皮膚温が低下する。その結果，外気温と皮膚温の温度差が小さくなって，身体からの放熱を抑制しようとする。気温を次第に下げていくと，下臨界温に至り，鳥肌，ふるえなどが発生し，産熱量は増大に転じる。鳥肌は立毛筋の働きによる。これは，皮膚表面の毛を立てて，その中に空気の層を作り出し，体温を保つための反応である。特に鳥類では発達しており，ヒヨコがボール状に丸くなった様子はこれによる。しかし体毛を失ったヒトにおいては，ほとんど機能していない。ふるえは筋収縮によって熱産生を増大させ，体温を保つ役割をする。これらを「対寒反応」という。

気温が高くなると，皮膚表面の血管拡張，皮膚血流量の増加，皮膚温の上昇といった一連の反応が起こり，放熱量が増大する。こうした血管調節による体温調節反応は，狭い温度範囲においてのみ有効である。さらに気温が上昇すると，発汗反応が発現する。この温度が上臨界温にほぼ該当する。発汗により，湿った皮膚表面の水分が蒸発するときの気化熱によって皮膚温が低下する。これらを「対暑反応」という。

図2.15に，以上の対寒および対暑反応の概念についてまとめた。

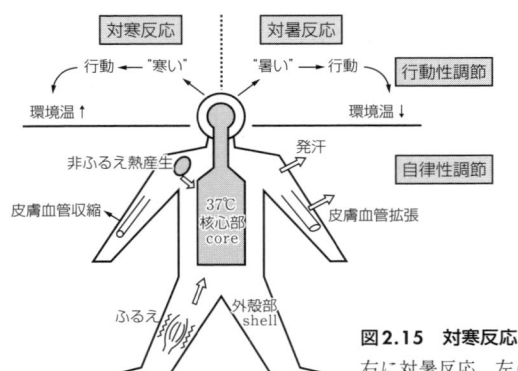

表2.7　恒温動物の行動性体温調節

物理的要因	行動性体温調節
環境温	移住，日陰・日向の選択，人工冷暖房
熱産生	運動，食物摂取，特異動的作用
熱放散	着衣，巣作り，身を寄せ合う 異なる熱伝導率をもつ環境の選択 扇風機による送風，換気，冷房
水分蒸発	体表面の湿潤化，着衣を濡らす，打ち水
幾何学的要因	姿勢変化

体温調節の対象となる物理的要因に関与する行動性体温調節反応をまとめたもの。
（出典：入來正躬，体温生理学テキスト，文光堂，2003，p.61より作成）

図2.15　対寒反応と対暑反応

右に対暑反応，左に対寒反応を示す。いずれも自律性および行動性体温調節に分けられる。環境温によらず温度が保たれるのは，身体の核心部(core)のみである。
（出典：井上芳光ほか編，体温Ⅱ 体温調節システムとその適応，ナップ，2010，p.15より作成）

2.2 寒い環境に適した衣服

2.2.1 寒冷時の生理反応
(1) 体温保持に向けて

　寒冷環境下でヒトの身体はいかにして体温を保持するか，その方法は大きく分けて2つある。一つは身体からの放熱の抑制，もう一つは身体内部での熱の産生である。

1) **放熱の抑制**　＜血管収縮・血管の対向流構築＞

　人体が寒冷にさらされると，まず自律神経系の働きにより血管が収縮し，皮膚血流量は低下する。皮膚血流量が低下すると，身体の中心部から表層部への温かい血液の流れが抑制され，皮膚温が低下，皮膚表面と環境との温度勾配が減少し，熱放散が抑制される。末梢血管収縮障害を持つ脊髄損傷者の場合，図2.16に示すように，寒冷下においても皮膚温は高いままで放熱が進み，体温低下を招くおそれがある。

　「対向流熱交換系」と呼ばれる血管系の放熱抑制機構もある。末梢部から心臓までの血液の通り道には，表層にある表在静脈と，深部にある動脈に近接した伴行静脈とがある。温熱下，表在静脈の血流増加で熱放散を促進させる。寒冷下では，表在静脈の血流が減り，伴行静脈の血流が増える。その結果，動脈の熱が末梢へ運ばれる前に静脈血に移動し，体内の熱損失が防がれる（図2.17）。

2) **熱の産生**　＜筋緊張・ふるえ・非ふるえ熱産生＞

　血管調節による放熱の抑制が，寒冷曝露による熱放散の増大に対処できなくなると，基礎代謝のみでは熱産生が不足し，身体は熱産生を増大させて体温を維持しなければならなくなる。この際，筋の緊張やふるえの出現により産熱量を増加させることになる。

　寒冷曝露時，交感神経の興奮により，腕や足に生えている毛の根元にある立毛筋が収縮し，斜めの毛がまっすぐに立ち，それとともに毛穴のまわりの皮膚も持ち上がる。これが「鳥肌」と呼ば

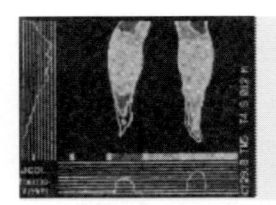

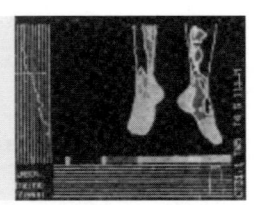

図2.16　低温環境下での下肢サーモグラム：健常者(左)と頸損者(右)の比較
(出典：田村照子ほか，第3回人間－熱環境系シンポジウム報告集，1979, pp.63-66)

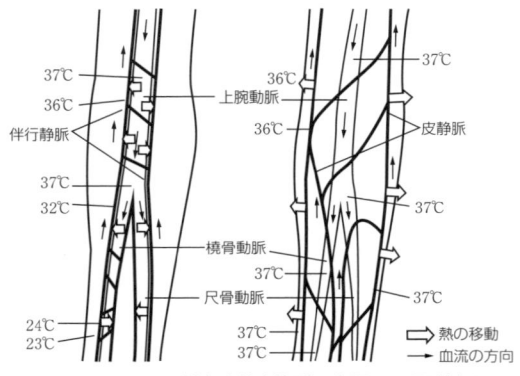

図2.17　ヒトの対向流熱交換系：室温10℃下(左)と30℃下(右)
(出典：黒島晨汎，環境生理学，理工学社，1981, p.174)

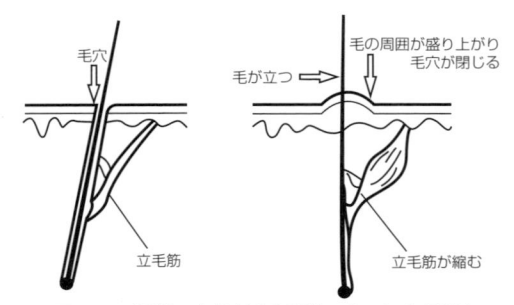

図2.18　通常の皮膚(左)と鳥肌の立った皮膚(右)

図2.19　ふくら雀
羽毛を立てて空気を取り込み，寒さをしのいでいる雀のこと。

れる現象である（図2.18）。鳥の場合，毛が立つことで身体を包む空気の層が厚くなり，寒さから身を守ることができるが（図2.19），人間の体毛は薄く，鳥肌による保温効果は期待できない。

　ふるえは，1秒に10回前後の振動で，筋電図によりその発現を確かめることができる。本来，運動にたずさわる骨格筋が，不随意的・持続的に収縮し，その収縮のエネルギーの大部分が熱になる現象である。ふるえにより，安静時の最大4～5倍もの産熱量が得られる。筋運動の場合，末梢血流の増大が皮膚の断熱度を下げるが，ふるえは末梢血流を増大させないため効率的である。

　ふるえ以外にも「非ふるえ熱産生」と呼ばれる産熱がある。これは，脂質の代謝によるもので，ノルアドレナリン，甲状腺ホルモン，グルカゴンなど多くの因子が関わっている。主要な調節因子であるノルアドレナリンは，脂肪組織から脂肪酸を血中に放出させ，脂肪酸の酸化を促進して産熱を増す。ノルアドレナリン分泌は，寒冷曝露により増加する。

（2）末梢部への影響　〈局所寒冷血管反応〉

　図2.20に示すように，氷水に手足を浸すと，血管収縮により皮膚温は急激に低下し，激しい痛みを生じる。しかし，しばらくすると，血管の収縮・拡張が不規則に反復して起こり，血流量は増加し痛みが軽減する。これは，ある程度まで皮膚温が下がると，身体の末梢部が冷却障害（凍傷）にかからないよう，末梢部の動静脈吻合が開くためである。この防御反応は「寒冷血管反応」，あるいは「乱調（ハンティング）反応」と呼ばれ，この反応の強いヒトは凍傷になりにくいとされる。

（3）循環機能，体温への影響

　寒冷曝露は，循環機能に大きな影響を与える。寒冷曝露時とその後の保温の際の産熱量・心拍数・血圧の変化を図2.21に示す。筋緊張やふるえにより，産熱量は増加するが，心拍数は減少（ただし，激しいふるえの際には増加），血圧は増大（ただし，体温低下が著しくなると低下）との傾向が示された。

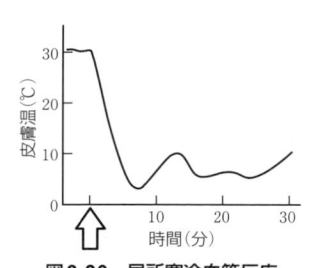

図2.20　局所寒冷血管反応
矢印で氷水に手指を入れた際の爪床部皮膚温の変化。

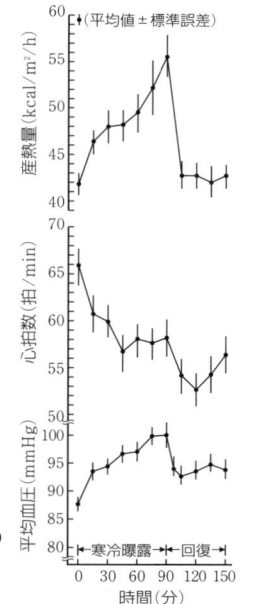

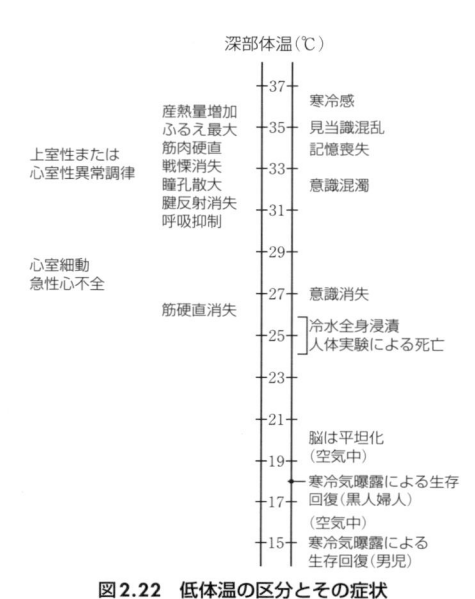

図2.21　若年男子の寒冷曝露時の産熱量・心拍数・血圧
（出典：栃原裕ほか，人類学雑誌，1982，90，4，pp.411-420）

図2.22　低体温の区分とその症状
（出典：田中正敏・菊池安行編，近未来の人間科学事典，朝倉書店，1988，p.375）

長時間の厳しい寒冷曝露や冷水への転落事故等では，低体温（深部体温35℃未満の状態）になる。深部体温約35℃でふるえによる産熱量は最大となり，それ以下でふるえは減少，33℃を下まわると意識混濁が生じ，やがて瞳孔の拡大，28℃以下では昏睡状態になるとされている（図2.22）。

（4）寒冷順化

ヒトの寒冷順化の発現は，次の3つの型にまとめられる。

1）代謝型順化

ヒトを毎日一定時間，寒冷曝露すると，ふるえが次第に減少し，非ふるえ熱産生が促進される。冬には，夏と比べて寒冷刺激に対するふるえの発現が遅く，非ふるえ熱産生がより発達する。寒冷地に住むエスキモーの基礎代謝は，白人に比べ14～17％も高く，寒冷曝露でさらに増大する。これらは，寒冷に対して熱産生を高めることで順化している例である。

2）断熱型順化

海女は，低温の水に浸かり魚や貝などを漁獲するが，特別厚い皮下脂肪層は持たず，熱産生を促進する代謝型順化（上記1）でもなく，強い血管収縮による身体表層部の断熱性の増大による順化をしていると考えられる。Hong（1973）らの報告によれば[1]，図2.23に示すように，「熱遮断指数：（直腸温[℃]－平均皮膚温[℃]）／（放熱量[kcal/h・m²]）」と皮脂厚には高い相関があり，一般に男性も女性も同じ程度の回帰直線を示すが，海女は異なる。これは皮膚の血流調節による断熱性の違いであると考えられている。

3）慣れによる冬眠型順化

図2.24に示すように，寒冷時の産熱量と平均皮膚温の関係性により人種差を調べると，エスキモー，白人，日本人は，平均皮膚温の低下に伴い産熱量が増加するのに対し，南アメリカのアラカルフ・インディアンやオーストラリア原住民は，ほとんど増加しない。彼らは，寒冷下でも熱産生が促進されることなく，体温も低下しない。体温の調節水準そのものを低下させる，慣れによる順化と考えられる。

（5）性差と冷え性

一般に女性は，その形態的特徴により，男性より体脂肪比率が高く，断熱性に優れ，代謝を大

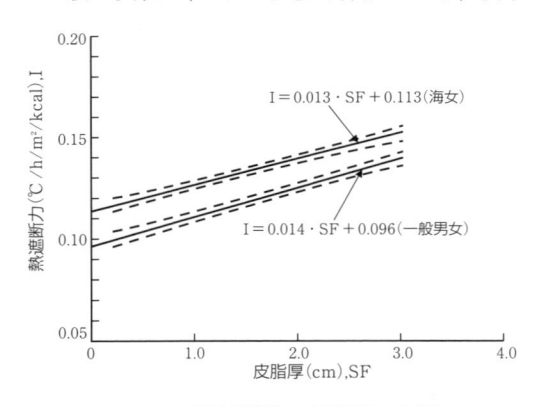

図2.23　熱遮断指数と皮脂厚との関係
回帰直線の勾配は，脂肪組織の熱伝導率により決まり，海女も一般男女と同程度であるが，Y切片は異なり，非脂肪性熱遮断の調節能力が優れていると考えられる。
（出典：人類学講座編纂委員会，人類学講座9 適応，雄山閣，1988，p.176）

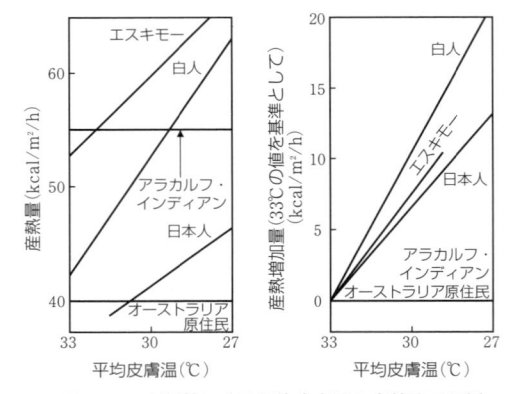

図2.24　人種差による平均皮膚温と産熱量の関係
（出典：三浦豊彦，冬と寒さと健康，労働科学研究所出版部，1985，pp.72-73）

きく増加させなくても体温低下を防ぐことができる。しかし，末梢部については，女性のほうが寒さに弱く，手足が冷える等の訴えは女性で多く見られる。

近年，若い女性における冷え性の増加が注目されている。サーモグラフィーで中立温環境下の皮膚温を計測すると，冷え性者の末梢，特に下腿から足先までの温度が著しく低い（図2.25）。さらに，体幹部皮膚温と末梢部皮膚温との差が大きい。中立温環境下における体幹部の最高値と四肢部の最低値の温度差が8℃以上あれば，冷え性者である確率が高い[2]。

また，冷え性者は局所の冷感受性が鋭いと考えられ[3]，寒冷曝露した際の冷え感と，皮膚温，体温との関係性では，非冷え性者で体温，冷え性者で末梢部皮膚温との相関が認められた（表2.8）。冷え性者では，末梢部の温度低下防止が，冷え感覚の軽減に役立つと考えられ，ソックスや手袋等への配慮が重要である。

ヒトは，もともと熱帯に発生・進化した動物であり，暑さに対しては発汗という有効な手段をもつが，寒さに対して特別な機能はない。すなわち，寒冷時，衣服の担う役割は非常に大きい。

地球上で最も寒い地域の一つである南極へ赴く人の衣服を見れば（図2.26），約100年前，日本人として初めて南極に足を踏み入れた白瀬中尉が，樺太犬（カラフト）の毛皮を二重に縫い合わせた，身体の倍はあるかと思われる衣服に埋もれていたのに対し，現代の南極観測隊のウェアは，保温性のみならず透湿防水性，蒸散拡散性，帯電防止性といった優れた機能をもつ繊維が用いられ，機能性とデザイン性を兼ね備えた快適な衣服となっている。

私たちは，寒冷時の生理反応に関するさまざまな知識とともに，先端の繊維科学技術を吸収し，その繊維技術を活かせる衣服設計を行い，着方を工夫することで，寒冷下での衣生活を豊かにすることができる。

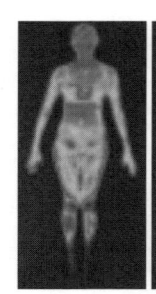

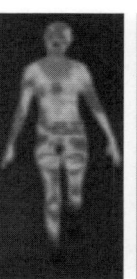

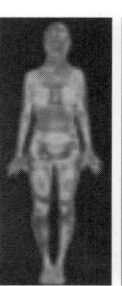

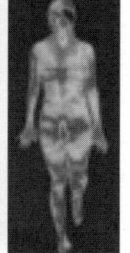

図2.25 28℃・50%RH環境下におけるサーモグラム 冷え性者（左）と非冷え性者（右）の比較

冷え性者の下腿から足先までの温度が低く，周囲の温度と同程度である様子がわかる。
（出典：Mariko SATO et al. The Third International Conference on Human-Environment System.2005, pp.290-295）

表2.8 低温環境下（18℃・50%RH）における全身の冷え感と各温度変化量との相関 冷え性者と非冷え性者の比較

	冷え性者	非冷え性者
末梢部皮膚温	*	NS
体幹部皮膚温	NS	NS
平均皮膚温	*	NS
体温（直腸温）	NS	*

NS：相関なし，＊：$p<0.5$で有意

図2.26 探検家白瀬中尉の防寒服（左）と現代の南極観測隊装備ウェア（第49次隊）（右）

右図の現代のウェアは，重さ860gであるが，左図の防寒服は10kgもあったとされる。
（出典：大阪樟蔭女子大学伊豆原月絵教授と国立極地研究所の提供）

2.2.2 着衣形態と衣服の形による要因

(1) 衣服とヒトの関係を理解するための基礎事項

1) 衣服気候

衣服を着用することにより，人体と衣服との間に，外界の温熱環境条件とは異なる局所気候が形成される。このような局所気候を「衣服気候」という。衣服気候は，人体と衣服，および衣服と衣服の間にも形成されるが，一般に，人体と最内層衣服との間の気候を示すことが多い。

快適な衣服気候とは，図2.27に示すとおり，衣服最内層の気候が，温度32±1℃，相対湿度50±10%，気流25±15cm/sの不感気流の状態をいう。

衣服気候は，人体－衣服－環境の3要素を統合して形成されるものである。ヒトは，衣服を身につけることによって，身体の周りに乾燥亜熱帯気候を形成し，快適さを保ちながら外環境の変化に対応している。

2) クロー値

着衣の保温性を表す単位を「クロー値（clo値）」という。この単位は，米国の研究者ギャッギ（Gagge）によって提案された。当初，1クローとは，気温21℃，相対湿度50%，気流0.1m/sの環境で，椅座位安静時の成人男性が，暑くも寒くもない（熱的中立）と感じているときに着用している衣服の保温性と定義された。しかし，この定義のままでは，環境の変化や人の状態によって値が変わるため，クロー値は熱抵抗の単位として新たに算出し直された。それによると，1クローは，0.155℃ m²/Wの熱抵抗値である。

算出式：$I_{cl} = I_t - I_a/f_{cl} = 0.274 - 0.119 = 0.155$ ℃·m²/W

$[I_t = R_t = (t_s - t_o)/Q_t = (33℃ - 21℃)/44 \text{ W/m}^2 = 0.274$ ℃·m²/W$]$

皮膚表面－着衣－環境間の顕熱移動（乾性放熱）は，図2.28に示すとおりである。衣服を通し

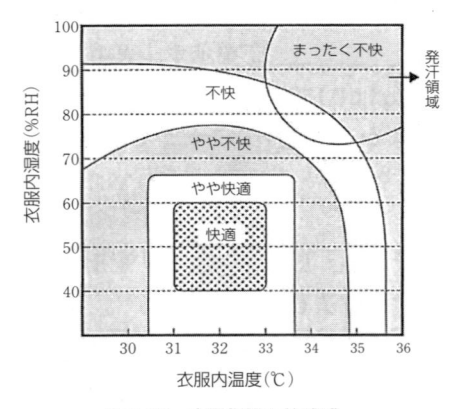

図2.27 衣服気候と快適感

衣服最内層の温度および相対湿度の状態から快適感を示したものである。
(出典：原田隆司, 着ごこちと科学, 裳華房, 1996, p.19)

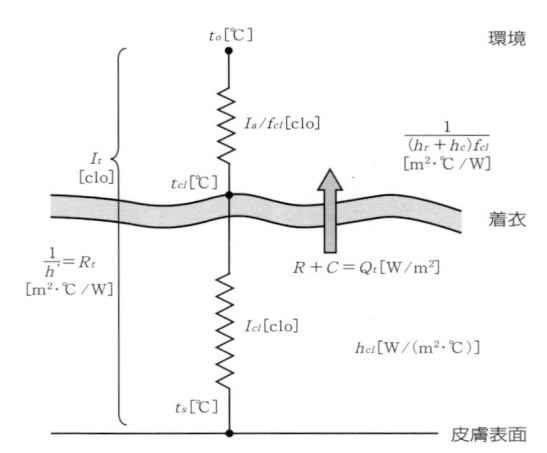

図2.28 皮膚表面－着衣－環境間の顕熱移動

- I_{cl} ：皮膚表面から着衣外表面までの熱抵抗値 クロー値（$I_t - I_a/f_{cl}$）
- I_a/f_{cl}：着衣外表面から環境までの熱抵抗値 0.119℃·m²/W（空気層の熱抵抗値）
- I_t ：空気層の熱抵抗値も含めた抵抗値（$= R_t$）
- Q_t ：衣服を通して放熱される顕熱（乾性放熱）
- t_s ：皮膚表面温度（℃）
- t_o ：作用温度（℃）

(出典：空気調和・衛生工学会編, 空気調和・衛生工学便覧, 第12版, Ⅰ基礎編, 図3-1, p.469)

て放熱される顕熱（Q_t）は，椅座位安静の成人男性の代謝量58.2W/m²のうち76％程度で，約44W/m²である。また，人体が熱的中立なときの平均皮膚温は約33℃であり，最初にクロー値が定義されたときの気温21℃との差をQ_tで除してI_tを求め，I_tから着衣表面空気層の熱抵抗値であるI_a/f_{cl}（0.119℃·m²/W）を差し引いた熱抵抗値が，1クローである。

現在，クロー値の測定は主として，サーマルマネキンを用いて行われている。サーマルマネキンは図2.29に示すとおり，等身大の発熱体であり，各部位ごとにヒーターによって熱供給され，その表面温度分布が人間と等しくなるように制御することができる。人体とは異なり安定した熱供給が可能であるので，サーマルマネキンに衣服を着用させて熱抵抗値を測定し，その値からクロー値を算出する。

(2) 寒冷環境で必要な衣服条件

寒冷環境で人が生活するためには，防寒服は必需品である。防寒服に求める機能を着衣形態と衣服の形の観点で挙げると，身体の多くを覆って作り出した衣服気候を，いかに快適な状態で安定させるかということである。その内容を，被覆面積と部位，着用枚数と重ね方および静止空気層に分けて示す。

1) 被覆面積と部位

ここでいう被覆面積とは，人が衣服を着用したときに衣服によって覆われる体表面積を示し，全体表面積に占める割合で表されるものである。被覆面積は，図2.30に示すとおり，人体を5つの部位に分けて，各部の体表面積比から衣服で覆われている部分の面積を割り出して求める。

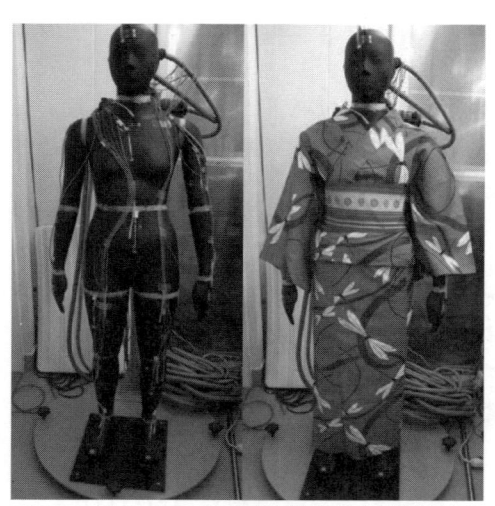

図2.29　サーマルマネキン（裸体状態および着衣状態）
（写真提供：信州大学，三野たまき）

部位		日本(%)		アメリカ(%)
頭頸部	頭部	4.5	8.4	7
	顔面部	2.9		
	頸部	1.0		
胴上部	上部	7.2	37.4	35
	中部	7.6		
	下部	5.1		
胴下部	上部	11.2		
	下部	6.3		
上肢部	上腕	7.9	18.5	19
	前腕	5.9		
	手部	4.7		
下肢部	大腿	15.8	35.7	39
	下腿	13.4		
	足部	6.5		

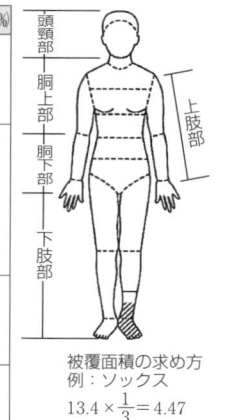

被覆面積の求め方
例：ソックス
$13.4 × \frac{1}{3} = 4.47$
$4.47 + 6.5 = 10.97(\%)$

図2.30　人体各部の体表面積比
（出典：田村照子編著，衣環境の科学，建帛社，2004, p.40）

表2.9　各種服装の被覆面積

各種服装	被覆面積(%)
ビキニ水着	13.9
ワンピース水着	32.0
Tシャツ＋ショートパンツ	41.35
半袖シャツ＋パンツ	70.55
長袖ワンピース＋ソックス	86.9
オーバーコート＋ブーツ	86.9
目出帽＋スキーウェア	99.5

（出典：田村照子編著，衣環境の科学，建帛社，2004, p.40）

各季節において着装される組合せの主なものについては、表2.9に示すとおりであり、春・秋・冬季に被覆面積が大きく、ウインタースポーツ時などでは、目を除いてほぼ全身覆った状態も存在する。

被覆面積と熱抵抗(clo値)との関係では、図2.31に示すとおり、被覆面積が多くなるにつれて熱抵抗も上昇し、高い相関が認められている。被覆面積が増加すると、人体周辺の空気層に影響して総熱抵抗値が増加するため、衣服の保温性が増す。

寒冷環境での衣服は、被覆面積の多いものでなければならない。また、被覆面積がほぼ同じ場合は、体幹部よりも四肢部を覆ったほうが熱抵抗値は高く、下肢よりも上肢を覆ったほうが熱抵抗値は高い。これは、細い部位ほど対流による熱伝達性が高いため、細い部分を覆うと熱抵抗が上昇しやすいからである。

したがって、寒冷環境の衣服を考える上では、体幹部を覆うことを前提として、さらに四肢部を覆うことにより、より高い熱抵抗を得ることができる。

2) 着用枚数と重ね方

衣服を重ねて着用することによって、高い熱抵抗値を得ることができる。これは、人体と衣服および重ねた衣服と衣服の間に空気層ができることになり、熱伝導率の低い空気を留めておきやすくなるからである。このような重ね着による効果を有効にするには、上に重ねるもののサイズを少しずつ大きくして、一定の空気層を確保するようにしなければならない。重ねすぎると、衣服と衣服の間の空気層が潰れて、その効果は減少する。

また、衣服表面積を大きくしないことも必要である。図2.32により、パイル地の熱抵抗値では4層までは増加するが、5層以降は減少する。これは、パイル地を重ねたことにより円筒の周りの表面積が増加し、放熱面積が増えたことによると考えられる。

したがって、寒冷環境の衣服では、空気層を潰さないサイズのものを重ね着するとともに、衣服表面積を大きくし過ぎないようにして放熱に有効な表面積を抑え、体の周りの空気層を留めて高い熱抵抗(保温性)を得ることのできるものが望ましい。

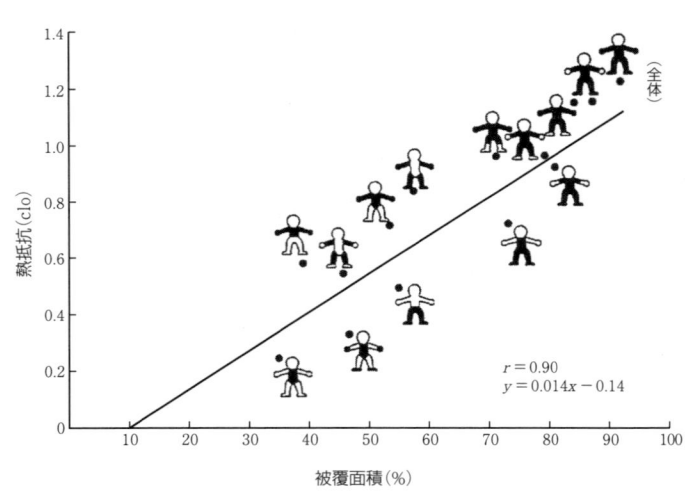

図2.31 被覆面積と熱抵抗との関係

$r = 0.90$
$y = 0.014x - 0.14$

図中の人形の黒い部分は、被覆されていることを示す。得られた熱抵抗は、被覆面積と対応してプロットされており、両者の関係は、高い正の相関(相関係数0.90)を示している。
(出典:田村照子編著,衣環境の科学,建帛社,2004, p.40)

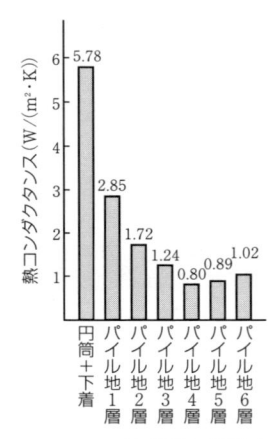

図2.32 重ね枚数と放熱量

発熱円筒を人体に見立てて、パイル地の布を重ねて巻いた場合の放熱量[熱コンダクタンス($W/(m^2 \cdot K)$)]を示している。
放熱量の減少=熱抵抗値の上昇
(出典:Schulman)

2.2 寒い環境に適した衣服

3) 静止空気層

衣服の熱抵抗(保温性)は，人体と衣服の間にできた空気層をいかに保持するかで大きく変化する。つまり，静止空気層を作ることができる衣服は，保温性が高いといえる。反対に，空気層がなく密着している衣服および空気が入れ換わりやすい構造をもつ衣服の保温性は低い。

人体と衣服の間の空気は，衣服の開口部や衣服材料の隙間等から，つねに流れ出て新たな空気と入れ換わっている。この入れ換わりが頻繁であると，対流により放熱が促進され，熱損失量が大となる。

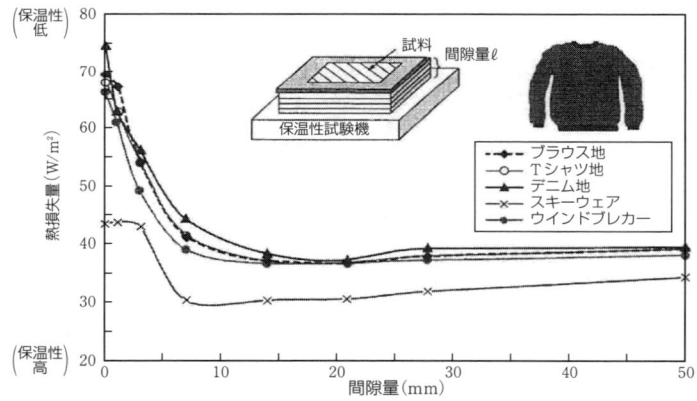

しかしながら，図2.33に示すとおり，開口部が閉鎖された形状の衣服や通気性の悪い衣服(ウインドブレーカー等)は，静止空気層を作ることができるため，熱損失量が少なく，保温性が高い。一方，図2.34に示すように，衿ぐり，袖口および裾の開いた開口型の衣服の場合，間隙(空気層)が約10mmを超えると，一気に熱損失量は上昇し，保温性が低くなる。これは，間隙が大きくなることにより，人体表面と衣服の間の空気が静止できずに対流するため，放熱が促進され，熱損失量の上昇を招くからである。したがって，寒冷環境の衣服では，人体と衣服の間隙を約5mm程度に保つことのできるもの，および静止空気層を作りやすい閉鎖型のものが有効である。

図2.33 間隙量(空気層)に伴う保温性の変化(閉鎖型)

試料と保温性試験機との間の空間を閉鎖し，空気の出入を防いだ状態で測定。試料－熱板間の間隙量ℓと熱損失量の関係を示している。
(出典：藤原康晴編著，新訂衣生活の科学，放送大学教育振興会，2006，p.108)

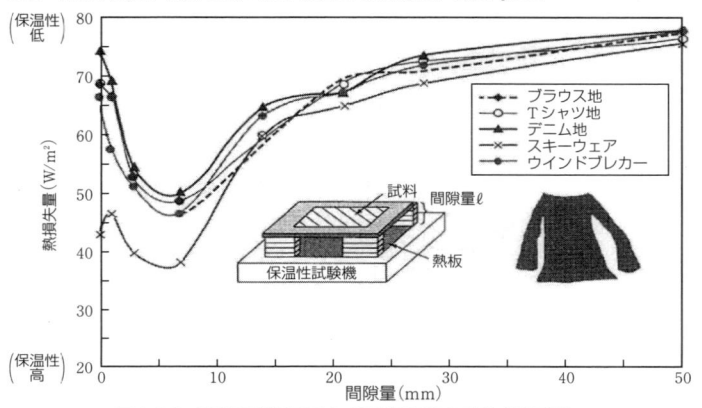

図2.34 間隙量(空気層)に伴う保温性の変化(開口型)

試料と保温性試験機との間の空間を開口し，自由に空気が出入している状態で測定。試料－熱板間の間隙量ℓと熱損失量の関係を示している。
(出典：図2.33と同じ)

2.2.3 繊維・布の性質による要因

(1) 衣服材料の熱特性

　衣服の主材料は，布である。一般的に布とは，繊維を集合させて糸にし，糸を織ったり編んだりして身体を包むことのできる大きさにしたものである。ミクロなサイズの繊維を集合させて作られる布は，繊維と空気の集合体であるといえる。

　衣服材料として用いられている布に含まれる繊維の割合（体積分率）を表2.10に示す。繊維の体積分率は，ダウンやファーの1～2％から，一般的な布で約10～20％，薄手の緻密な布でも30％以下であり，布がいかに多くの空気を含んでいるかがわかる。

　熱の伝わりやすさを示す繊維の熱伝導率λは，空気の約10倍であることから（表2.6参照），布の有効熱伝導率は，繊維の1/4～1/5程度となる。布のように空気を多く含む材料の場合，布の内部で放射・対流など複雑に熱エネルギーが伝わっていく。そこで，布の場合は，本来の熱物性値（物質固有の定数）ではないため，「有効熱伝導率」あるいは「見かけの熱伝導率」と呼ばれる。衣服は布の種類によって厚さが異なるので，布の有効熱伝導率を布の厚さ（d）で割った値を熱コンダクタンス（λ/d），その逆数（d/λ）を熱抵抗と定義して用いる場合が多い。各種衣服素材の熱コンダクタンスを図2.35に示す。

(2) 水分が衣服材料の熱特性に及ぼす影響

　寒冷環境であっても，人はつねに不感蒸散により水分を放散しており，時には作業により多量の発汗を伴うため，布は含水する。図2.36は，水分率に伴う布の有効熱伝導率の変化を示している。水の熱伝導率は，空気の約25倍であることから，布の有効熱伝導率は水分率とともに大きくなっている。

　暑熱環境では，薄着であるのに対して，寒冷環境では，重ね着をして通気抵抗・透湿抵抗の大きい外衣を着用している場合が多く，人体から放散した水分が衣服内にたまりやすい。そのため，衣服材料の水分特性は，人体からの熱放散に大きな影響を及ぼし，非常に重要な性質といえる。

表2.10 繊維の体積分率と布の熱物性値

材料グループ	試料数	体積分率 % 平均値	体積分率 % 標準偏差	有効熱伝導率 W/(m·K) 平均値	有効熱伝導率 W/(m·K) 標準偏差	熱コンダクタンス W/(m²·K) 平均値	熱コンダクタンス W/(m²·K) 標準偏差
毛皮	7	5.10	0.69	0.122	0.023	10.98	2.06
フェイクファー	5	1.67	0.20	0.112	0.009	10.36	1.95
ダウン	2	1.36	—	0.149	—	5.40	—
新素材防寒材料	2	7.69	—	0.034	—	7.80	—
天然皮革	5	27.0	3.19	0.052	0.004	39.13	5.19
合成皮革	10	19.4	3.26	0.057	0.006	56.92	6.84
梳毛織物	34	18.2	8.01	0.041	0.012	46.78	29.33
紡毛織物	11	11.9	2.88	0.037	0.005	17.02	5.27
綿織物	24	17.8	5.18	0.045	0.009	87.22	26.77
化繊織物	20	23.9	7.06	0.035	0.008	112.80	32.34
毛編物	19	15.9	5.63	0.044	0.006	29.78	11.00
綿編物	1	12.6	—	0.059	—	58.81	—
化繊編物	4	18.2	5.94	0.044	0.005	68.02	27.42
混紡布	1	15.2	—	0.041	—	70.80	—
絹織物	1	27.2	—	0.028	—	189.95	—

繊維の体積分率は小さく，布中に含まれる空気の割合が多いことがわかる。布のような空気を多く含む物質においては，熱コンダクタンス（λ/d）のほうが熱伝導を評価する指標として考えやすい。熱コンダクタンスが小さい布ほど，熱は伝わりにくく，保温性の大きい布といえる。
(出典：藤本尊子ほか，日本繊維機械学会誌，40, 1987, T13-22)

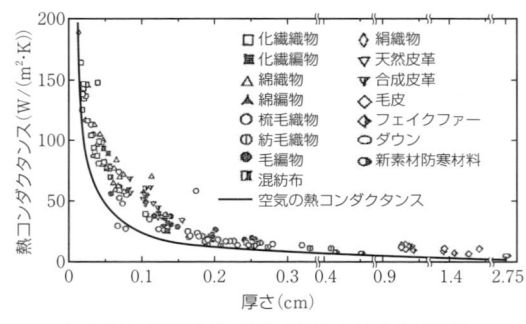

図2.35 布の熱コンダクタンスと厚さとの関係

実線は，空気の熱コンダクタンスを示している。繊維の熱伝導率λが空気より大きいため，布の熱コンダクタンスは，空気のラインより高いが，種々の厚さの布の熱コンダクタンスは，空気の厚さと熱コンダクタンスとの関係を示す曲線と類似していることがわかる。
(出典：藤本尊子ほか，日本繊維機械学会誌，40, 1987, T13-22)

(3) 衣服材料の水分特性

1) 吸湿性，吸水性，透湿性

繊維の吸湿性の指標である水分率および吸水性を左右する要因である接触角を表2.11に示す。吸湿性とは，大気中の水分や体表面からの水蒸気を吸着する性質であり，親水基の存在と結晶化度に依存する。水分率 r は，次式で求められる。

$$水分率\ r\ (\%) = 100 \times (吸湿時の重量 - 絶乾重量)/絶乾重量$$

一方，繊維が水分を収着（吸収と吸着）すると発熱する。水分率と発熱量は，図2.37にみられるように比例関係にある。従来の繊維の中では，毛が最も発熱量が大きく，綿は毛の約1/2程度である。また，疎水性である合成繊維の発熱量は，ナイロンを除き，非常に小さい。

発汗（液体水）と直接関係する性質は，吸水性である。吸水性とは，毛細管現象により水分が濡れ広がる現象をいい，繊維表面の界面化学的性質（濡れやすさ）の指標である接触角のほか，糸構造（フィラメント糸・紡績糸の別，撚り数など），布構造（糸密度，厚さなど）に依存する。吸水性が大きいほど，水分（汗や雨）の濡れ広がり面積が大きく，潜熱移動が大きくなる。吸水性の大きな衣服素材の場合，体熱が急速に奪われるため，寒冷下における着用には特に注意を要する。

また，透湿性（水蒸気が布を透過する性質）の悪い外衣（雨コートなど）は，衣服内の水蒸気が飽和して結露しやすい状況にある。暑熱下のみでなく，寒冷下においても繊維の水分特性は，人の健康にとって非常に重要な性質である。

2) はっ水性と防水性

寒冷環境下においては，強制対流による放熱を防ぐために，防風性（通気抵抗の大きなもの）が求められる。また，雨などの浸入を防ぐためのはっ水性や防水性が求められる。はっ水性とは，布面に付いた水分の接触角が大きく，水滴が布表面から転がり落ちる性質であり，防水性とは，水圧（暴風雨など）のかかる条件下においても，水分が布を透過しない性質をいう。

これらの性質をもつ衣服素材は一般に，人体からの水蒸気放散も悪い傾向がある。そのため，水蒸気のみが透過できる程度のミクロな孔を持っている，超極細繊維からなる布（透湿はっ水布）や多孔性の樹脂をコーティングした布（透湿防水布）などが開発されている。

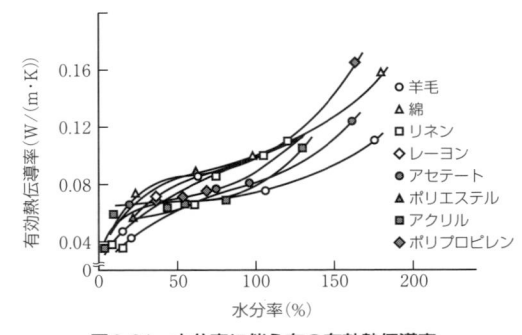

図2.36 水分率に伴う布の有効熱伝導率

水分率が増加するほど，布の有効熱伝導率が増加し，保温性が低下する。

（出典：妹尾順子ほか，家政学雑誌，36，1985，pp.251-260）

表2.11 各種繊維の水分特性

繊維		水分率(%)	接触角(°)
天然繊維（植物性）	綿	7～8	59
	麻	7～12	
天然繊維（動物性）	毛	16～18	81
	絹	10	
再生繊維	レーヨン	12～14	38
半合成繊維	アセテート	6.9	
合成繊維	ナイロン	4.1	64
	ポリエステル	0.4	67
	アクリル	1～2	53
	ポリプロピレン	0	90

一般に，天然繊維および再生繊維の水分率は大きいが，合成繊維の水分率は小さい。また，接触角 a が90°に近いほど濡れにくく，小さいほど濡れやすい。毛やポリプロピレンは，ほとんど濡れない繊維である。

（出典：日本繊維製品消費科学会編，繊維製品消費科学ハンドブック，光生館，1975，p.93）

（4）肌着素材の水分特性が健康に及ぼす影響

1）衣服内温湿度に及ぼす影響

人は，外環境の温熱刺激を直接受けるのではなく，人体と衣服との間の局所気候の影響をより強く受ける。そこで，衣服内の温湿度をいかにコントロールするかが重要となる。図2.38は，ゲレンデ（3℃）でスキー滑走をした後に，暖房したロッジ内（25℃）に移動するという行動を2回繰り返したことを想定した着用実験である。被験者の着衣は，肌着，綿のスキーアンダーウェア，スキーウェアの3枚重ねである。最内層の肌着には，水分特性の異なる3種の素材（綿，毛，ポリプロピレン）を用いている。

衣服内湿度は，綿が最も高く，毛が最も低かった。この理由として，綿は吸水性が高く，毛は低いことがあげられる。透湿抵抗の大きい外衣を着用した場合には，水蒸気が衣服外に放散されないために，吸水性の大きい素材のほうが衣服内湿度が高くなる。一方，毛の吸湿性が高いこと（綿の約2倍）も重要な要因である。そのため，疎水性のポリプロピレン（水分率0%）でも，衣服内湿度が高くなっている。

このような水分特性が衣服内温度にも反映し，発汗後において，綿およびポリプロピレン肌着では，毛よりも衣服内温度が約4℃低下している。寒冷下においては，合成繊維の肌着と同様に，綿肌着の着用にも注意を要する。

2）人体からの放熱量に及ぼす影響

図2.39は，20℃の環境から-10℃の極低温環境に人が移動した場合を想定した実験結果である。ウインドブレーカー／肌着／セーターの着装による肌着素材の違いが，放熱量に及ぼす影響を示している。熱物性測定装置（サーモラボⅡ）を用いて，不感蒸散をシミュレーションし，水蒸気を透過させた系で実験を行ったものである。

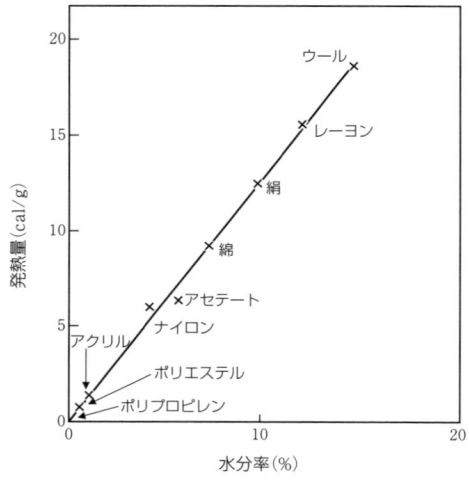

図2.37 水分率と発熱量との関係
繊維を絶乾状態から65%RHの空気中に移動したときの発熱量。水分率と発熱量には，比例関係がある。水分率の高い繊維ほど，発熱が大きい。この性質は，特に寒冷下において，急激な環境温度変化に対して緩衝効果をもたらす。
（出典：日本繊維製品消費科学会編，繊維製品消費科学ハンドブック，光生館，1988，p.23より作成）

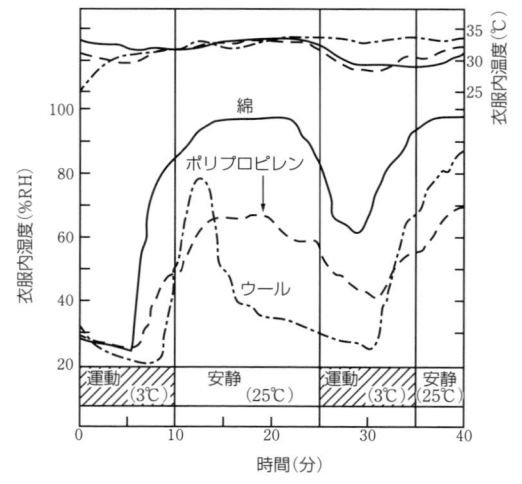

図2.38 肌着素材が衣服内温湿度に及ぼす影響（着用実験）
発汗し，衣服内湿度が大きく上昇した後，低温環境下に出た時，綿とポリプロピレンにおいて衣服内温度が低下し，毛との差が約4℃にもなる。吸湿性の小さい合成繊維や，吸水性の大きい綿繊維からなる肌着を低温環境下（特に発汗を伴う条件下）で着用する場合は，注意を要する。
（出典：諸岡晴美ほか，日本家政学会誌，42，1991，pp.849-855）

毛肌着の肌側の表面温度は，他の素材よりも温度低下が緩やかであることがわかる。この現象を「緩衝効果」という。緩衝効果は，吸湿性の大きなものほど大きい。これは，前述の収着熱によるものである。一方，放熱量については，20℃の環境下では，毛肌着と綿肌着との放熱量の差が12W/m²であるのに対して，低温環境では，ポリエステル肌着および綿肌着との相違が約30W/m²にもなっている。今，1.7m²の体表面積をもつ人が，冬山登山など長時間寒冷環境にいることを想定すると，7時間で357Wの差となり，これを体重60kgの人で，比熱を0.8として試算すると，人の体温を約7.4℃も低下させるに相当する大きな熱量となる。

　表2.12は，遭難者の着衣を示している。これを伝えた新聞記者は，肌着の繊維素材が生死を分けたと報告している。最内層衣服である肌着においては，それを構成する繊維の水分特性が快適性のみならず，極限状態では生死をも左右する重要な性質であるという例である。

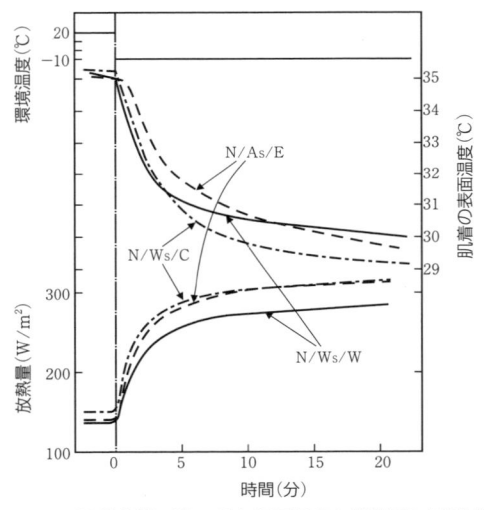

Nはナイロンのウインドブレーカー，WsおよびAsはウールとアクリルのセーター，Cは綿，Wは毛，Eはポリエステルの肌着を示す。熱物性測定装置（サーモラボⅡ）を用い，水蒸気を透過させた系における実験結果である。-10℃の低温環境に試料を移動させた時の毛と他の繊維との変化挙動の相違から，毛肌着の低温環境下での有用性が確認できる。

図2.39 肌着素材の違いが布表面温度と放熱量に及ぼす影響（物理実験）

表2.12 遭難者の着衣（間の岳にて）

着衣	Z（死亡）	B（死亡）	Q（死亡）	P（死亡）	A（生存）
上衣	ヤッケ 作業衣 セーター オープンシャツ	ヤッケ キルティング オープンシャツ	ヤッケ セーター オープンシャツ	雨ガッパ キルティング セーター オープンシャツ	キルティング スポーツシャツ
肌着	綿	綿	綿	綿	ウール

南アルプス間の岳で起きた遭難事故。綿の肌着を着用していた4人は死亡し，毛の肌着を着用していた人のみが生存していたという事実は，肌着を構成する繊維素材の重要性を示している。
（出典：安田武，シンポジウム「登山用雨衣」報告書，日本山岳会科学研究委員会，1989）

2.3 暑い環境に適した衣服

2.3.1 暑熱時の生理反応

(1) 暑熱時の体温調節

　熱帯地方や砂漠地方など一年中暑い地域もあるが，日本においても夏には猛暑に見舞われることがある。2007年8月16日には，埼玉県熊谷市と岐阜県多治見市で最高気温40.9℃が記録され，それまでの1933年7月25日の山形市の最高記録40.8℃を超えた。地球温暖化や都市気候により，近年，日本の夏の気温は上昇傾向を示している。世界的にみれば，1921年イラクのバスラで58.8℃の記録があり，アジアでもインドなどでは40℃を超える日が何週間も続く。このような暑熱時においては，環境温度が体温を超えるので，ヒトは恒体温を維持するために，放熱を促進し，さらに外からの熱の侵入を防がなくてはならない。

1) 血管拡張と皮膚温上昇

　暑くも寒くもないと感ずる環境温度は「中性温域」と呼ばれ，裸体安静時では28〜32℃内外といわれている。この気温より高くなると，皮膚温と環境温度との差が小さくなり，身体表面から伝導・対流・放射による放熱が減少し，その状態が続くと体温が上昇する。このような場合，暑熱に対する体温調節機構として，血管拡張が生ずる。身体の中心部の37℃に温められた血液は，外殻部の比較的温度の低い皮膚に多く運ばれ，温度の低下した血液が心臓に還流されることにより，体温の上昇が防がれる。図2.40に，暑熱環境下での皮膚温分布を示す。

　暑熱環境により放熱量が小さくなる場合，あるいは運動によって産熱量が増加する場合，体温の上昇傾向が知覚されると，自律神経のうちの，交感神経活動の緊張低下が起こり，末梢の皮膚血管の収縮が解除される。すなわち皮膚血管が拡張して，末梢に流れる血流が増加する。暑熱下では，皮膚の毛細血管の拡張だけでなく，図2.41に示すような，手足や耳，鼻などの無毛部にある動静脈吻合（AVA）と呼ばれる細動脈と細静脈との間で直結する部分が開口して，多量の血液が皮膚に運ばれる。末梢の皮膚温は素早く上昇し，環境温度との差が増加した分，放熱量が増え，体温上昇を避けることができる。

　暑いと感じた時に，顔や手足が赤くなるのは，末梢血流の増加によるものである。末梢の皮膚血管は薄く，拡がりやすいため，大量の血液を貯蔵できる。皮膚血流は，寒冷下ではほとんどゼロに近い状態にまで減少するが，それに比べて極度の暑熱下では，何十倍にも血流量を増加させ

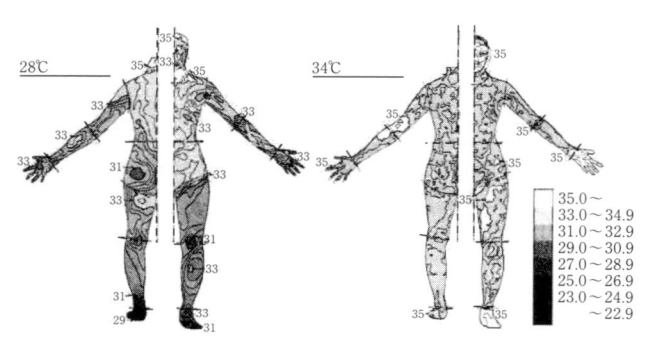

図2.40 皮膚血管の拡張による皮膚温の上昇

環境温度28℃と34℃での皮膚温分布の等温線図（サーモグラフィによる）。暑熱下では，血管拡張により皮膚温の上昇がみられ，全身ほぼ36〜37℃で，部位による差がなくなり，ほぼ一様になる。
（出典：田村照子編著，衣環境の科学，建帛社，2000，p16）

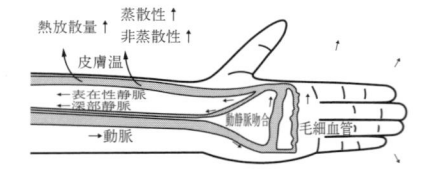

図2.41 前腕・手からの熱放散量亢進

暑熱環境下では，上肢末端にある動静脈吻合（AVA）が開く。手のAVA血流量の増加は，手からの熱放散量を亢進する。

ることができる。その際には心拍数も増え，1回の拍動によって心臓から拍出される血液量も増大する。暑熱曝露によって心拍出量は，普通の3倍近くにもなる。

しかし，皮膚血管の拡張には限度がある。末梢の血液の温度が深部体温を上回ることはないので，環境温度が皮膚温近く，あるいはそれ以上になると，対流・放射による放熱は生じなくなり，体熱の放散が妨げられて，うつ熱状態になる。衣服によって対流・放射が妨げられると，環境温度がそれほど高くなくてもうつ熱状態になることがある。

2) 発汗による蒸発放熱の増加

暑熱下で環境温度が上昇し，血管拡張による皮膚温上昇では体熱平衡がとれなくなると，伝導・対流・放射による乾性放熱にかわって，水分の蒸発による湿性放熱が増大する。

ヒトの皮膚からは、不感蒸散と発汗による水分の蒸発が起こる。不感蒸散は，皮膚温における飽和水蒸気圧と環境の水蒸気圧との差に応じて生ずるので，皮膚温が上昇すると，皮膚からの不感蒸散量も増加する。中性温域でも，皮膚や呼吸気道からは平均23g/(m²·h)の水分蒸発が起こっている。水分蒸発は，1g当たり2.43kJ/g(0.58kcal/g)の放熱を伴うので，放熱の効率が高い。

環境温度が上昇すると，皮膚の角層からの水分蒸散だけでなく，汗口にある水分も蒸発し，さらに呼吸気道からの放熱も増加する。体温が上昇する傾向が，視床下部にある体温調節中枢に伝わると，ヒトでは発汗が生ずると考えられている。

発汗は，全身の皮膚に存在する汗腺によって行われる。汗腺には，図2.42に示すように，エクリン腺とアポクリン腺があり，一般体表面にあるのはエクリン腺で，体表面に広く分布して，速やかに多量の汗を分泌する。

暑熱刺激が脳にある体温中枢に伝えられると，交感神経活動が賦活され，発汗が生ずる。温熱性発汗は，暑熱刺激を受けた部位からだけ起こるわけではなく，手掌と足底を除く全身の皮膚面で，ほぼ同時に発現する。発汗は図2.43に示すように，全身的に同様に増減し，どの汗腺からも同期して拍出される。これは温熱性発汗が体温調節中枢に制御されていることを示しており，「発汗の普現性」といわれる。

(2) ヒトの発汗反応

発汗は，ヒトに特有の体温調節反応であり，さまざまな特徴がみられる。

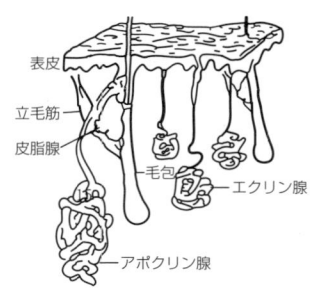

図2.42 汗腺などの皮膚の付属器の立体構造

アポクリン腺は、腋窩など限られた部位の毛穴に開口し、エクリン腺はほとんど全身の体表に広く分布している。
(出典：小川徳雄，新汗の話，汗と暑さの生理学，アドア出版，1994, p.100)

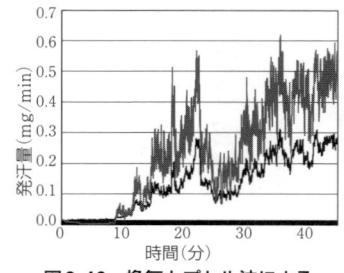

図2.43 換気カプセル法による発汗の測定例

背部2箇所での測定結果を示す。37℃の実験室に入室後，約10分で発汗が開始し，ほぼ35分後には定常状態に達する。発汗の拍出あるいは増減は，全身的に同期して生ずる。発汗が生ずるまでの発汗潜時や定常に達するまでの時間は，被験者の測定前の体熱状態や発汗特性によって異なる。

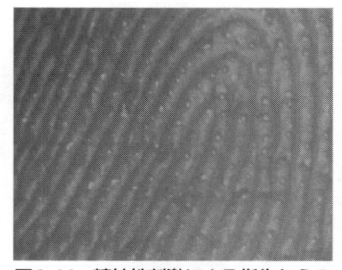

図2.44 精神性刺激による指先からの発汗拍出の観察

指紋の皮丘に汗口が細かく分布している。汗口から玉状に吐出した汗は，皮溝を伝って素早く広がり，蒸発する（マイクロスコープによる）。

1) 温熱性発汗と精神性発汗

汗は分泌されると，皮膚の皮溝を伝って素早く皮膚面全体に薄く広がり，蒸発が生ずる。蒸発する汗は皮膚から蒸発潜熱を奪い，皮膚温は低下する。

発汗は，体熱平衡に達するまで継続して生じる。皮膚表面で蒸発する汗は放熱に役立つが，周囲の湿度が高く，蒸発が進まない場合は，皮膚表面で濡れ広がり，不快な濡れ感やべたつき感を生ずる。また，運動時など多量に発汗した時に，蒸発せずに流れ落ちてしまう汗は，放熱の役には立たない。このような汗は「無効発汗」と呼ばれる。発汗量は，最高で1時間に2ℓにも及ぶといわれ，暑熱による体温上昇を防いでいる。

人は，精神的な緊張や動揺によっても手掌や足底，腋窩に汗をかく。これを「精神性発汗」という。手掌や足底が汗によって湿ることは，何か物を触ったり歩いたりするときに，摩擦が大きくなって滑り止めとして役立つ。図2.44は，指先の指紋の皮丘に開口した汗腺から，精神性発汗が現れたときの様子を撮影したものである。汗腺と汗腺との間隔は，0.2～0.3mm程度であり，小さな汗滴が同時に拍出されているのがわかる。

2) 発汗の部位差，個人差

発汗は全身ほぼ同期して生ずるが，発汗量は部位によって差がみられる。ヒトの汗腺は，生まれた時から皮膚に200万～500万個備わっているが，実際に汗を分泌できるように能動化されるのは，生後2年半ほどといわれている。出生後の生育環境や人種により，能動化や分泌能力には個人差が大きく生じる。能動汗腺数にも，単一汗腺からの分泌能力にも部位差は大きい。発汗量の多い部位は身体の躯幹部で，四肢部や水分の蒸発しにくい部分では比較的少ない。図2.45および図2.46に全身の発汗量分布を示す。

3) 発汗漸減

ある程度，発汗状態が続くと，暑熱状態が続いているにもかかわらず，汗の量が徐々に減ることがある。これは「発汗漸減」という現象である。汗に含まれる生命維持に不可欠な水分やナトリ

図2.45　全身の発汗量の分布
身体の中心部に発汗量が多く，特に背部に多い。それに比べて四肢部は少ない。
(出典：Smith J. Caroline, et al., Eur J. Physiol. 2011, 111, pp.1391-1404)

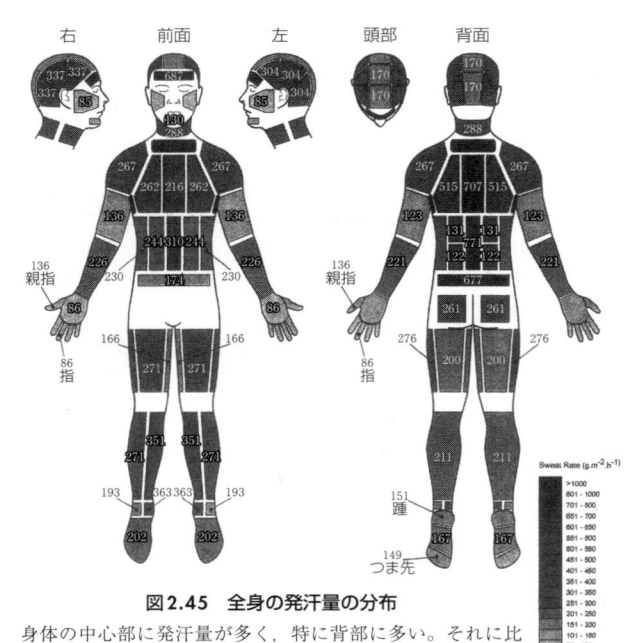

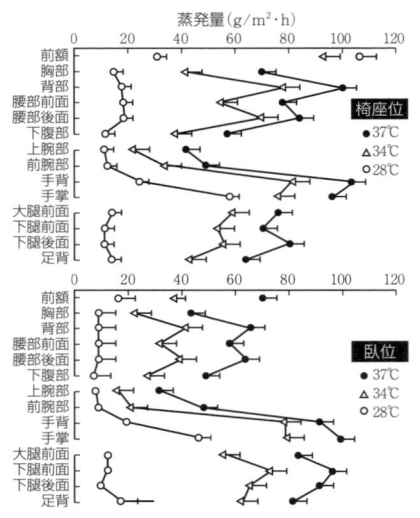

図2.46　日本人成人女子の部位別発汗量
気温28℃，34℃，37℃の人工気候室で，椅座位および臥位で滞在した裸体の健康な成人女子10名の部位別平均発汗量。発汗量は，気温上昇とともに増加する。臥位では顔面，体幹部の発汗抑制，下肢部の発汗増加が起こる。
(出典：鄭　明姫ほか，人間と生活環境，1998, 5 (2), pp.123-131)

2.3 暑い環境に適した衣服

ウムが，長時間の発汗により失われるのを防ぐためと考えられている。

しかし，体熱平衡のために必要な蒸発放熱の減少が続くと，体温は上昇してしまう。発汗漸減は，汗の蒸発が進まず，皮膚が濡れた状態になると起こりやすい。部分的な発汗漸減は，汗腺が外に開く部分の皮膚がふやけ，汗腺の導管を閉じてしまうことによる。全身的な発汗漸減は，全身が脱水状態になることにより起こるもので，熱中症の一つの症状である。

4）半側発汗

身体の左右いずれかの部位に圧迫が加わると，反射的に同側の発汗が抑制され，反対側の汗が代償的に増える。これを「皮膚圧－発汗反射」という。左側を下にして寝ると，下側からの汗が減り，胸の両側を同時に押すと，上半身の汗が減る。仰向けに寝ると，上半身の肩甲骨が圧迫されるので，反対側の下半身からの発汗が多くなる。帯で胸を締めると，顔の汗が減り，化粧崩れを抑えることができるともいわれている。

（3）暑熱適応

高温環境に順化すると，その期間が1週間ほどの短い場合は，発汗が早く発現し，汗量も増加して，皮膚からの蒸発放熱を増加する適応が起こる。発汗量は，運動や暑熱曝露など鍛錬によって増加するようになる。しかし，暑熱地域に生まれ育った人は，発汗による過度な水分や塩分の損失を少なくして，放熱の効率をあげ，体温を維持するための暑熱適応能力を備えている。すなわち，能動汗腺数は多く，汗を大量にかく能力をもつものの，多少の暑熱刺激では発汗の発現が遅く，汗量も少ない（図2.47）。また，四肢が長く皮下脂肪が少ないなど，効率よく放熱する体つきをもつ。暑熱刺激に対し，体温調節に有利な体型，体組成，発汗機構で適応している。

（4）地球温暖化と熱中症

近年は，地球温暖化に伴い，日本でもかつてない暑熱環境に見舞われ，熱中症にかかる人が多い。暑熱に対して，血管拡張と発汗反応で対処する間は，体温は一定に保たれるが，それ以上に環境温度が上昇すると，外部から熱が侵入し，体温は上昇する。発汗による脱水が進むと，心拍数が増加して，熱中症の症状を引き起こす（表2.13）。脱水が体重の15％を超えると循環不全を起こし，熱中死に至る。衣服の換気を良くして日陰に入り，十分な給水を取ることが大切である。

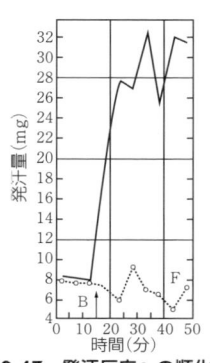

図2.47 発汗反応への順化の影響

足部温浴による胸部発汗量の時間経過。日本人（実線）は足浴開始後10分ほどで発汗が生ずるが，フィリピン人（点線）の発汗発現は遅く，汗量も少ない。

（出典：Kuno, Y., Human Perspiration, Charles C. Thomas, Springfield, Ⅲ, 1956）

表2.13 熱中症の症状と重症度分類

分類	症状	重症度
Ⅰ度	めまい・失神 「立ちくらみ」という状態で，脳への血流が瞬間的に不十分になったことを示し，"熱失神"と呼ぶこともある。 筋肉痛・筋肉の硬直 発汗に伴う塩分（ナトリウムなど）の欠乏により生じる。 これを"熱けいれん"と呼ぶこともある。 大量の発汗	
Ⅱ度	頭痛・気分の不快・吐き気・嘔吐・倦怠感・虚脱感 〔体がぐったりする，力が入らない状態である。〕	
Ⅲ度	意識障害・けいれん・手足の運動障害 呼びかけや刺激への反応がおかしい，体にガクガクとひきつけがある，真直ぐ走れない・歩けないなど。 高体温 体に触ると熱いという感触がある。従来から"熱射病"や"重度の日射病"といわれていたものがこれに相当する。	

熱中症の重症度を「具体的な治療の必要性」の観点から，Ⅰ度，Ⅱ度，Ⅲ度に分類したもの。

（出典：環境省，熱中症環境保健マニュアル，p.14）

2.3.2 着衣形態と衣服の形による要因

梅雨時や夏場などの暑熱環境下では，環境と皮膚温との温度差が小さいために乾性放熱が減るので，汗の蒸発による湿性放熱が重要な放熱の手段となる。汗の蒸発を促進するような衣服が望まれ，着衣の換気が重要な役割を果たす。本項では，なぜ換気が必要なのかを概説した後，換気放熱に有効な伝熱現象である煙突効果とふいご作用について説明し，それらが生じやすい暑い環境に適した衣服のデザインや着方について述べる。

(1) 人体からの熱・水分移動および皮膚呼吸への換気の影響

皮膚からは，炭酸ガスや不感蒸散による水蒸気が出ているため，衣服内を快適に保つには十分換気する必要がある。炭酸ガスの拡散は，布の両側の炭酸ガス濃度差によって濃度の高いほうから低いほうへ向かって拡散する。人体側が一般的に高濃度なので，人体から布を介して環境へ向かって拡散する。水蒸気でも同じことが起こる。

しかし，換気は拡散とは異なる経路と原動力によって生じる。図2.48に着衣からの空気(熱)，水分，炭酸ガスの換気の模式図を示す。図2.49に，理論計算で算出した衣服内への風の浸透と上昇気流の分布を示す。

衣服の裾が開放していれば，裾からも空気の浸透がある。通気は人体から外界へ生じると考えがちであるが，安静時は外気の浸透が通気性に応じて生じる。炭酸ガスや水蒸気は，拡散だけでなく空気の移動に伴って上昇気流でも運ばれる。ゆとりが十分ある着衣では，外気の浸透で衣服素材や着衣の裾の開口部を介して入った外気が，人体に沿って上昇気流となり，炭酸ガスや水蒸気も一緒に衿などの開口部から外に出る。

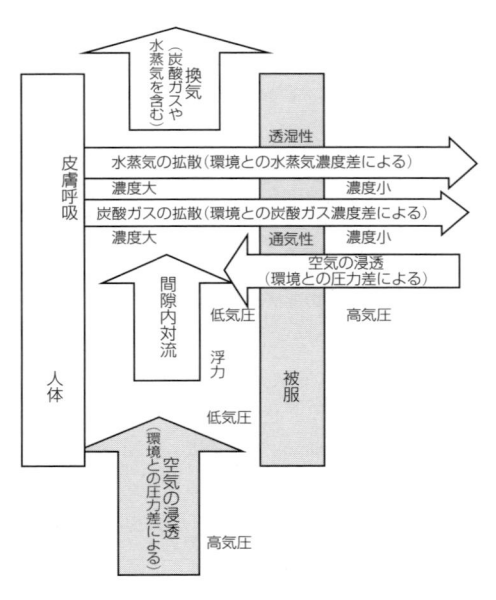

図2.48 着衣の換気の模式図

換気には，布を通しての換気と開口部からの換気がある。布を通しての空気の移動は，布の両側の圧力差によって生じる。体熱で着衣内の空気は暖められるため，密度が外気より低く，着衣内の間隙の圧力は環境よりも低気圧となる。したがって，空気は素材の通気性に応じて環境から衣服内に吸い込まれる。この現象を「浸透」という。
(出典：薩本弥生編著，快適ライフを科学する，丸善，2003，p.37より作成)

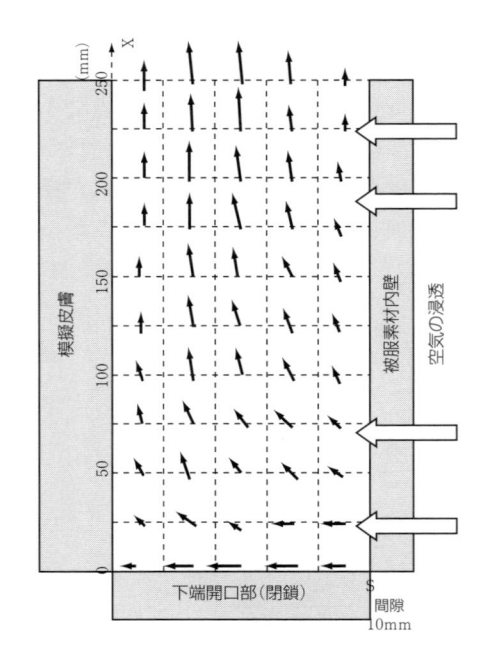

図2.49 布を通しての空気の浸透と上昇気流

衿元を開口して裾の閉じた着衣の場合，裾からの浸透流はないが，布の通気性に応じた浸透流が衣服を通して間隙内に入り込み，着衣内空間で対流が起こり，上部開口部から換気され熱が逃げやすくなる。
(出典：酒井豊子ほか，衣生活の科学，放送大学教育振興会，2002，p.54)

2.3 暑い環境に適した衣服

（2）涼しいデザインと着方
1）衣服のゆとりが放熱へ及ぼす影響

　人体は体温を一定に保つため，いつも身体から放熱している。この熱で暖められ，人体周りの空気は付近の空気よりも軽いので，人体周りに上昇気流（自然対流）が生じる。このような人体周りの対流は，衣服のゆとりが大きいとき，着衣時の保温性に影響する（「煙突効果」という）。

　空気には粘性があるので，ゆとりが小さいと，空気が流動せず静止している。静止している限りは，ゆとりが増えるほど静止空気の量が増すことになるので，当然，保温性は大きくなる。しかし，2.2.2の図2.34に示したように，衿口や袖口，裾の開いた開口型の衣服の場合，間隙（空気層）が約10mmを超えると，空気の粘性に打ち勝って着衣内空間で対流が起こり，熱が逃げやすくなる。暑熱環境では，ゆとりの大きい衣服内で対流が生じやすい着衣形態が放熱に有利になる。

2）衿や裾の開口によるクールビズの実践

　男性ビジネスウェアでは，夏季でもスーツ・ネクタイという儀礼を重んじる服飾文化がある。この現状に対し，2005年の夏からは政府主導で音頭を取り「クールビズ」を推奨したため比較的スムーズに男性の軽装化が普及し，2011年の東日本大震災で節電が必須となったため「スーパークールビズ」が推進された。

　衿元や裾の開口部を開口し，適度なゆとりを設け，空気の流れが起きやすいように工夫すると，煙突効果で上昇気流が生じ，涼しく感じる。図2.50に示すように，モデル実験の結果によると，上下の開口形態で上昇気流の出口である衿元を開けると放熱しやすい。さらに，上下とも開けると，より放熱効果は高い。スーパークールビズはこの形になる。

　昭和の初期に，すでに高温多湿の日本の夏季に欧米流儀の服装を真似する不合理を指摘してノーネクタイ運動を提唱した学者がいた[1]。京都帝国大学の戸田正三博士である。この提案に共感した新聞社が懸賞募集し，シャツ業界が共作して作成されたのが，開襟シャツである。

　これが，後にハワイに渡り，アロハシャツの元になった[2]。色合いのシックな日本の気候・風土に合った色柄で，フォーマルに耐える開襟シャツなど，ビジネスウェアはもっと日本の風土にあった機能的で快適な気候適合型のものになることが期待される。

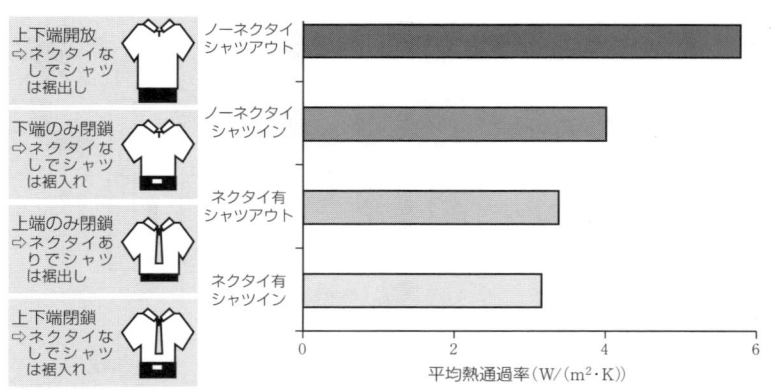

図2.50(a) 着衣の衿や裾の開口部条件が熱の逃げやすさに及ぼす影響

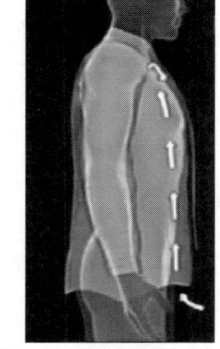

(b) 衿元開口部閉鎖（ネクタイ有）での熱移動模式図

衿や裾を開口し，適度なゆとりを設け，空気の流れが起きやすいように工夫すると，煙突効果で上昇気流が生じ，涼しく感じる。上下の開口部で，上昇気流の出口である衿元を開けると放熱しやすい。さらに，上下とも開けると，さらに放熱効果は高い（図2.50(a)）。スーパークールビズはこの形である。ネクタイで衿元を閉鎖すると，衣服内で上昇気流の出口がないため，放熱しにくい（図2.50(b)）。

（出典：酒井豊子ほか，衣生活の科学，放送大学教育振興会，2002，p.53より作成）

3) 高放射環境下で衣服の色が放熱に及ぼす効果

イスラエルのネビブ砂漠の乾燥地帯で遊牧生活をするベドウィンは，イスラム教の宗教的な理由から，図2.51(a)に示すような黒色の貫頭衣を着装している。通常，日射が強い高放射環境では，反射率の大きい白のほうが黒よりも熱を吸収しにくいので有利という常識がある。しかし，砂漠における着用実験から，黒でも涼しく過ごせることがわかっている。この例のように，衣服の着方，デザインなどの着装要因によっては，衣服内での煙突効果が寄与し，素材の物性だけで捉えにくい場合もある。

(3) 歩行動作と環境の気流による換気放熱促進

1) ふいご作用

環境に風がなくても放熱を促進させるために，人為的に風を起こす行動が日常みられる。例えば，暑い夏の日の運動した直後などに，扇子やうちわ，あるいは直接に手を使って，衣服の衿元などの開口部付近をパタパタ動かして涼を得ることは，日常よく見かける。歩行時にも，手足の動作とともに衣服のリズミカルな動きが生じる。この際，人体と衣服との間に強制的な気流が生じて，着衣の放熱性能を高める。これらの現象は「ふいご作用」と呼ばれる。

また，開口部の数を比較すると，図2.52に示すように，対面に2箇所の開口部があると，中央では流れが淀むため，開口部1箇所で奥行があるほうが，開口部での放熱性能が良い。歩行時の靴と足の間でも，ふいご作用が重要な役割を果たし，靴内の蒸れ防止に役立つ。足にピッタリ合ったものが歩きやすいが，ふいご作用による換気効果は，さらにきつめのサイズなので，寸法上のフィット感とずれる。

各種おむつや通気・不通気のパンツの換気率を，安静時と歩行時でトレーサガス法により定量し比較したところ，図2.53に示すように，歩行で20%程度換気が促進され，素材の通気性や被覆面積・フィット性などのデザイン要素により換気量が影響される。運動直後など一過性の産熱の亢進が起きたときは，安易に冷房に頼らなくても，ふいご作用でも放熱が促進される。

2) 環境の気流と歩行動作の交互作用による換気放熱の促進

人体の歩行動作や環境の気流は，着衣の熱抵抗に影響を与える。補正された着衣の総熱抵抗

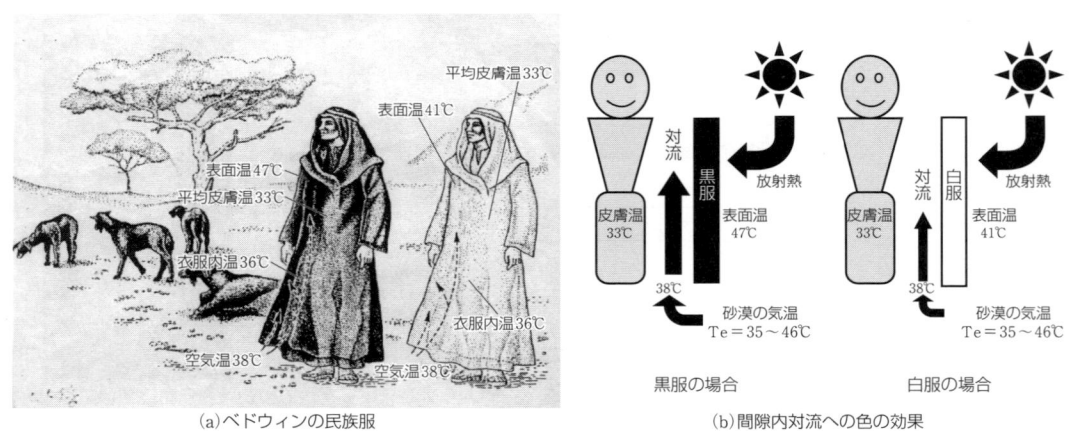

(a) ベドウィンの民族服　　　　　　　　　(b) 間隙内対流への色の効果

図2.51　なぜ砂漠で着用されるローブは白でなく黒なのか[3]

(a)に示す同じデザインで，色だけが異なる貫頭衣を着装し，日射が強い砂漠で実験した結果，吸収率の大きい黒の服のほうが，衣服表面温が白よりも6℃高くなった。ゆとりの大きい貫頭衣の衣服間隙内では，衣服に沿って上昇気流が生じるが，衣服の温度が高い黒い貫頭衣のほうが，上昇気流が生じやすく，煙突効果で放熱を促し，結果として皮膚温は白と差がなかった。

(出典：A. Shkolnik, et al., Nature, 1980, 283, pp.373-375)

2.3 暑い環境に適した衣服

$I_{total, corr}$ を式(1)に示す（安静時熱抵抗が $0.6 \leq I_{cl} = 1.4$ あるいは $1.2 \leq I_{total} \leq 2.0$ の衣服で，気流 $0-3.5$ m/s，歩行速度は $0-1.2$ m/s に適応される）。この補正指数は，ISO9920[4]に採用されている。

$$I_{total, corr} = e^{(-0.281 \times (V_{air} - 0.15) + 0.044 \times (V_{air} - 0.15)^2 - 0.492 \times V_{walk} + 0.716 \times V_{walk}^2)} \times I_{total} \quad (1)$$

ここで，V_{walk}：歩行速度（m/s），V_{air}：気流速度（m/s），I_{total}：安静時総熱抵抗（clo），$I_{total, corr}$：補正着衣総熱抵抗（clo）

図2.54に示すように，気流と歩行の交互作用により熱抵抗が減衰し，歩行速度のほうが気流より着衣の保温性を大きく低下させる効果がある。

極端に通気性の異なる衣服で比較しても，図2.55に示すように，通気性よりも気流や歩行速度，着衣の開口部条件のほうが，換気量に及ぼす影響が大きい。一般の衣服では，通気性の換気放熱への効果は小さい。

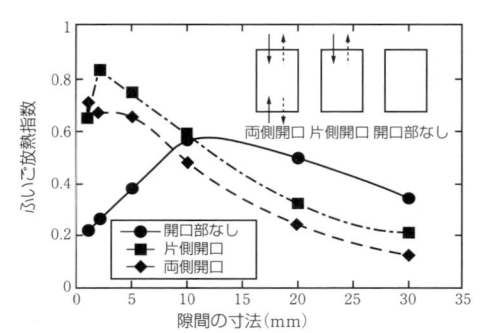

図2.52　ふいご放熱指数への隙間と開口の効果

ふいご放熱指数　$BHTI = (h_m - h_s)/h_s$
h_m：ふいご動作時の熱通過率，h_s：安静時の熱通過率
隙間2mm以下では，熱伝導が主な放熱のため指数が低いが，それ以上10mmまでは隙間が狭いほど，ふいご作用による放熱が促進される。10mm以上では，自然対流が生じるため（2.53参照），ふいご放熱指数が減少する。片側開口のふいご放熱指数が両側開口より高い。開口部がないと，より広い間隙までふいご放熱が寄与する。
（出典：Satsumoto, et al., ICHES'05, Japan, 2005, 12.）

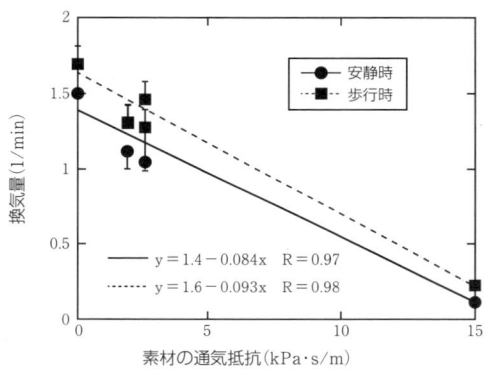

図2.53　おむつ・パンツの通気抵抗と換気率の関係

通気性・不通気性のパンツと市販のオムツの安静時と歩行時に，換気率を通気抵抗に対してプロットすると，概略素材の通気抵抗に逆比例して換気量が低下する。歩行により2割換気量が増加する。しかし，おむつではデザイン要素が寄与するため，必ずしも通気抵抗だけでは換気率は決まらない。
（出典：Satsumoto Y, et al., Textile Research Journal, Vol. 80, No.17, 2010, pp.1859-1871）

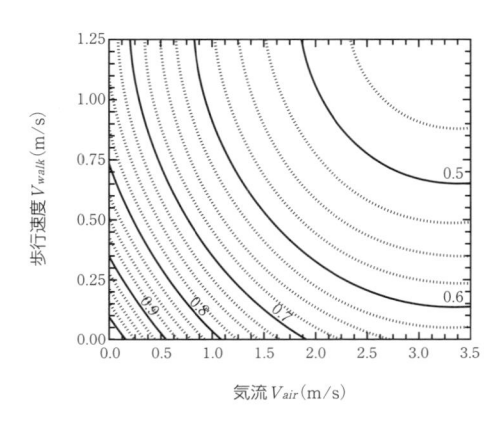

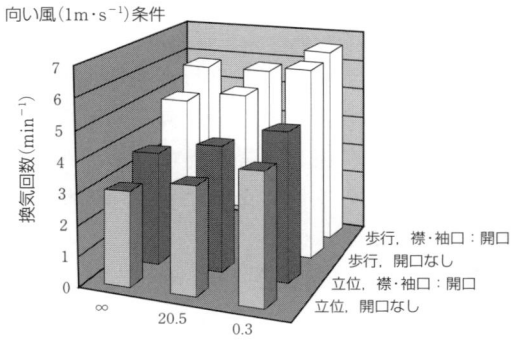

図2.54　気流と歩行速度による熱抵抗値の低減効果

歩行や気流により，着衣の熱抵抗は安静時より低下し，同流速での低減効果は，歩行速度のほうが気流よりも大きい。
（出典：Havenith, G., et al., Eur. J. Appl. Physiol. 2004, 92, pp.636-640）

図2.55　通気性，歩行，開口部条件の換気量への影響

通気性が高いほど，換気量が大きかった。しかし，歩行の効果や開口部条件が換気により大きく影響していた。
（出典：Ueda H., Havenith G., Environmental ergonomics, 2005, pp.343-346）

2.3.3 繊維・布の性質による要因
(1) 繊維・布の熱移動に影響を及ぼす要因

暑い環境に適応するためには，身体から環境への熱移動を促進させなければならない。皮膚温と環境温が等しいか，環境温が皮膚温よりも高い場合，環境への熱移動の手段は蒸発に限定される（2.1.2参照）。この場合は，放射・伝導によって環境から身体に熱移動が生じるため，いかに蒸発によって身体の熱を放散させる割合を高めるかが重要となる。皮膚温のほうが環境温よりも高い場合であっても，温度差が小さければ，放射・伝導による放熱は期待できない。

太陽の放射を考慮しないならば，身体の熱を放散させるためには，被覆面積や着衣量を少なくすればよい。しかし，夏季の推定着衣clo値は，男性で0.69clo，女性で0.52cloであり，社会生活上暑くても着衣量を減少することができない[1]。被覆面積や着衣量を少なくして放熱を促進させる方法には限界があるため，涼しい着方（2.3.2参照）と涼しい素材の選び方を考えなければならない。

環境への熱移動を促進させるために必要な衣服の機能として，皮膚温を上昇させることなく，発汗時には速やかに皮膚からの蒸発を促進させることが求められる。そのため，暑い環境に適応するための衣服素材は，保温性が低く，通気性が高いことが望ましい。

一般に夏季の衣服用繊維素材としては，綿や麻が用いられるが，これは綿や麻の吸湿性の高さや，良好な吸水性と洗たく等の取り扱いのしやすさに起因する。綿や麻の繊維そのものの保温性が低い，通気性が高いということではない。保温性や通気性は，繊維そのものの化学的な性質ではなく，主に繊維の形態，織構造，編構造，糸構造などの物理的な構造によって決定される。

1) 保温性

空気を含んだ嵩高い布と空気を含まない薄い布では，同じ綿あるいは毛であっても，熱コンダクタンスは大きく異なる。含気率によって保温性は異なるため，保温性を低くするためには，含気率の低い布構造としなければならない。しかしながら，2.2.3にあるように，布中の繊維の体積分率は一般的な布で10〜20%，薄手の緻密な布でも30%以下と，ほとんどが空気である。空気の熱伝導率は非常に小さく，空気を含まないようにするためには，薄手の素材を選択する必要がある。

一方，暑い環境で運動を行う場合は，産熱が増加するため，体温の上昇を防ぐことができない。体温の上昇は熱中症の原因となるため，これを防ぐためにも衣服素材の選択は特に重要である。

図2.56は，縫製条件を同一にして，異なる糸組成で編んだ7種類のスポーツシャツを着用させた被験者の安静時と運動時の平均皮膚温と，スポーツシャツ編地の力学的性質せん断ヒステリシスとの関連を示したものである。安静時の皮膚温とせん断ヒステ

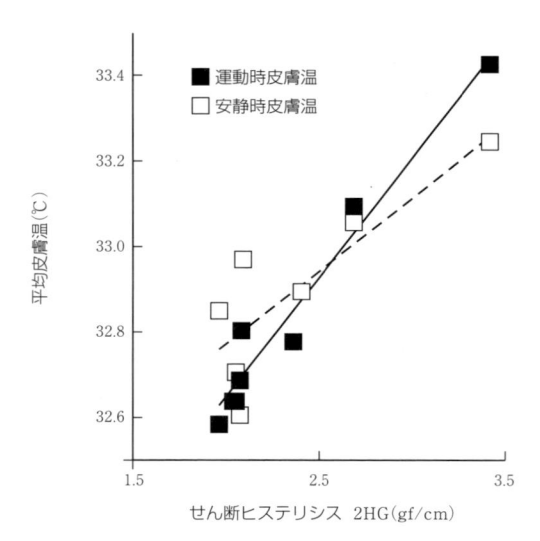

図2.56 平均皮膚温とせん断特性との関係

縫製条件を統一して作成したスポーツシャツを着用させて走行実験を行ったときの，安静時の皮膚温・運動時の皮膚温とニット生地のせん断特性との関係を示した。運動時皮膚温とせん断ヒステリシスとの相関が高い。せん断特性を適切に調整した布により，運動時に布がはためきやすく，平均皮膚温が低く保たれる。

リシス2HGとの相関係数は0.84，運動時の皮膚温と2HGとの相関係数は0.98と，運動時の皮膚温とせん断ヒステリシス2HGとの相関が高かった。このことは，同じデザイン・布構造であっても，力学的特性を制御することで，運動時の平均皮膚温を低く保つウェアの設計が可能であることを示している。

2) 清涼感

接触冷温感(q_{max})が大きい素材は，接触時に皮膚から熱を奪い，清涼感を感じさせることから，スポーツ衣料の素材として用いられることがある（詳細は4.3.1参照）。キュプラ，エチレンビニルアルコール繊維などは，接触冷温感が大きい素材として知られる。

また，硝酸アンモニウムや硫酸アンモニウムが水に溶解する時，吸熱反応が起こることから，携帯用氷枕の寒剤として使用されているが，糖類アルコールも溶解に際し，ソルビトール（−24cal/g），キシリトール（−35cal/g），エリスリトール（−43cal/g）のように吸熱反応が起こる[2]。近年，吸湿発熱素材（2.4.1参照）に注目が集まっているが，これと逆の吸湿吸熱を起こす物質の衣服への適用は非常に少ない。綿繊維にキシリトールを付着させたものが冷感素材として開発され，スポーツウェアなどに使用されている。発汗がキシリトールの溶解に伴う吸湿吸熱反応を起こすことにより加工布が冷却され，着用者の冷感を引き起こすというものである。湿潤した加工布においてのみ吸湿吸熱反応が起こるから，乾燥時の未加工布と加工布の保温性には差は生じない。

一方，ヒトの冷受容器（TRPM8）はメントールにも反応し，熱受容器（TRPV1）はカプサイシンに反応して，冷たい感じや熱い感じを引き起こすため[3]，主に食品に利用されてきた。近年では，メントールやカプサイシンを使用した繊維製品も見受けられる。しかし，メントールやカプサイシンは，各受容器が反応し，その信号が脳に伝わることによって冷たい感覚，熱い感覚を引き起こすだけであり，繊維製品そのものの温度を低下，あるいは上昇させるような働きはなく，保温性とは無関係である。

3) 通気性

通気性を高めるためには，糸の撚りを強くする，糸密度を粗くするなどの方法がある。通気性は，風の有無や方向によって熱移動に影響を与える度合いが異なる。図2.57は，抜蝕加工によっ

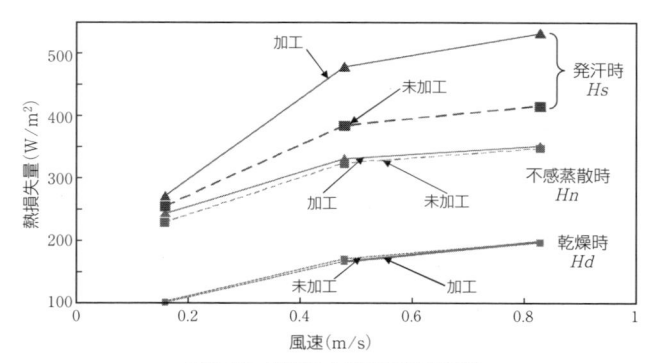

図2.57 通気性と熱損失量の関係

身体に対して垂直方向に吹く風では，発汗時のみ加工布で熱損失量Hが大きくなり，その差は風速の増大とともに大きくなっている。抜蝕加工による布の通気性の向上と曲げ剛性の低下がより熱移動を容易にしたものと考えられる。しかし，身体に対して水平方向の送風においては，両者の相違はみられなかった。

（出典：諸岡晴美ほか，The proceedings of the 27th Japan Symposium on Thermophysical Properties, 2006, pp.232-234）

て通気性を変化させた加工布のサーモラボⅡ型による熱損失量を測定した結果である。加工布は裏面がナイロン，表面がポリエステルからなる。ポリエステルの分解除去によって通気性を変化させている。乾燥時，不感蒸散想定時には，風速の増加とともに熱損失量が増加するが，加工布と未加工布との熱損失量の差は見られなかった。これに対し，発汗想定時には，風速が増加すると加工布の熱損失量は著しく増加した。このことは，室内で安静にしている場合には，衣服の通気性の違いは体温調節にはほとんど影響しないこと，夏季に屋外でランニングをするといった発汗した身体に垂直に風があたるような状況では，衣服素材の通気性が大きいほうが放熱を促進させることを示している。

(2) 繊維・布の水分移動に影響を及ぼす要因
1) 吸湿性

吸湿性は，各素材に固有の性質である。各繊維の公定水分率は，2.2.3に示されている。綿やレーヨンの水分率は高いため，不感蒸散による湿気を吸いやすく，接触角も低いことから，濡れやすく汗を吸う性質をもつ。羊毛の水分率は高く湿気を吸いやすいが，接触角が大きいため，濡れにくく液体の汗を吸わない。ポリプロピレンは公定水分率が低いため湿気を吸わず，接触角も大きいため濡れにくい。

以上のことから，不感蒸散や汗を吸う綿やレーヨンは，暑い時期の衣服素材として用いられるが，羊毛は汗を吸わないため，暑い時期の内衣としては適していないこと，ポリプロピレンは，季節にかかわらず，内衣素材としては適していないことがわかる。

図2.58は，絹，綿，毛の吸湿性と吸水性の異なる衣服素材から2種類を用いて重ね着させ，高温低湿環境から高温高湿環境にさらした被験者の体重減少量を示したものである。絹，毛，綿のいずれも吸湿性は高いが，絹は薄いために吸水量は綿に劣り，毛ははっ水性があるため，吸水

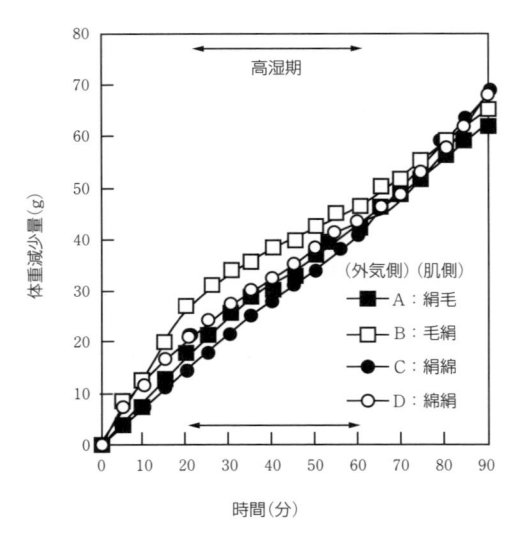

図2.58 吸湿性と体重減少量の関係

作用温度29℃に調整した人工気候室内で，同形に縫製した絹製衣服と毛製衣服の重ね着，絹製衣服と綿製衣服の重ね着をした被験者の体重減少量は，絹と毛，絹と綿のどちらの組合せでも，発汗開始前までは，絹を肌側に着用した場合（毛絹）の体重減少量が多い。

(出典：潮田ひとみほか，繊維製品消費科学，37(2)，1995，pp.83-89)

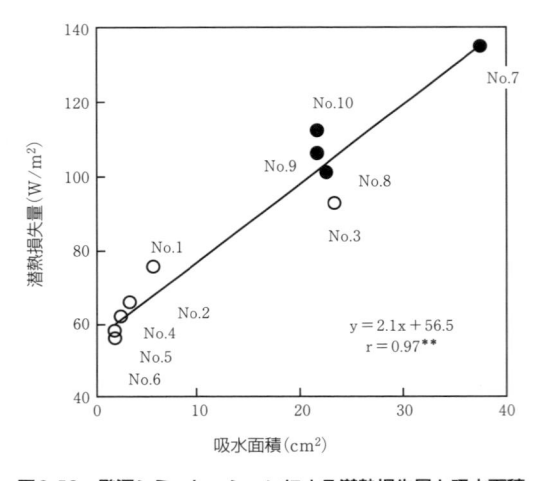

図2.59 発汗シミュレーションによる潜熱損失量と吸水面積

濡れ広がり面積と潜熱損失量を示している。潜熱損失量は，布を構成する繊維素材にかかわらず，吸水面積に依存する。吸水面積は，繊維の界面化学的性質（濡れやすさ），糸構造・布構造による毛細管の形成に依存するから，間接的に繊維の性質や加工，布構造の影響を受けているともいえる（試料はパンスト編布。No.1～No.6はナイロン，No.7～No.10はキュプラ混用布）。

(出典：諸岡晴美，The 32nd Japan Symposium on Thermophysical Properties, 2011，p.377)

性はほとんどない。

　絹と毛，絹と綿を肌側あるいは外気側にして重ね着をさせているため，それぞれの組合せで定常時の性質は重ね方と関係なく一定である。しかし，29℃，55%RHに設定された0-20分の期間では，絹と毛の組合せ（A, B），絹と綿の組合せ（C, D）のどちらの場合も，B, Dの絹を肌側に着用させた場合の体重減少量が多かった。20-60分では，環境湿度が75%RHと高湿になったため，発汗し始めたが，20分と60分のそれぞれの時刻の体重減少量の差をとったところ，Aは24g，Bは20g，Cは27g，Dは22gとなり，B, Dの絹を肌側に着用させた場合の体重変化量は，Cと比較して少なくなった。測定終了時の体重減少量は，吸湿性，吸水性ともに優れる綿を肌側に着用したCが最も多く，吸水性のない毛を肌側に着用したAが少なかった。

　測定終了時の体重減少量は，吸湿性，吸水性ともに優れる綿を肌側に着用したCが最も多く，吸水性のない毛を肌側に着用したAが少なかった。このことは，ある程度温度が高く，わずかな発汗がし続けるような環境では，吸湿性と吸水性がともに良好な綿素材を選択し着用することの優位性を示している。

2) 吸水性

　吸水性は一見，素材に固有の性質のように思われるが，現在では，いわゆるポリエステルのような疎水性繊維とされる素材であっても，吸汗加工を施すことによって，吸水性を付加することが可能となっている。

　親水性繊維である綿や麻，レーヨンなどは，繊維の内部まで吸水するため，①いったん吸水すると乾燥まで時間がかかる，②衣服素材が濡れると，急激に熱伝導率が増加して体熱を急激に低下させることになる，③衣服素材が濡れて吸水できなくなると，汗は皮膚表面に濡れ広がり，無効発汗量が増えることにより発汗停止が起こる（この現象をハイドロミオシス（発汗漸減）と呼ぶ），④衣服素材が吸汗によって皮膚にはりつき，動作性を損ねる，といった要因から，高温高湿環境や高温環境でスポーツを行う際には，いわゆる親水性繊維よりも疎水性繊維に吸汗加工を施すほうが都合がよいとされる。

　吸汗加工は，繊維の形状や糸の構造を工夫することによって，毛細管現象を起こしやすくするものと，後加工によるものの2種類に大別することができる。例えば，繊維軸方向側面を多孔質にする，側面に微細なくぼみを入れる，極細繊維にして表面積を増加させて，後加工を施した際に毛細管現象を起こしやすくする，W型や星型のように表面積が大きくなる異形断面にして，後加工の際に毛細管現象を起こしやすくするなどがある。これらに毛細管現象を起こしやすくする後加工を施し，吸水面積が広がれば，図2.59に示すように熱損失量が増加することとなる。

2.4 進化する衣服

2.4.1 寒冷対策

寒冷対策に求められる性能の第一は，保温性である。近年は，寒い季節でも暖房に頼りすぎない生活が求められていることもあり，保温機能をアピールする衣服が多数販売されている。ここでは，保温機能を特徴とする最近の衣服素材や保温の仕組みについて述べる。

(1) 衣服素材の保温機能

1) 断熱保温

空気は優れた断熱材であり，ダウンジャケットのように動かない空気を多く含む衣服は暖かい。近年は，繊維間にたくさんの空気を含むことのできる極細繊維（0.33～1.11dtex）や超極細繊維（0.33dtex以下）を用い，薄くても保温性の高い衣服がつくられている。また，繊維を中空にしたり，微細な気孔を多数形成したりするなど，繊維内部に静止空気層を含有する中空繊維や多孔繊維も用いられている。

図2.60は，ポリエステルの多孔繊維と，比較のためのレギュラー繊維の形態を示し，図2.61は，多孔繊維の保温効果を示している。

2) 吸湿発熱

水分が繊維に吸湿あるいは湿潤すると，熱を発生する。この熱を衣服の保温機能に利用したものが，吸湿発熱素材である。従来の親水性の天然繊維や再生繊維においても吸湿発熱し，特に羊毛の発熱が大きいことが認識されているが，最近では加工により吸湿性を高めた合成繊維も用いられる。合成繊維の吸湿発熱素材の代表的なものには，アクリルを加工したアクリレート系繊維があり，羊毛の約3倍の吸湿性をもち発熱量が大きい。

図2.62は，吸湿発熱素材100%の繊維塊と吸湿発熱素材9%を含有するインナーウェアについて，絶乾状態から65%RHの環境へ移動させたときの表面温度を示している。発熱現象は，吸湿発熱素材の含有量や繊維集合状態によって異なることがわかる。また吸湿熱は，人体が寒冷環境

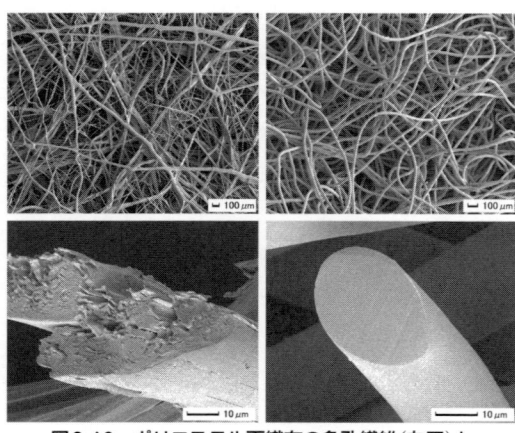

図2.60　ポリエステル不織布の多孔繊維（左図）とレギュラー繊維（右図）の形態

左図に示した多孔繊維の不織布は，発泡剤を溶融ポリマーに混合させ，紡糸段階で発泡剤の一部を破裂させている。繊維が気泡を含み，また発泡剤の破裂によって細分化された繊維が複雑に絡み合い，多量の空気を含有する。
（画像提供：ユニセル株式会社）

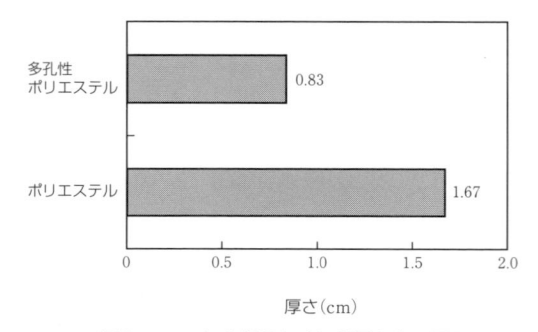

図2.61　1cloを得るために必要な布の厚さ

1cloの保温力を得る厚さを測定した結果を示す。多孔性ポリエステルは，従来のポリエステルの約半分の厚さで，同じ保温力を有することがわかる。このような断熱保温素材は，スポーツウェアや防寒作業着，肌がけ布団などの中綿に用いられる。
（出典：繊維学会編，最新の衣料素材，文化出版局，1993，pp.199-200より作成）

2.4 進化する衣服

にさらされたときに、衣服内温度を急激に低下させない緩衝効果を示すといわれているが、発熱による温度上昇は、水分の吸湿が飽和するまでの一過性の現象と考えられ、吸湿熱を保温機能として利用するときの留意点と考えられる。

3) 放射熱の反射、再放射

人体から発生する放射熱を、アルミニウムや銀などの金属で反射させることにより保温性を高めた素材がある。金属粒子を布に塗布したり、コーティング樹脂に金属粉を混入したり、気孔のある金属箔を布にはり合わせたり等の加工が行われ、スポーツウェアなどに利用されている。

また、人体の放射熱を吸収し、遠赤外線を放射するセラミックスを利用した保温素材も開発されている。セラミックス粒子を繊維内部に練り込む、あるいは樹脂に混ぜて布に塗布する等の加工が行われ、インナーウェアやスポーツウェアなどの素材に用いられている。

4) 太陽光の蓄熱

可視光線、近赤外線を吸収し熱に変換するという特殊機能を有する金属化合物を用いた保温素材が、スポーツウェアなどに利用されている。金属化合物としては、炭化ジルコニウムや酸化ジルコニウムなどが用いられる。

図2.63に蓄熱加工アクリル繊維の断面を示す。アクリルは合成繊維の中でも保温性が高いが、さらに保温機能を高めた繊維である。図2.64は、蓄熱加工アクリル繊維と一般のアクリル繊維の衣服にレフランプを照射したときの表面温度を示し、蓄熱加工による発熱が認められる。

ポリエステルやナイロンにおいても、繊維芯部に金属化合物を封入した蓄熱加工繊維がつくられている。また、金属化合物の微粒子を繊維や布表面に付着させた、いわゆる後加工による蓄熱加工の繊維や布も開発されている。

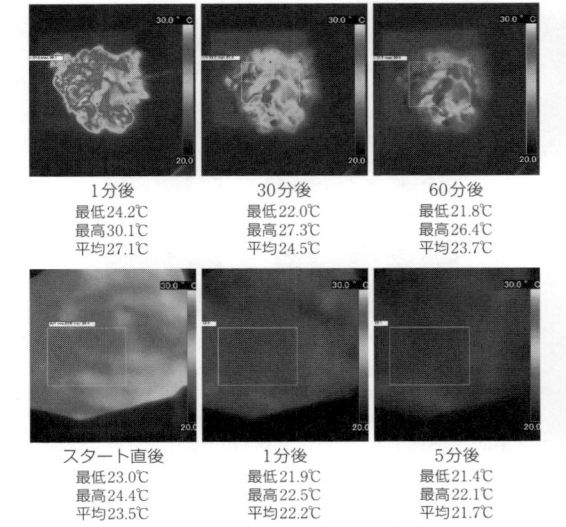

1分後	30分後	60分後
最低24.2℃	最低22.0℃	最低21.8℃
最高30.1℃	最高27.3℃	最高26.4℃
平均27.1℃	平均24.5℃	平均23.7℃

スタート直後	1分後	5分後
最低23.0℃	最低21.9℃	最低21.4℃
最高24.4℃	最高22.5℃	最高22.1℃
平均23.5℃	平均22.2℃	平均21.7℃

図2.62 吸湿発熱素材の表面温度

試料は、上図が吸湿発熱素材100%の繊維塊、下図が吸湿発熱素材9%混用のインナーウェアである。絶乾状態から65%RHの環境へ移動後に、サーモグラフィで表面温度を測定した。繊維塊は1分後に約5℃上昇したが、それ以降温度が徐々に低下した。
一方、インナーウェアでは、スタート直後に約1.5℃の温度上昇がみられたが、5分後には消失した。発熱は、吸湿発熱素材の含有量や繊維集合状態によっても異なる。

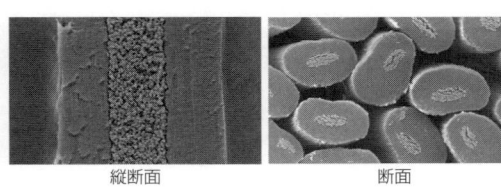

縦断面　　　　断面
図2.63 蓄熱加工繊維の断面

芯鞘構造のアクリル繊維の芯部には、太陽光を吸収し熱エネルギーに換える特殊な導電性微粒子が練り込まれている。
(画像提供：三菱レイヨン株式会社)

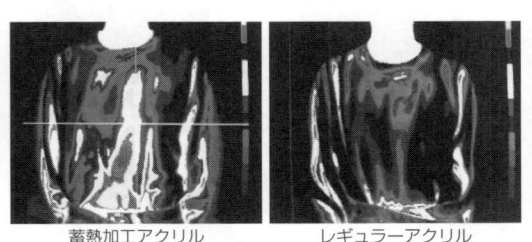

蓄熱加工アクリル　　　　レギュラーアクリル
図2.64 蓄熱加工繊維の発熱効果

左図は蓄熱加工アクリル、右図はレギュラーアクリルの衣服で、両者とも平編である。20℃、40%RHの環境において、レフランプ(500W、250kJ/m^2/h)を照射したときのサーモグラフィ画像では、蓄熱加工アクリルの衣服が、レギュラーアクリルと比較し2～8℃高いことが認められた。
(画像提供：三菱レイヨン株式会社)

第2章 暑さ寒さと健康

　図2.65は，蓄熱加工したポリエステルの布にレフランプを照射したときの温度変化を示し，加工による発熱効果が認められる。

　このような蓄熱加工は，太陽光の照射条件により発熱効果が異なるため，断熱保温などと組み合わせた保温素材が衣服に用いられる。

(2) 厳寒対策の電熱服

　バッテリーの電気により発熱する衣服は，オートバイやスノーモービルなどの厳寒対策として利用されている。暖め方は，図2.66のように導電性のカーボンを用いた発熱体を衣服の専用ポケットに装着するタイプと，図2.67のように導電性ニクロム線などを衣服の内側全体に配列させたタイプがある。電熱服は，体温調節の生理的機能を考慮した使用が必要である。

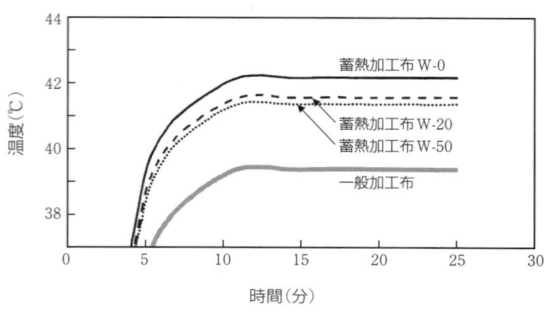

図2.65　レフランプを照射したときの布の温度変化

試料は，蓄熱加工布の耐洗たく性を確認するため，未洗たくをW-0，洗たく20回をW-20，洗たく50回をW-50としている。20℃，40%RHの環境で，屋外用のレフランプを10cm離し照射したときの温度を示す。
洗たくにより蓄熱の機能低下がやや認められるが，W-50でも一般加工布より2.0℃ほど高い。
(出典：馬場俊之，繊維学会誌，vol.66, no.9, 2010, pp.300-302)

図2.67　電熱線を内蔵した電熱服

衣服全体が温まるように，ニクロム線などが衣服の内側全体に配列されている。上図は，電熱線の熱に加えて，電熱線で暖められた空気を循環させるための空隙を設けている。下図は，電熱線がミシン目に沿って緻密に配列されている。ジャケットやベスト，パンツ，グローブ，ソックスなどがあり，ソックスは導電性カーボン繊維をフィルム状にしたものが内蔵されている。
(画像提供：株式会社ジャベックス(上図)，株式会社キャピタル販売(下図))

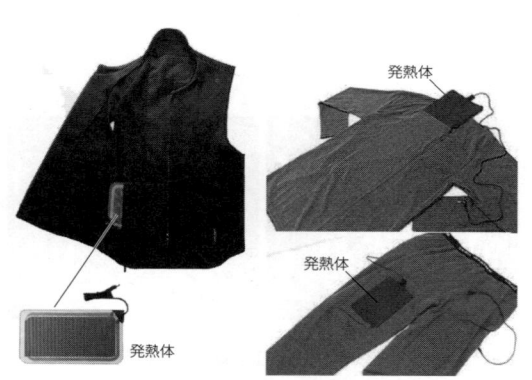

図2.66　伝導性の発熱体を装着する電熱服

発熱体は，カーボン繊維やカーボン微粒子を用いている。温度制御は，着用者が調節するもの(右図)，発熱体が自己制御機能を有するもの(左図)がある。ベストやインナーシャツ，インナーパンツなどがあり，背部や腰部，腹部，大腿部などに設けられたポケットに発熱体を入れて着用する。
(画像提供：株式会社サンエス(左図)，株式会社バイオニクスジャパン(右図))

2.4.2 暑熱対策

本項では，暑熱対策として用いられる衣服の例として，冷却機能をもった「冷却衣服」について述べる。

(1) 暑熱対策としての冷却衣服
1) 防護服と暑熱負荷

労働環境の中には，暑熱環境にて防護服を着用して作業する場合が多くある。防護服とは，外部からの有害物質などから作業者の安全を守るための衣服である。具体的には，宇宙服，軍用服，消防服，放射線防護服，化学工場の防護服，農薬散布時の防除衣などが挙げられる。

フードや長靴，エプロン等，身体の一部分を防護するものから，皮膚が外気に露出しないように全身を覆う，密閉型と呼ばれる形態のものまである。特に密閉型の防護服の場合，外部からの危険を避けるため，通気性が低く，断熱性が高い場合が多い。また，衣服の着脱による体温調節が困難であるため，外気が極端に暑い労働環境ではもちろんのこと，環境がそれほど高温でなくとも，大きな熱負荷が作業者にかかってしまう可能性がある。

2) 防護服と冷却衣服

冷却衣服は，衣服に冷却機能をもたせたものであり，主に防護服着用時の暑熱対策として使用されている。防護服と冷却衣服を組み合わせて用いるものや，防護服自体に，送気するなどの冷却を行うシステムが組み込まれた一体型のものがある。

冷却衣服は，まずは熱から労働者の身体を守ること，および，高温環境下における作業や任務を遂行することを目的として使用される。そのため，冷却衣服の開発の際には，着用者の心拍数，発汗量，直腸温などの指標に基づき生理的な熱負荷を低減すること，耐久時間を延長し作業能力を向上すること，任務や作業のじゃまにならないように，冷却システムを制御することに主眼をおいて研究が行われている。既存の冷却衣服には，冷媒として空気，水，氷，ドライアイスなどを使用したものがある。図2.68に冷却方式の例を示す。

空冷式　　　　　　　　水冷式　　　　　　　　氷冷式

図2.68　冷却衣服の冷却方式の例

冷却衣服の冷却方式としては，空気を循環させる空冷式，衣服内に冷却水を循環させる水冷式，ファンによって風を当てる風冷式，ペルチェ素子により冷却を行う方式，アイスパックを衣服内に挿入する氷冷式などがある。
(出典：Konz, S.A., ASHRAE Trans., Part 1B, vol.90, 1984, pp.499-517)

3) 頸髄損傷者のための体温調節服

頸髄(けいずい)損傷者をはじめとした体温調節に困難のある方のうつ熱を防ぐことを目的とし，冷却衣服が研究開発されている。車椅子などに冷却水の循環装置を搭載した水冷式の冷却衣服や，頸部および体幹(たいかん)部を部分的に冷却する氷冷式の衣服がある。日常生活における，比較的長い時間の使用を可能とするためには，熱負荷を効果的に取り除くとともに，軽量かつ日常生活動作の妨げとならないこと，メンテナンスのしやすいこと，着心地の良いことなども重要である。

（2）冷却衣服の熱的快適性
1）中程度の高温作業環境下における冷却衣服

極度の暑熱負荷とはいえないが，夏季の屋外環境や大空間で全館空調が難しい生産工場など，気温30～33℃程度の環境下で労働を行う場合がある。そのような中程度の高温環境下での暑さ対策の一つとして，冷却衣服が用いられる。

極度の暑熱環境下においては，熱負荷をどのくらい除去できるか，という点に主眼がおかれていたが，中程度の高温作業環境で有効な冷却衣服に関しては，熱負荷を取り除くだけではなく，さらに着用時の快適性の確保も求められる。一例として，図2.69に通信機械室における保守作業のために開発した冷却衣服を示す。

人間に最も近い外部環境である衣服に冷却機能をもたせることにより，個別に高温作業環境対策を行うことができれば，通信機械室内全体の空調に費やすエネルギーを抑制することが可能であり，省エネルギー効果が期待できる。被験者を用いた実験により，冷却衣服は生理的な熱負荷を低減するとともに，温冷感を熱的中立に近づけ快適性を保つ効果があることが確認された。

図2.70に，冷却部位である胸の温冷感と不快感を示す。一部分のみ冷やされすぎると，局所の不快感が生じることが明らかとなっている。過度な冷却を行わないようにするなど，快適性の観点からの衣服設計も重要である。

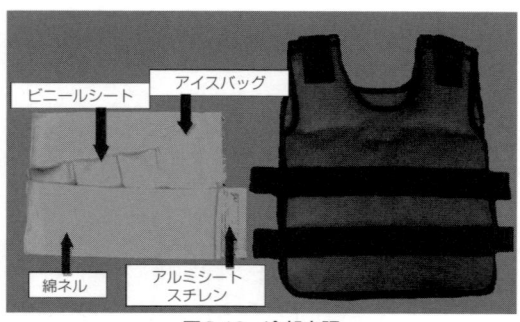

図2.69　冷却衣服

通信機械室における保守作業のために開発した冷却衣服である。対象とした通信機械室は，その冷房設定温度を高くし，空調運転効率を向上させることで，省エネルギーを図る試みがなされている。通常は無人で，主に機械のみが作動しているのだが，作業者が機械保守のために入室する場合には，室内が高温となる場合がある。また作業者は，安全性の確保と人体からの粉塵を防ぐために，防護服として長袖の作業服を着用しており，作業者の暑熱負荷対策が必要であったため，冷却衣服を用いた。この冷却衣服は氷冷式であり，冷却能力の維持のために，放射よけや断熱材を使用するとともに，水を嫌う機械室で用いるため，人体からの汗や結露水を吸収できるように工夫されている。

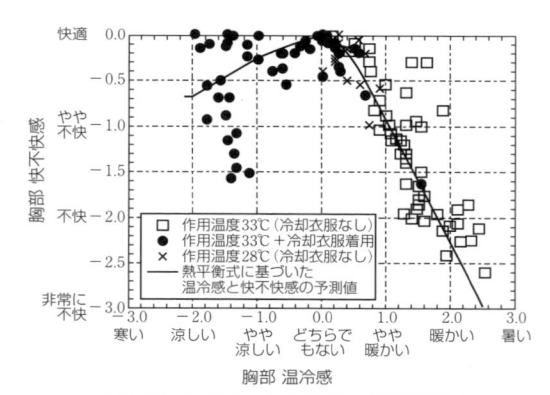

図2.70　胸部の局所温冷感と局所快不快感

冷却衣服を用いたときの，冷却部位である胸における，温冷感と不快感の関係を示す。冷却部位の局所温冷感が－1（やや涼しい）より低くなると，局所快不快感は熱平衡式に基づいた予測値よりも不快側に分布した。熱負荷を取り除くだけでなく，快適性のためには過度な冷却を行わないことが重要である。

（出典：Naoe Nishihara, et al., 日本家政学会誌, vol. 52, no. 12, 2001, pp.1199-1207 より作成）

2) クールビズオフィスにおける冷却衣服

　地球温暖化対策の一環として，オフィスでは，夏季の冷房設定温度を高く設定し，軽装化を推奨する，いわゆるCOOL BIZ（クールビズ）が2005年より実施されている。夏季の冷房設定温度の目安としては，28℃が示された。これは，「建築物における衛生的環境の確保に関する法律」（1970年制定）で定められた管理基準温度の上限に相当する。クールビズの推進により，ノーネクタイ，ノージャケットを典型例とした，夏季オフィスにおける軽装化が進んだ。個人レベルで省エネルギーに取り組むきっかけとなり，環境負荷の軽減に寄与した効果は大きいといえる。

　一方で，室内空気温度28℃の場合，軽装化による暑さ対策だけでは限界があり，温熱環境に関する不満の増加や作業効率の低下を示唆する調査事例も報告されている[1]。衣服の観点からは，軽装化とともに，さらに衣服の開口部やゆとりなどのデザインや着装のしかた，素材，潜熱移動，人体の温熱反応の部位差などの多面的な観点から，夏季の日本の気候に適合し，社会的にも許容される衣服を考えることが必要である。

　また近年では，図2.71に示すように，省エネルギー性と執務者の快適性を保つための衣服の工夫として，ファン付きワイシャツなどの冷却衣服も提案されている。

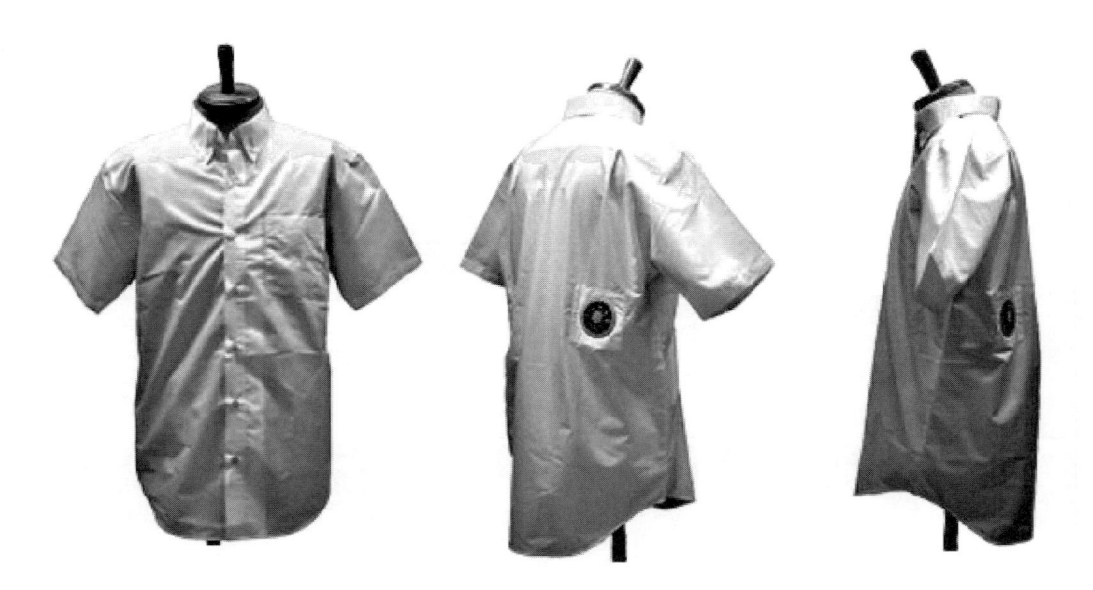

図2.71　ファン付きワイシャツ

乾電池で稼働するファンを内蔵したワイシャツである。背中に装着された2つのファンによって，汗の気化による潜熱移動を促進することにより人体を冷やす。
（画像提供：株式会社空調服）

2.4.3 環境条件によって変化する衣服

(1) 発汗および寒暑によって温度調節する布

　第2章においては，暑さ・寒さに適応する衣服の着方，衣服・布・繊維の温熱的性能，さらには人の生理反応について述べてきた。一方，人を取り巻く温熱環境は，季節や地域で異なるのみでなく，一日の内でもつねに変化している。また，人の活動量もつねに変化している。

　このような状況下にあって，私たちは，上着の着脱や腕をまくる，襟元のボタンをはずすといった調整を行っている。しかし，このような行動的体温調節をしなくても，布自体が自動調整機能をもち，寒暑によって保温性を調整することができる衣服素材が開発されつつある。

　図2.72は，発汗が生じた場合に糸の形態が変化するタイプの布を示している。糸が発汗によって湿潤すると，(ア)は布表面に凹凸が現れるタイプ，(イ)は気孔率が増加するタイプである。前者は，べとつき感や冷え感を低減するものとして，後者は，通気性を高くして保温性を低下させることを目的として開発されたものである。北京オリンピックで，卓球の福原選手は両脇に(イ)のタイプの布地を使用したウェアを着用したという（図2.73）。

　また図2.74は，発汗によって背部の布の一部が窓を開くように開き，中からメッシュの布（気孔率の大きな布）が出てくるタイプである。また，パラフィンワックスを詰めた2～3ミクロンのマイクロカプセルを布に付着させ，温度が上昇すると，周囲の熱を奪って固体から液体となり，逆に温度が低下すると，液体から固体へと相変化して放熱する仕組みを利用した温度調節タイプも開発されている。

(2) 気孔率が放熱量に及ぼす影響

　図2.75は，気流が0.1m/sと1.2m/sの時の気孔率と放熱量との関係である。布と身体との間隙（衣服間隙）の大きさおよび気流によって，気孔率が放熱量に及ぼす影響が大きく異なることがわかる。放熱効果を高めるためには，かなりの気孔率の増加が必要である。

　先に紹介したものは，すべて可逆的なものであり，温熱環境および人間の活動量に応じて，布自体を自動制御させようとする画期的な素材であるが，気孔率と放熱量との関係や，マイクロカプセルが有限であることを考慮すると，現段階では必ずしも十分であるとは言い難い。しかし，今後ますます充実した性能をもつ環境対応型衣服素材が開発されると考えられ，注目していきたいものである。

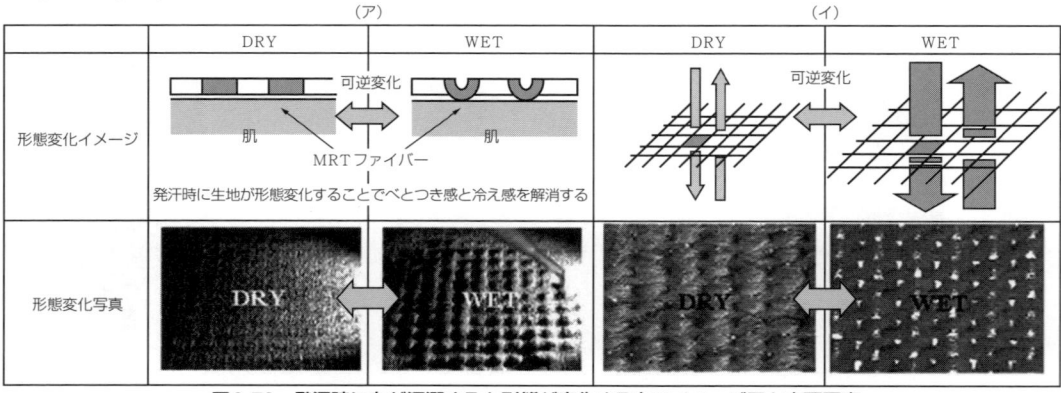

図2.72　発汗時に布が湿潤すると形態が変化する布のイメージ図と表面写真

(ア)は布表面に凹凸が出て皮膚から離すことで，べとつき感や冷え感を減少させるタイプ，(イ)は直通気孔が大きくなるタイプで，気孔率を大きくすることで通気性を向上させるタイプ。
(出典：鈴木東義，繊維基礎講座要旨集，繊維学会，2008, p.24)

2.4 進化する衣服

図2.73 北京オリンピックに出場した卓球の福原選手
図2.72の(イ)のタイプの布が両脇に挿入されたウェアを着用している。
(繊研新聞 2008年7月11日掲載)

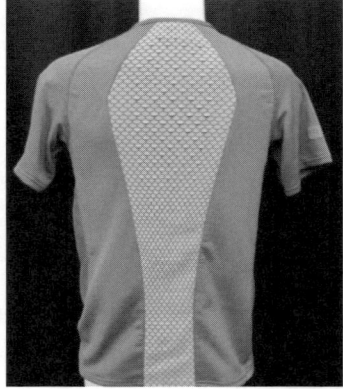

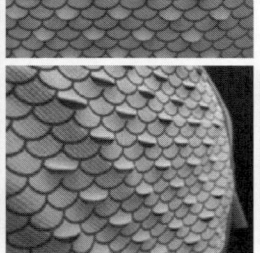

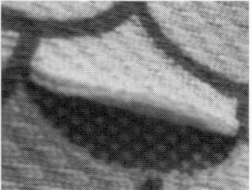

図2.74 湿潤するとカットした部分が開くタイプ
汗によって湿潤した場合に,カットした部分が開き,中から気孔率の大きいメッシュ地が現れる。

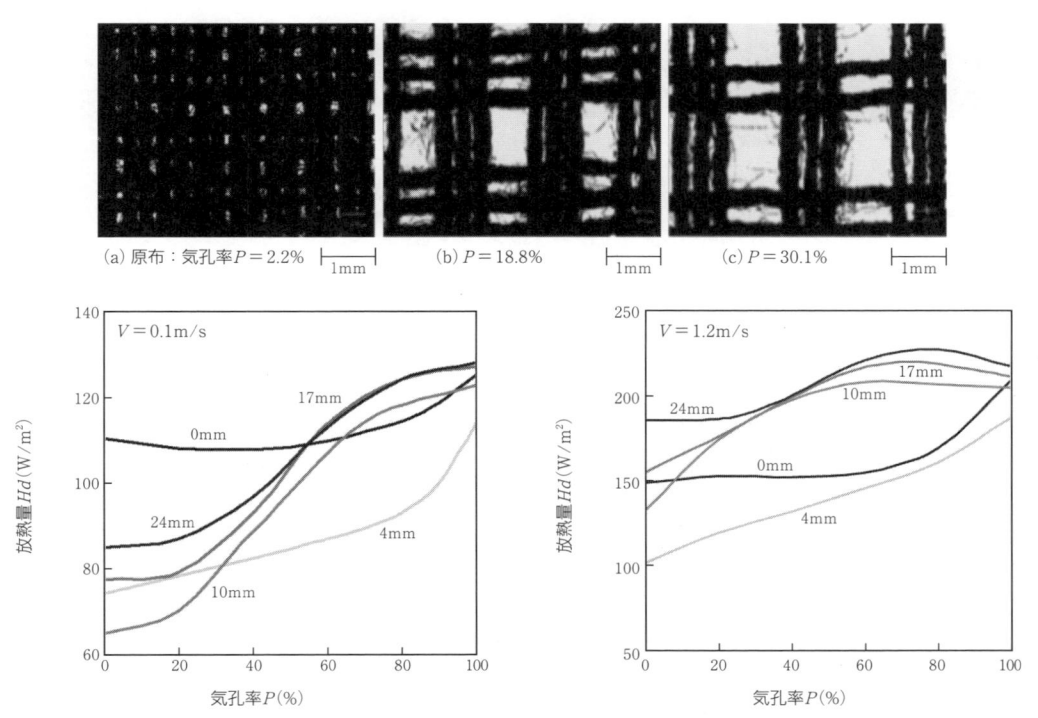

(a) 原布:気孔率 $P = 2.2\%$ (b) $P = 18.8\%$ (c) $P = 30.1\%$

図2.75 気孔率の異なる布の表面写真と気孔率に伴う放熱量の変化挙動
原布(a)と同種の布から経糸を抜糸して作成した布(b)(c)
図中の数値は,衣服間隙を示す。無風状態の場合 ($V = 0.1\mathrm{m/s}$),放熱量を大きくするためには,30%以上の気孔率が必要である。風がある場合 ($V = 1.2\mathrm{m/s}$) は,4~17mm間隙で放熱効果がみられる。しかし,密着したウェアや衣服間隙が24mm以上では,効果は少ない。

コラム2　世界の衣服（寒い環境・暑い環境）

　世界の民族服を見るたびに，装飾や色彩の美しさに目が奪われてしまう。しかしながら，民族服とは，裸で生存できる温熱環境範囲の狭いヒトが，その土地の気候風土へ適応するために発展させた日常着である。その形状や着装方法には，環境適応するために，祖先が衣服へ施した多くの工夫がみられる。このコラムでは，民族服とその土地の自然環境との関係についてみてみよう。

暑い環境での衣服

左：トゥアレブ族（アフリカ大陸），右：ケニア沿岸地域の女性
日中の気温が30℃以上を示す乾燥帯の砂漠では，日射と砂嵐から人体を保護するために，左図のような，全身を覆う裾長でゆとり量の大きな外套衣型の衣服が着用される。この衣服空間内は，動作によって強制的な流れが生じやすく，開口部による換気効果によって快適な状態に維持されやすい。
一方，高温でも多湿な気候を示す熱帯地域では，汗の蒸発を抑制しないために，右図のような，身体に布を単純に巻き付ける腰巻型や腰布型，巻垂型の衣服が着用される。

寒い環境での衣服

寒冷環境では，身体からの放熱を抑制しなければならない。放熱しやすい頭部や末梢部を含め，全身を被覆する衣服が着用される。その代表的な例は，エスキモーやイヌイット達の着用する衣服である。
（出典：植村直己，文藝春秋，1977，巻頭写真）

温帯地域における衣服

左：ウィグル族（中央アジアに隣接する東アジア），右：韓国
高緯度にある温帯地域は，夏季の湿度が低いため，汗の蒸発は円滑に行われる。蒸し暑さへの対応を特に必要としないため，左図に示すような，動作性の考慮された体形型の衣服が発展した。
他方，中緯度に位置する東アジアのように，夏季は高温多湿，冬季は低温低湿環境を示す温帯地域では，気温と湿気の状態に応じて衣服の重ね着量を調節しやすい，右図に示す前開型の衣服が発展した。ほぼ全身を被覆しているので，衣服内に温かい空気を保持しやすく，寒さに適している。しかしながら，重ね着枚数を減らすと，襟元と袖口の開口部から，温かく湿った空気が流出しやすいため，蒸し暑い夏季にも対応することができる。

第3章

衣服による圧迫（衣服圧）と健康

3.1 基礎

3.1.1 人体の構造と動き

(1) 人体の構造

人体の構造や動きについて議論するには，身体を形づくっている骨格，筋などとともに，各部の名称についての理解が不可欠である。人体の構造と各部の名称は，図3.1の通りである。

人体の基準面と方位を表す用語がある。直立した身体を縦の中央線で左右に等分した面を「正中矢状面」，または「正中面」という。これと並行する面を「矢状面」という。直立した身体の前方・後方を「腹側・背側」といい，また腹側と背側に分ける面を「前額(頭)面」，直立した身体の上方・下方を「頭側・尾側」という。また，矢状面や前額面と垂直な面を「水平面」という。

(2) 骨格・関節・筋

人体の支柱となるものは骨格である。骨格は図3.2に示すように，全身で200余りの骨により構成されており，これらの骨は軟骨や結合組織によって連結されている。最も長い骨は大腿骨である。また，手部，足部のような末端は，比較的小さな骨で構成され，頸椎，胸椎，腰椎は複数の骨が連結されているなど，人体の動きに即した骨の構造となっている。

骨の連結には，連結された骨の間がほとんど動かない不動連結と，互いに動く可動連結がある。このうち，可動連結は「関節」といわれ，形状で分類すると図3.3のようである。人体の運動では一見，骨が能動的に動くように見えるが，骨の動きは，関節によって連結され，これに筋が付着し，筋の能動的な収縮により動くという受動的なものである。

骨の運動方向や可動域は，骨と骨をつなぐ関節の形状に左右され，先に述べたとおり，この関節の動きも関節を構成する骨に付着した筋の収縮と弛緩による受動的なものである。

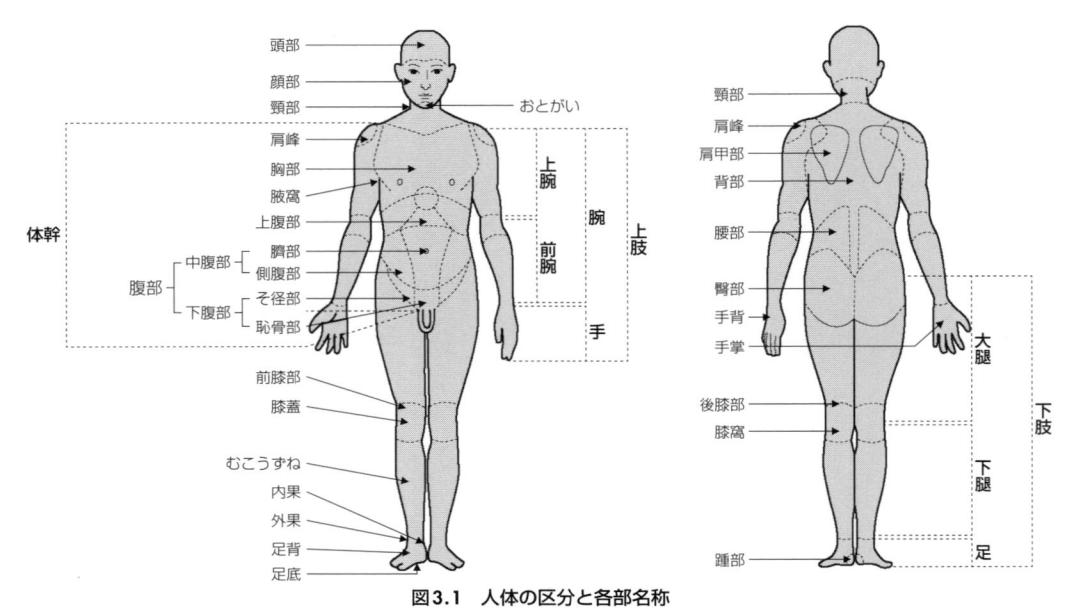

関節のうち球関節は，上下，前後，左右のあらゆる方向に回転する多軸性で，運動範囲が最も広い関節であり，肩関節，股関節がその代表的な関節である。このうち股関節は，大腿骨が寛骨

図3.1 人体の区分と各部名称

(出典：田村照子，衣環境の科学，同文書院，2004，p.51より作成)

に深く入り込んでいるため，肩関節より運動が制限される。

このほかに，一軸の回転運動を行う蝶番関節と車軸関節，平面どうしがすれ合うようなわずかな滑り運動である平面運動を行う平面関節などがある。

骨や皮膚や身体に付着して関節を動かす筋を「骨格筋」という。骨格筋は，拡大すると縞模様が見えることにより「横紋筋」とも呼ばれ，また人間の意志で動くことにより「随意筋」といわれる。全身には大小400以上の骨格筋があり，あらゆる骨に付着し，何層にも重なっている。人体表面から皮膚を取り除いた表層の筋とその名称は，図3.4に示すとおりである。

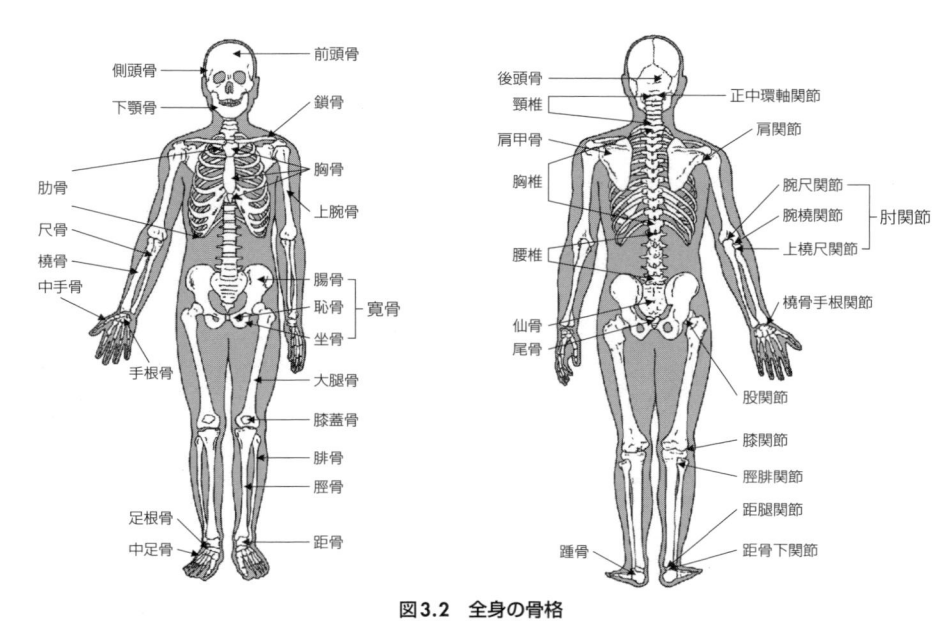

図3.2　全身の骨格

(出典：全国柔道整復学校協会監修，岸清・石塚寛編，解剖学第2版，医歯薬出版，2008, p.22 より作成)

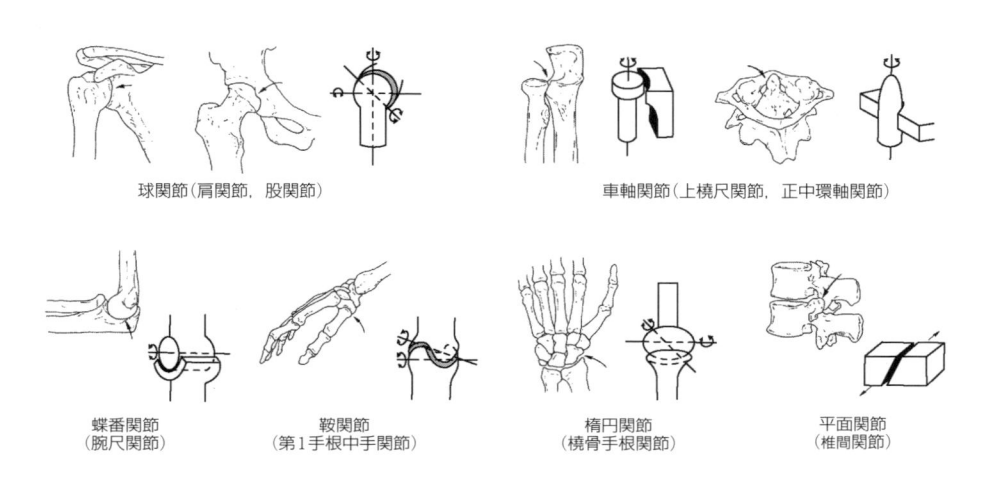

図3.3　関節の種類

(出典：全国柔道整復学校協会監修，岸清・石塚寛編，解剖学第2版，医歯薬出版，2008, p.27 より作成)

(3) 身体の運動の種類と可動域

　筋の収縮によって生じる身体の運動の種類を図3.5に示す。屈曲は関節を曲げる，すなわち二つの骨のなす角度を0度に近づける運動，伸展はこの反対方向の運動である。外転は体肢を体幹から遠ざける運動，内転は体肢を体幹に近づける運動である。

　手指の場合は，中指からほかの指を遠ざける運動を外転，その逆を内転という。回旋は長軸方向の周りにねじる運動，外旋は体肢を外側に，内旋は体肢を内側にねじる運動である。背屈は足の甲を持ち上げ，つま先を上に向ける運動，底屈は足を延ばし，足の裏を後方に向ける運動である。また，下肢等を上方にあげることを挙上，引き下げることを下制という。

　身体各部運動時の頭部，上肢，下肢等の身体部位の平均的関節の可動域は、図3.6に示すとおりである。

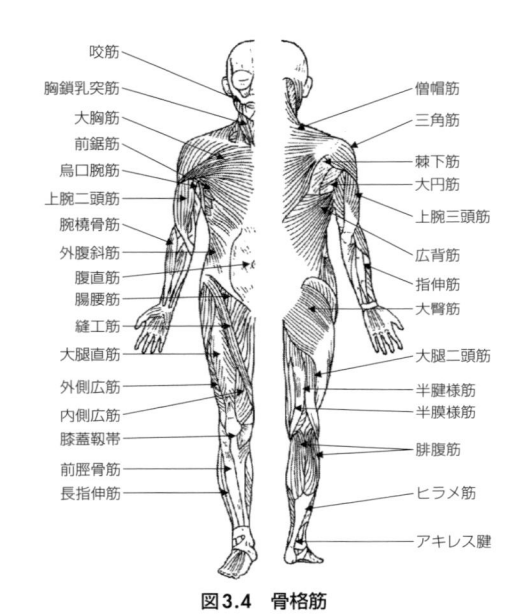

図3.4　骨格筋
（出典：吉岡利忠・内田勝雄，生体機能学テキスト 第2版，中央法規出版，2007，p.330より作成）

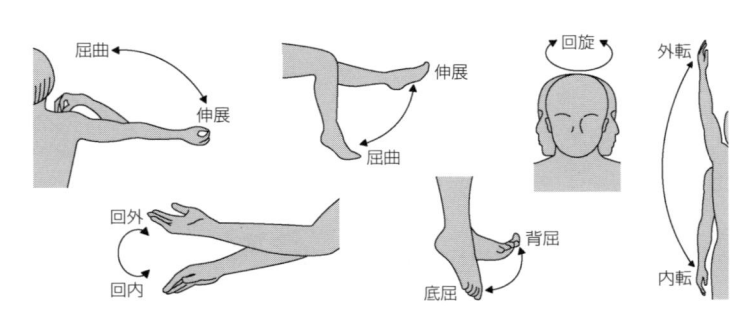

図3.5　運動の種類
（出典：Mosby-Year Book, Inc., St.Louis, MO, U.S.A., 1997）

3.1 基礎

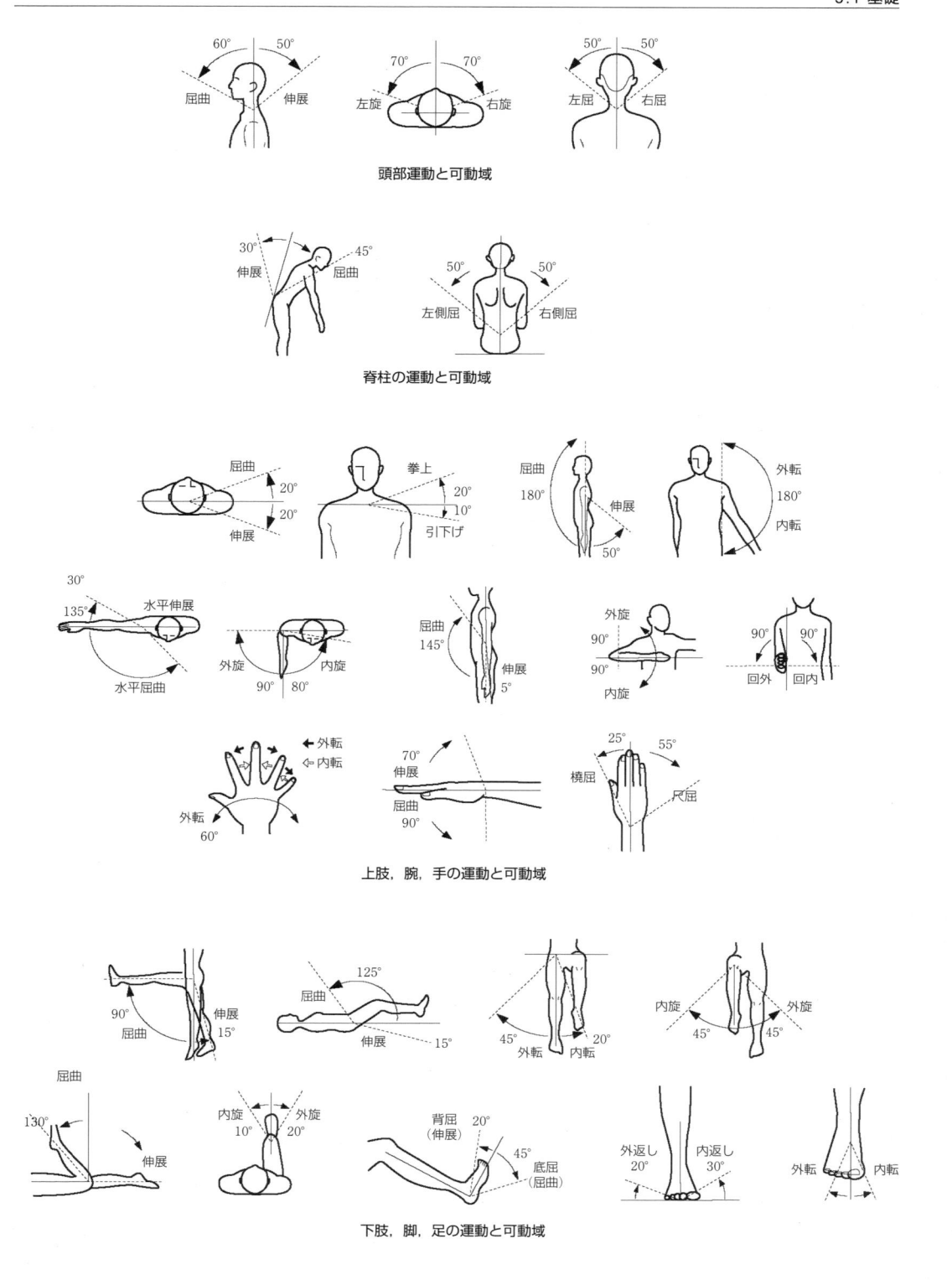

図3.6 人体各部の可動域
(出典：田村照子，衣環境の科学，同文書院，2004，p.54より作成)

3.1.2 衣服圧の発生と皮膚の動きに追随する布

(1) 衣服圧の発生

伸ばされた衣服の伸長方向に対する法線方向の分力で，体表面に対して垂直方向に圧迫する力のことを「衣服圧」と呼んでいる。衣服圧の発生には3つの要因がある。第1の要因は，衣服の重さによる圧迫である。ジャケットやコートにも軽さをうたう製品が増え，日常着の総重量は従来より軽くなっているものの，1～4kg程度の重さがある。また消防用などの防護服は，10kgに達する場合もある。

第2の要因は，ガードル，ボディスーツ，水着，ストッキング等に用いられる，伸縮性素材の伸びに伴う伸長力による圧迫である。補整衣料は衣服を身体にフィットさせ，体型を整え，振動を抑えるという機能をもつ。靴下やショーツのゴム，ブラジャーのアンダー部など，ずり下がりやずり上がりを防ぐという機能もある。すなわち適度な衣服圧は必要なものである。しかし，圧迫が強くなりすぎると，健康にも影響を及ぼす場合があるので注意を払わなくてはならない。

第3の要因は，身体の動作に伴って発生する圧迫である。起立姿勢で動作をしなければ身体に適合した衣服であっても，膝を曲げたり，腕を上げたり，しゃがんだりすると身体各部の寸法が変化し，着物の帯，スカートやズボンのベルトなどによって衣服圧が発生する。着用したときには圧迫されていなくても，食物の摂取により胃が膨張してウェストがきつくなる場合もある。

(2) 人体の動きと衣服

衣服には，動きやすく，疲れにくいことが要求される。動作には，関節の回転や屈曲および皮膚の伸びが関与する。身体表面の皮膚が動作に対応して伸縮するのは，皮膚表面のしわ，皮膚の伸び，関節を包んでいる皮下滑液包による皮膚と下層とのずれやすさが関係している。関節の動きに伴って生じる皮膚の伸びを図3.7に示す。動きやすい衣服の設計においては，各関節の動きや皮膚の伸びを十分考慮したデザインが必要である。

図3.8に織物の引張特性を示す。布に変形を加えると，力と変形との関係は直線関係ではなく，非線形関係，すなわち小さな力で大きく変形する性質を示す。この非線形特性は，布のかたさ，

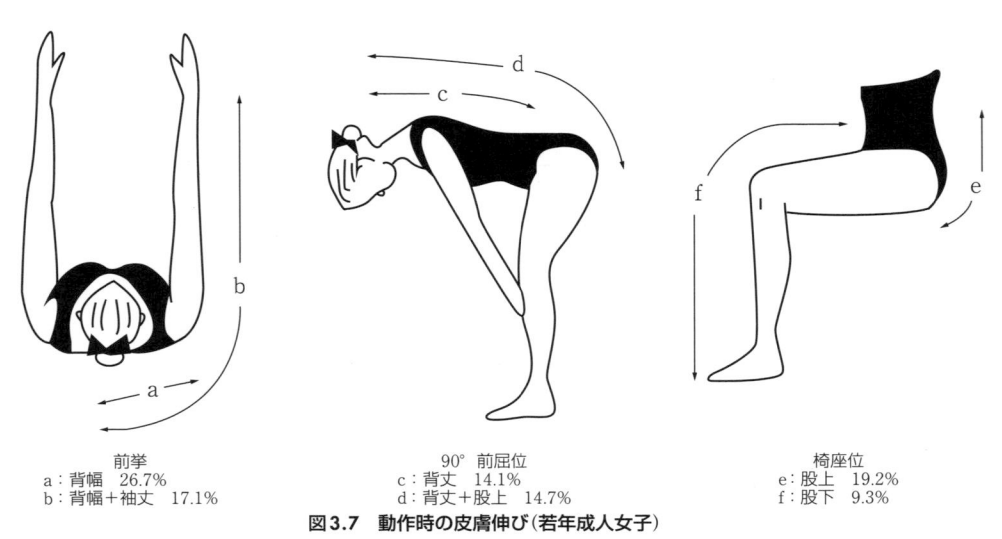

前挙
a：背幅 26.7%
b：背幅+袖丈 17.1%

90°前屈位
c：背丈 14.1%
d：背丈+股上 14.7%

椅座位
e：股上 19.2%
f：股下 9.3%

図3.7 動作時の皮膚伸び（若年成人女子）

前挙や前屈位においては，背部の皮膚伸びが大きく，椅座位においては，臀部や膝部の皮膚の伸びが大きい。
（出典：丹羽雅子編著，アパレル科学，朝倉書店，1997，p.23）

しなやかさといった性質を支配する要因の一つである。また，変形過程と変形からの戻り過程とは，異なる曲線を示す。これを「ヒステリシス」という。この性質は布を構成する糸間および糸を構成する繊維間に生じる摩擦や，糸や布の構造からもたらされるものである。

図3.9に，人間の皮膚の引張特性を示す。皮膚は布と同様に，非線形性とヒステリシスをもっている。このような布の変形挙動が，人体の変形挙動とよくなじむ理由であると考えられる。

動作時の皮膚の伸びと衣服との間には，次の関係が成り立つ。

$$\text{皮膚の伸び} = \text{衣服のゆとり} + \text{衣服のすべり} + \text{衣服素材の伸び} \quad (1)$$

衣服の開口部やゆとりが十分であれば，人体の動きは衣服のすべりや伸びに関与することなくスムーズに行われる。ゆとりが少ない場合は，衣服がすべりやすいほうが動きやすい。裏地のように表面摩擦係数が小さく，表面が滑らかな布地は，人体の動きをスムーズにし，布の伸びを最小限にとどめて，型くずれを防ぐことにもなる。

(3) 布の引張特性，体表面の曲率と衣服圧の関係

衣服圧は，どのような要因によって引き起こされた場合も，衣服の変形に伴って発生する引張荷重，すなわち張力により生じる。一般に曲率半径 r_1, r_2 の人体表面を F_1, F_2 の張力状態の布で覆ったときの内圧 P は，Kirkらの式より，

$$P = F_1/r_1 + F_2/r_2 \quad (2)$$

で表される。ここで，P：衣服圧(gf/cm^2)，F_1, F_2：布のたて，よこ方向の単位幅当たりの布の引張荷重(gf/cm)，r_1, r_2：布のたて，よこ方向の曲率半径(cm)である。

図3.10に人体に発生する衣服圧を示す。

曲率半径 r は，人体の表面を円弧と仮定し，図3.11のように求めることができる。

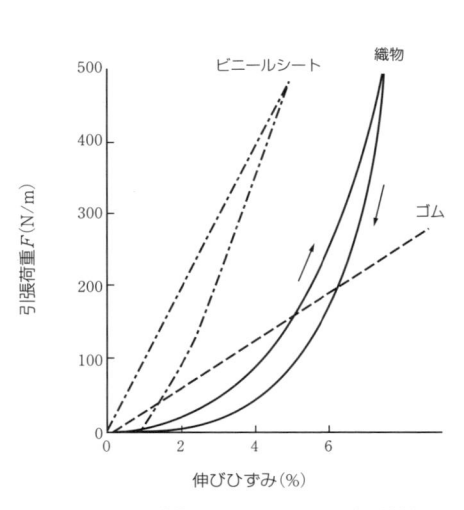

図3.8 織物，シート，ゴムの引張特性

織物は下に凸の非線形で，伸び柔らかいことを示す。一方，ビニールシートやゴムの引張特性は，布のように非線形ではなく直線で，伸び始めに大きな力を要することを示している。

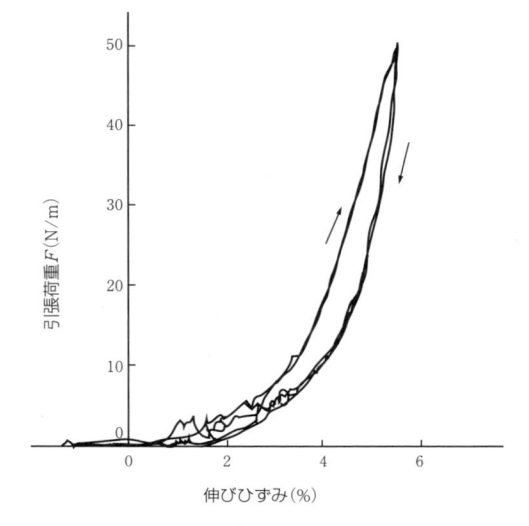

図3.9 皮膚の引張特性

皮膚の引張特性は，非線形でヒステリシスを示す。伸び柔らかいことを示すと同時に，布が皮膚と類似した性質をもつことから，布が衣服の材料であることの妥当性を示している。

(4) 皮膚の動きに追随する布

ゆとり量や衣服のデザイン，また布の摩擦特性や引張特性は，衣服のフィット性やすべりのよさに影響する。動作時に衣服がすべるか伸びるかは，皮膚と布，布と布との間の摩擦抵抗と布の張力とのバランスによって決まる。この場合，ゆとりは主として衣服の周り方向，すなわち布の緯糸あるいはコース方向の引張特性が関係し，丈方向にはすべりが対応する場合が多い。

ゆとり量がほとんどない場合には，布の引張特性が衣服圧を決定し，身体への圧迫力として作用し，着心地を支配する。図3.12に，綿100%の平織布と伸縮性の異なるポリウレタン／綿の混用布の引張特性を示す。一般的な織布は，編布に比べると伸縮性が小さいが，織布でも糸の撚りや布の加工，またポリウレタンなどの弾性糸を用いることで，より伸縮性の大きい布を設計することができる。

次に，図3.13に一般的な平編布とガードルなどに用いられるパワーネット布の引張特性を示す。編布は織布に比べて伸縮性に優れる。小さい引張荷重で大きく伸びるので，衣服圧は小さくなり，負荷の小さい衣服になる。

一方，パワーネットのコース方向の引張特性がゴムのような線形性を示し，一般的に高い衣服圧が発生する。衣服を着用した場合，動作に伴う人体各部位の変形によって，布に変形が生じる。この変形によって生ずる衣服圧が，人体の生理反応や動きやすさと圧迫感に影響を及ぼすことから着心地と直接関わってくることになる。

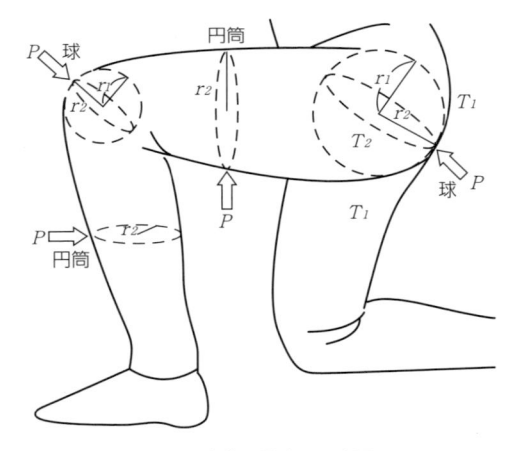

図3.10　人体に発生する衣服圧

足を曲げたときの膝を例にとり，足の長さ方向の曲率半径がr_1，足の周囲の方向の曲率半径がr_2と考えると，膝にフィットしたズボンの長さ方向の布の張力がF_1，周方向がF_2となる。

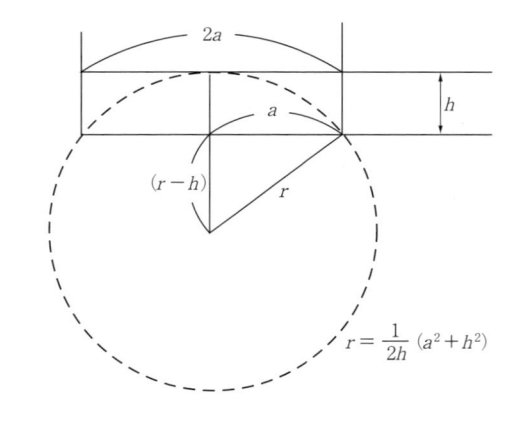

図3.11　曲率半径の求め方

$$r = \frac{1}{2h}(a^2 + h^2)$$

曲率半径rは，人体の表面を円弧と仮定し，人体上の皮膚の伸びひずみを測定する標点間の弦$2a$と，その標点間の直線高さhを実測した値を用いて求めることができる。

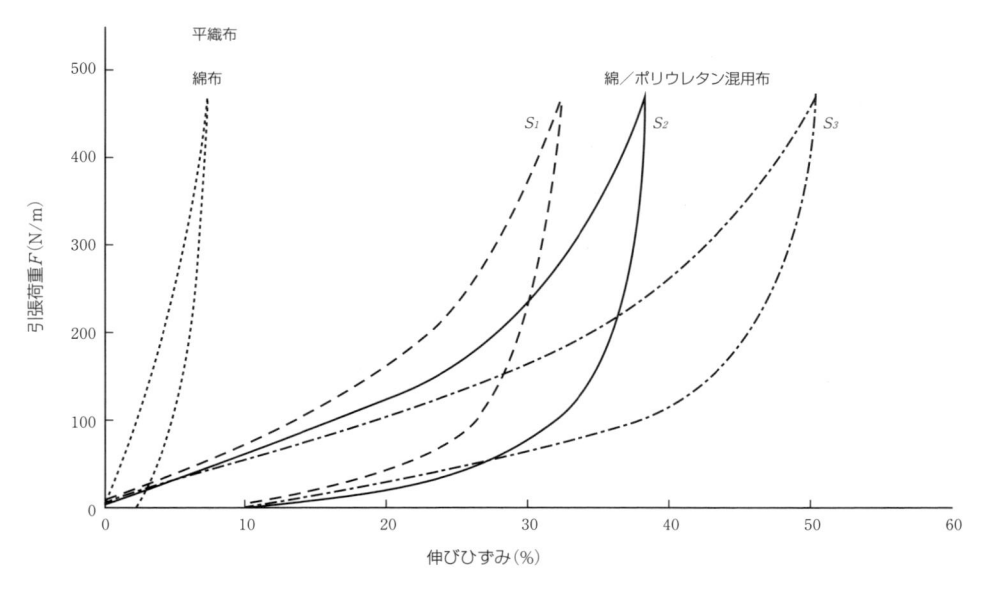

図3.12 綿織布と綿／ポリウレタン混用布の引張特性

一般的な織布の代表として，綿100%のひずみ－荷重曲線を示している。この曲線に対して，ポリウレタンを混用することによって伸縮性を付与することができ，同じ荷重でも，大きな伸びひずみをもつ布の例を示している。混用の割合（$S_1 < S_2 < S_3$）や糸密度，加工等により，伸縮性の異なる布を設計することも可能である。

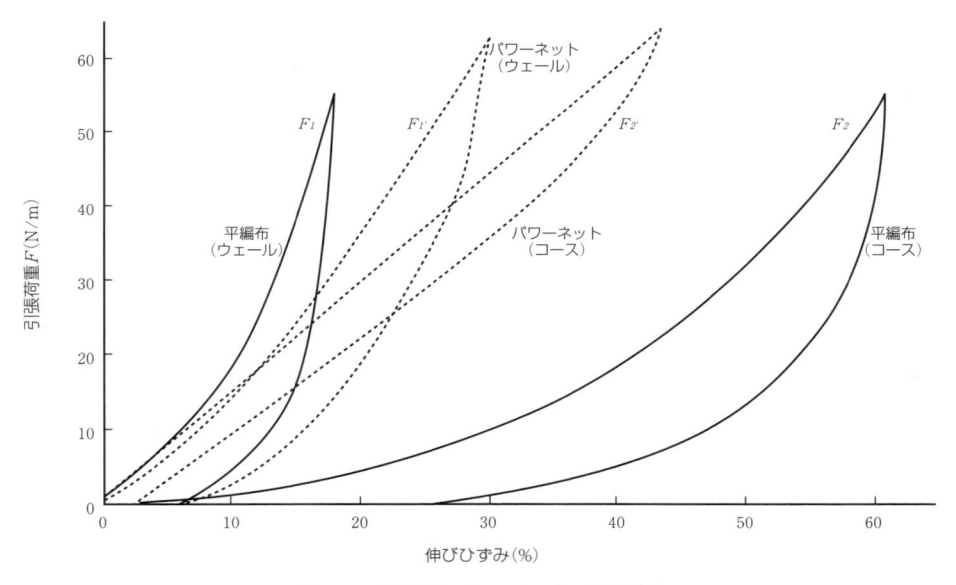

図3.13 平編布とパワーネットの引張特性

編布は，織布と同様に下に凸の非線形であるが，織布よりも伸縮性が大きく，同じ伸びひずみに対して小さな荷重を示すため，同じデザインであれば織布よりも小さな衣服圧となる。パワーネットは，ガードルのような補整衣料に用いられ，下に凸の柔らかさではなく，締めて身体の形を整えるために，コース方向の荷重F_2はゴムのような線形性を示し，高い衣服圧を付与する機能をもつ。

3.1.3 衣服圧測定の困難さ

(1) 衣服圧測定法の問題点

　衣服の着心地の中でも，"きつさ感覚"の定量化が強く望まれ，その指標として衣服圧が研究されてきた。その代表的な測定法を**表3.1**に示す。1980年代までは"圧負荷と出力とが直線関係にならない"，"再現性が悪い"という2つの理由で，衣服圧は測定が困難とされていた。

　受圧部を人体と衣服との間に挿入する直接法は，衣服と体表との間の隙間を受圧部が埋めてしまうので，測定条件が変わる。一方，Kirkらの提唱した布の張力と測定部位の曲率半径から衣服圧を求める間接法（3.1.2参照）では，経時変化に伴う計測が難しく，どちらの方法にも一長一短がある。

　その後，受圧部やセンサが小型・軽量化したので，着装状態をそれほど変えずに計測できるようになったことから，圧感覚が調査しやすい直接法が主流となった。現在は，空気バッグ法や水バッグ法がよく使われている。その他に，圧フィルムセンサや着装状態をシミュレーションする方法なども研究されている。しかし，現段階で衣服圧の測定法は，統一されていない。

　衣服圧を測定するには，布の伸びやすさや曲げ剛さ，身体測定部位の硬さや曲率，布や皮膚の張力が関係するので，人体表面の曲率を再現したマネキンに同じ衣服を着せても，人が衣服を着たときの圧分布を再現できない。衣服圧の計測方法のみならず，測定条件も統一されていないので，市販商品に貼付された衣服圧を消費者は鵜呑みにすることはできない。

　圧力の単位にはPa，g/cm^2，mmHgなどが挙げられる。以前はg/cm^2やmmHgがよく用いられたが，現在はSI単位として，Pa（パスカル）が用いられている。特に衣服圧の表示には，hPa（ヘクトパスカル）の使い勝手がよい。ここで，1hPa = 1.097 g/cm^2 = 0.750 mmHgである。

表3.1　衣服圧測定法の特徴と欠点

測定法		特徴および利点	欠　点
直接法	扁平ゴム球法	扁平なゴム球を受圧部として測定部位に挿入し，圧力計を用いて衣服圧を読み取る簡便な方法。	接触面積が圧強度によって変わるので，圧負荷と出力の読みが比例関係にならない。動作時の計測が困難。
	半導体ひずみゲージ法	半導体ひずみセンサやひずみゲージ型圧力センサを用いる方法。動作時の計測が容易。	圧力センサを直接測定部位に挿入するため，人体のかたさ・曲率半径，被服素材の曲げ剛さ・伸びやすさによって，計測値が変わる。
	空気バッグ法	1mℓ前後の空気を封入したポリエチレンバックを受圧部として挿入し，連結した半導体センサで圧力を読み取る方法。動作時の計測がある程度可能。	計測部位によってバックの形・大きさが変わる。水バック法に比べて応答速度が遅く，分解能が低い。
	水バッグ法	0.1mℓ前後の水を封入したポリエチレンバックを受圧部として挿入し，連結した半導体センサで圧力を読み取る方法。呼吸運動や動作時の計測が可能。	受圧部と半導体圧力センサとの高さをそろえなければならない。
	圧電フィルムセンサ	厚さが0.1mm以下のプラスチックフィルム状の圧電素子で，圧力が加わると電気抵抗が変化する。衣服下への挿入も容易であり，衣服着用動作時や寝床時等での利用が多い。	人体のかたさ・曲率半径，被服素材の曲げ剛さ・伸びやすさによって，計測値が変わる。
間接法		Laplaceの膜平衡理論を布に適用したもの。衣服圧発生時には，布が人体の体表面にそって伸ばされるので，布の張力と体表面の曲率とから計算で求める方法（詳細は3.1.2参照）。	人体の曲率半径の確定が困難。動作時の計測が困難。
その他		人体の表面形状や被服素材の特性を数式化し，コンピュータを用いたシミュレーションモデルから，人が衣服を着用したときの衣服圧分布を予測する方法。	

(2) 衣服圧測定と官能評価，生理的評価

1) 衣服圧に影響を与える因子

衣服と人体との間に発生する衣服圧は，その双方の影響を受ける。かつて測定条件を統制しても衣服圧が一定にならないので，データの再現性が悪いものと考えられていた。当時の測定技術が人の動作，呼吸運動，血圧の変化などのダイナミックな現象に，追従できなかったことが原因である。

表3.1に示した水バッグ法の発表とともに，衣服圧は経時的に変化することが明らかとなった。例えば，立っているだけでも胴部に発生する衣服圧は，呼吸運動に伴い周径が常に変動する（3.2.1参照）。呼吸を一時的に停止して，腹部周径を変化させないようにしても，動作によって筋活動が活発化すると，腹部周径は長くなり衣服圧は高くなる。このように衣服圧は，さまざまな因子の影響を受けている。

個人差はもとより，たとえ同一人を測定しても，3.1.2で述べた衣服の素材特性や厚さ，重さはもちろんのこと，デザインや着方によっても衣服圧は変わる。一方，素材を統一して同じ被験者を選んで，その飲食や睡眠時間を統制しても，3.2.1に後述する因子によって変化する。少なくとも人に衣服を着せたときの衣服圧を測定するためには，多くの条件を規定する必要がある。

2) 圧迫に対する官能評価

快適な衣服圧を知るためには，衣服圧を測定するとともに，その圧感覚を調べる必要がある。厳密に圧感覚を調べるためには，快適感や着心地と区別するか，あるいは環境温・湿度や実験着の肌触りを統制した上で調査する必要がある。

官能評価にはさまざまな方法があるが，SD法がよく用いられる。その他いろいろな方法があるので，調査目的にあった方法を選ぶとよい。例えば，圧と圧感覚を比率尺度で求めた場合，腹部圧迫時の衣服圧（水バッグ法使用）と圧感覚は呼息相，吸息相のデータともに，それぞれ有意な直線関係にある。すなわち衣服圧は，呼吸運動に伴って変化するが，どちらの呼吸相のデータの圧値でも，圧感覚の指標となる。

3) 圧迫に対する生理的評価

①皮膚の体性感覚受容器

脳および脊髄を中枢神経系というが，中枢神経系から発して，身体のあらゆるところにつながっている興奮伝導の路が末梢神経系である。末梢神経を機能的に分類すると，運動や感覚に関連する体性神経と，呼吸や循環のような意志とまったく無関係に働く自律神経に分けられる。つまり，

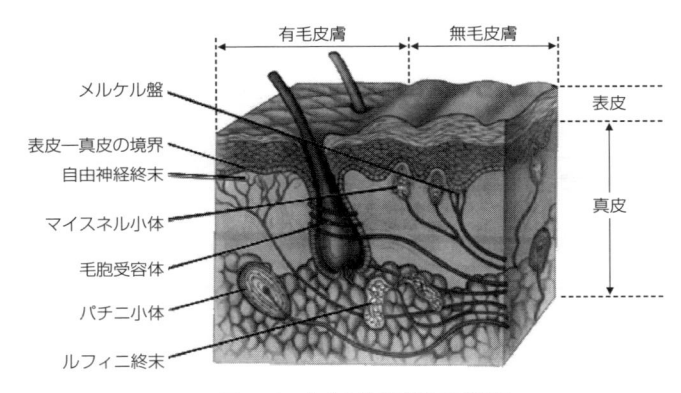

図3.14 皮膚の体性感覚の受容器

(出典：M.F.Bear et al., Neuroscience, LLW, fig.12-1, 2007, p.389)

末梢神経は体性神経と自律神経に分けられ，両神経系は中枢神経系で統合されている。

体性神経には，興奮を中枢神経から骨格筋などの末梢器官に伝える運動神経と，逆に感覚受容器から中枢神経に伝える感覚神経とがある。圧感覚や触覚に関連する皮膚の体性感覚受容器を図3.14に示す。触覚や圧感覚では，無髄の神経終末，メルケル盤，マイスネル小体，パチニ小体，毛根終末などが複雑に関係するが，これは体表面からごく浅い場所にあるので，衣服を着たときの圧迫感は，それ以外の固有の体性感覚も複合して関係している。

自律神経系は興奮を中枢神経から皮膚および内臓諸器官などの末梢器官に伝える。一つの器官には2種類の神経が送られるが，そのそれぞれは胸髄・腰髄から発する交感神経と，脳・仙髄から発する副交感神経である。つまり自律神経は，交感神経と副交感神経から成り立つ。

衣服で圧迫されたときの圧感覚は，官能評価のみでは不十分である。圧刺激に対する中枢神経や末梢神経，特に体性神経や自律神経の応答を調べることが有用である。

② 圧迫に対する生理応答

心地よい圧迫の程度であるか否かを知るために，圧迫に対する生理的応答を用いた研究がなされている。例えば，中枢神経の応答として脳波を用いた一例として，3.3.1で睡眠中の脳波解析の実例について述べる。また，自律神経の応答としての皮膚温や呼吸運動を用いた評価の一例として，3.2.1でサーモグラフィーを用いた皮膚温の解析の実例，実際の呼吸曲線を示す。体性神経の応答として，筋電図を用いた評価について，3.4.2で積分筋電図の応用例の実際について述べ，この結果から開発された製品を紹介する。さらに，内分泌系の応答として，唾液を用いた評価について，3.2.1で唾液分泌量を指標とした圧迫が人に影響を与える閾値について述べる。

その他，交感神経と副交感神経のパルス頻度の割合で，生体への負荷を測る方法なども知られている。このように快適性を調べるためには，人に加えられた圧迫の程度を，主観的な官能評価だけでなく，客観的な生理的応答を合わせて検討する必要がある。

コラム3　国際単位への換算－2

	従来の単位		国際単位
	gf/cm^2	mmHg	Pa
衣服圧	1	0.74	98.07
	1.36	1	133.32
	1.02×10^{-2}	7.50×10^{-3}	1

衣服圧では，hPa(ヘクトパスカル)が使いやすい。
$1hPa = 1.02 gf/cm^2 = 0.75 mmHg$

3.2 身体圧迫が健康に及ぼす影響

　衣服をまとって生活するとき，これまで述べたさまざまな因子によって，衣服圧が発生する。好まれる圧迫の程度は，体の部位によって異なり，圧強度が大きくてもそれほど影響を受けない部位と，わずかな圧迫にも影響を受ける部位がある。また，気づかない程度の微小な圧迫でも，大きな影響を受けることもある。

　ここでは，日常の衣生活の中で，圧迫されている体部位ごとに実例を紹介しながら，衣服圧と生理学的な因子との関係を述べる。

3.2.1 胴部への圧迫
(1) 呼吸運動の影響

　胴部(胸部と腹部)には，呼吸運動に関係する多くの筋があるので，呼吸運動に伴って筋活動が高まると胴部周径は増加し，低くなると減少する。しかし，成人の衣服の多くは，腹部や胸部を圧迫して留めつけるデザインが多く，そこには周応力が発生する。つまり，呼吸運動をある程度妨げながらスカートやズボンを着用している。

　最も単純な衣服としてウエストベルトを取り上げ，ベルトを腹部に直接巻いたときの衣服圧，呼吸運動，腹部周径の変化を図3.15に示す。呼吸運動では体内に空気を取り込むために，胸郭挙上や横隔膜沈下によって胸腔容積が増え，空気は受動的に体内に流入する。つまり，肋間筋や横隔膜周辺の筋の活動が高まり，腹部周径が長くなる。このとき，ベルトの長さはそれほど伸びないので，体表とベルトとの間の衣服圧(ベルト圧)が高まり，ついで鼻腔から空気が体内に流入する。また，ベルトを締めると，体内に空気を取り込むタイミングが約1割遅くなる。このことから，胴部に加える圧迫には，細心の注意が必要であるといえる。

　呼吸を一時的に止めても，前屈すると腹部周径は長くなり，衣服圧は高くなる(後述)。このように，衣服圧はさまざまな因子の影響を受けているが，衣服と人体との間に発生するので，その双方の影響を受ける。衣服による影響は3.1.2で述べたが，人に関連した因子として，個人差はもとより，たとえ同一人の飲食や睡眠時間を統制したとしても，呼吸運動，動作，測定部位，ベルトの締め率，測定時刻や季節，女性ならば月経周期によっても変化する。衣服圧を測定するときには，少なくともこれらの条件を規定する必要がある。

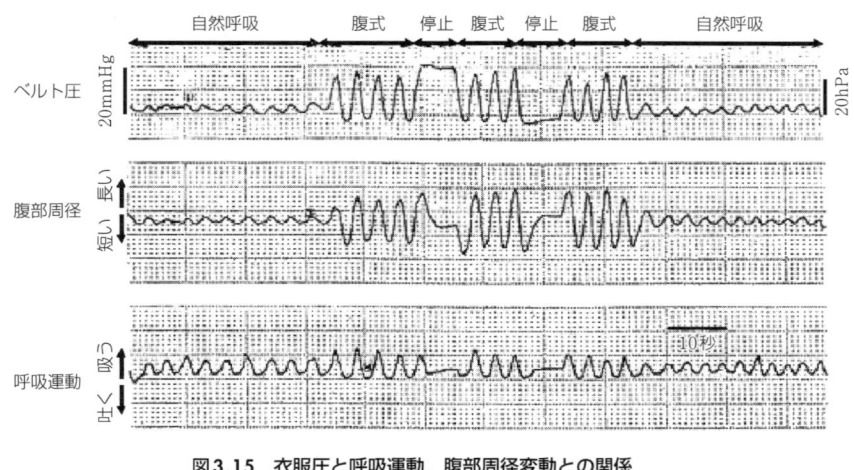

図3.15　衣服圧と呼吸運動，腹部周径変動との関係

成人女性の腹部に幅2.5cmのインサイドベルトを巻いたときの衣服圧(以後，ベルト圧と呼ぶ)と腹部周径，呼吸運動の同時記録の一例。息を吸う(吐く)と，腹部周径が長く(短く)なり，衣服圧が高く(低く)なる。息を吸ったまま止めると，衣服圧は高く保たれ，吐いたまま止めると，低く保たれる。
(出典：三野たまきほか，日本家政学会誌，vol.45，1994，pp.179-188より作成)

第3章 衣服による圧迫(衣服圧)と健康

(2) 胴部に圧を生じる衣服

　形の整った胸部や細いウエストには誰もがあこがれ，シルエットを美しく整えようと，外出時に補整用下着を装着する女性が見られる。つねに周径変動している胴部を，シルエットを整えるために極度に締め付けるという，健康上憂慮すべきことが行われることがある。

　例えば，ブラジャー，ガードル，コルセットなど体型を整えるための女性用下着類（これらを「ファンデーション」というが，これらが一続きになった下着のことを「ボディースーツ」あるいは「オールインワン」という）を着用したときの，人体の内部構造とファンデーションの着装の位置を図3.16に示す。人体のウエスト部は，内臓を囲む骨がないので，締め付けようと思えばかなり強い力で締め付けることができる。

　着物は胴部に紐や帯を締め付けて着用する。浴衣を着て前屈したときの衣服圧の変化を図3.17に示す。呼吸運動によって，衣服圧はもともと変化しているが，前屈すると立っているときよりも，衣服圧は数倍増加する。"ちょうど良い"と判断したときの，ウエストベルトと浴衣の腰紐の衣服圧を図3.18に示す。同じ素材の紐を用いても，洋服のベルトとして締めるときよりも，着物を着るための腰紐として締めるときには，つい"きつさ"を我慢してしまい衣服圧が高くなる。

　しかし，人が締めることのできる身体寸法に対する締め寸法の割合は，好みやファッションによってそれほど変化しない（図3.19）。そのため，着物が着崩れないように強く締めることにより，衣服圧が高くなる。これが気分を悪くする原因である。その程度が小さければ，1日中着物を着ていられるであろうが，大きければ紐をゆるめるか，着物を脱ぐしか方法がない。着物は，それほどきつく締めなくても着崩れない。振袖を着る前に，まずは浴衣や小紋などを着て動き，着物に着慣れておく必要がある。

(3) 胴部圧迫による内部構造の変化

　胸部および腹部を幅広く周囲全体から圧迫すると，胸郭は肋骨に守られているので比較的変形しにくいが，横隔膜や心臓，特に胃ははなはだしく変形する。それより細く，かつ「ちょうど良い」より短い長さのベルトを腹部に巻いたときの，超音波断層法による合成画像を図3.20に示す。

ブラジャーは乳房を包み，胸の形を整えるために用いられ，ガードルは腹部から腰部へかけての体型を整えるために用いられる女性用下着で，伸縮性のある素材で作られている。
コルセットは，胸の下から腰までを締め付けて細く見せるためのもので，かつて，鯨の軟骨が用いられていた。ウエストニッパーはウエストを細くし，体型を整えるための女性用下着である。
これらの選び方のコツは，僧帽筋の停止腱にブラジャーの肩紐がくるものを選ぶと，紐が落ちない。ガードルでは，動作による体の変形量に素材が追従できない分，骨のない腹部にくい込みが生じるので，開口部はウエストラインと腸骨稜の間で，動きの多い脚付け根を覆わないものを選ぶ。ウエストには脊椎骨以外に骨がなく締めすぎるので，ウエストニッパーの幅が肋骨の最下端から腸骨稜にかかるものを選ぶ。
（出典：日本家政学会被服衛生学部会編，衣服と健康の科学，丸善，2003, p.15より作成）

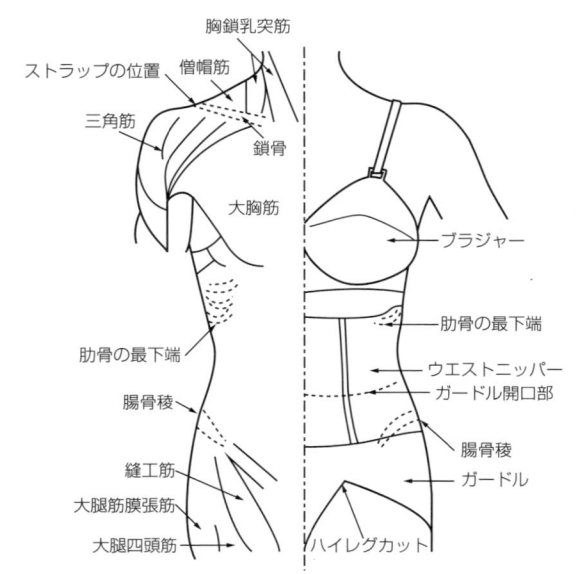

図3.16　人体の内部構造とファンデーション着装の位置

皮下脂肪の厚さは、呼吸運動や動作によって時々刻々と変化するが、ベルトを締めると腹部にくい込み、アウトラインは未装着時に比べて丸くなり、皮下脂肪の厚さは薄くなる。皮下脂肪はベルト下で圧縮されるだけでなく、ベルト下から胸部や腰部の方向にはみ出していく。

このように、胸部および腹部を圧迫すると、その程度にもよるが、内臓、筋、皮下脂肪などを本来あるべき位置から移動させたり、圧縮したり、著しく変形させる。胴部への圧迫は、実は変形するだけに留まらず、人体に以下に述べるさまざまな影響を及ぼす。

（4）胴部圧迫による人体への影響

人の腹部周径は、若年女性ならば、飲食（2.7％）、月経周期（2.4％）、季節（2.8％）により増減を繰り返す。もちろん生活の中で、ベルトがきつければゆるめるであろうし、それでも対応できなければ、そのような服を選ばない。

ところが、往々にしてきつさの判断を誤りやすいのが、立ち座りなどの日常の動作による衣服

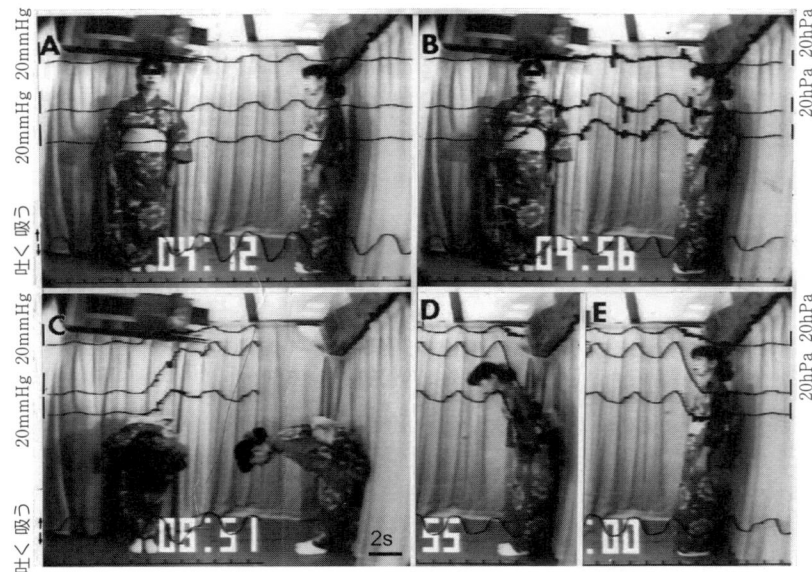

図3.17 動作に伴う衣服圧の変化

4波形のうち、上から3番目までが順に、帯の下層の腰紐と浴衣との間で、右半身の乳頭線、体側線、肩甲線上の交点から得た衣服圧。最下段は呼吸運動を示し、上向きが吸息相で、下向きが呼息相である。
A：自然呼吸中に3回の腹式呼吸を繰り返した。
B：自然呼吸中に3回前屈を繰り返した。
C〜Eは前屈をした状態から、上体を起こすまでの波形を示す。
波形の右端は、写真の姿勢の時の波形を示す。

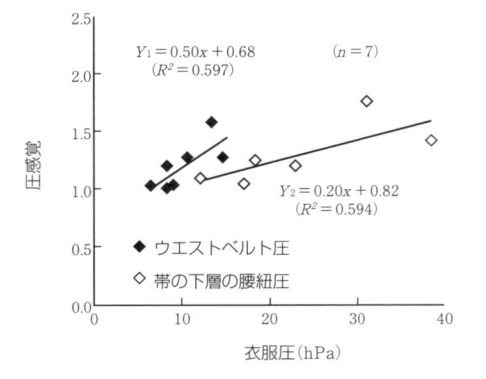

図3.18 ウエストベルトと浴衣の衣服圧とその圧感覚

$Y_1 = 0.50x + 0.68$
$(R^2 = 0.597)$
$(n = 7)$
$Y_2 = 0.20x + 0.82$
$(R^2 = 0.594)$

◆ ウエストベルト圧
◇ 帯の下層の腰紐圧

圧感覚の"1"は"ちょうど良い"感覚。浴衣を着るための腰紐の衣服圧は、ベルト装着時に比べて高い。
（出典：丹羽寛子ほか、繊維製品消費科学、vol.47、2006、pp.731-739）

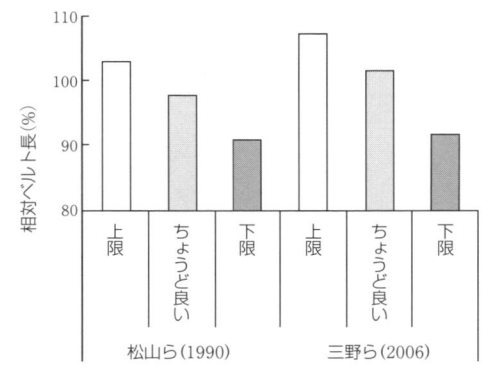

図3.19 ファッションの流行とウエストベルト長の変化

松山ら(1990) ／ 三野ら(2006)
上限／ちょうど良い／下限

流行するファッションによって、"ちょうど良い"と判断するベルトの長さの上限は変わるが、締められる下限は変わらない。

圧の変化である。衣服を着たときにほとんど圧迫感がなくても，座ると腹部周径が増し，圧迫感や衣服圧が増加する。2分間，2回断続的に腹部をベルトで圧迫したときの手背皮膚温のサーモグラムから求めた平均皮膚温を図3.21に示す。

日常的に繰り返される動作が，手背の皮膚温や唾液分泌量を有意に低下させる衣服圧の閾値は，個人差はあるものの3〜5mmHg（4.0〜6.7hPa）とごくわずかな増加であった。なお，このときの圧強度は"ちょうど良い"か，それより"ややきつい"と判定される程度であった（図3.22）。このことから，生体へ有意に負の影響を及ぼす圧負荷が自覚されない場合があることがわかった。このように，生理現象の変化を合わせて測ることで初めて，真の人の快適性を知ることができる。

従来いわれてきた，胴部に対する圧の許容限界の15mmHg（20hPa）は，図3.21の結果と比べると高すぎる。ベルト一本で締めるのならば素材にもよるが，おおよそ，その半分より少ない値と考える。ハードタイプのファンデーションを1日中着用していると，そうでないときに比べ，月経周期が10日間ほど長くなるといわれている。月経周期が長い人は短い人に比べ，3割ほど糖尿病の罹患率が高いようである。体表面をきつく覆う面積が多くなればなるほど，さらに人体に及ぼす影響は顕著となる。胴部を締めるのには注意が必要である。

図3.20 ウエストベルト下の皮下脂肪の厚さの変化

縦断面："ちょうど良い"長さから，2.5%，5.0%短く設定した幅2.5cmのインサイドベルトで腹部を締めた時の，吸息相と呼息相の皮下脂肪の変化（黒矢印間）。
横断面：皮下脂肪は（白矢印間）ベルトの下層から胸部・腰部方向へ移動するか，その場で圧縮される。
（出典：三野たまきほか，日本家政学会誌，vol.50，1999，pp.491-502より作成）

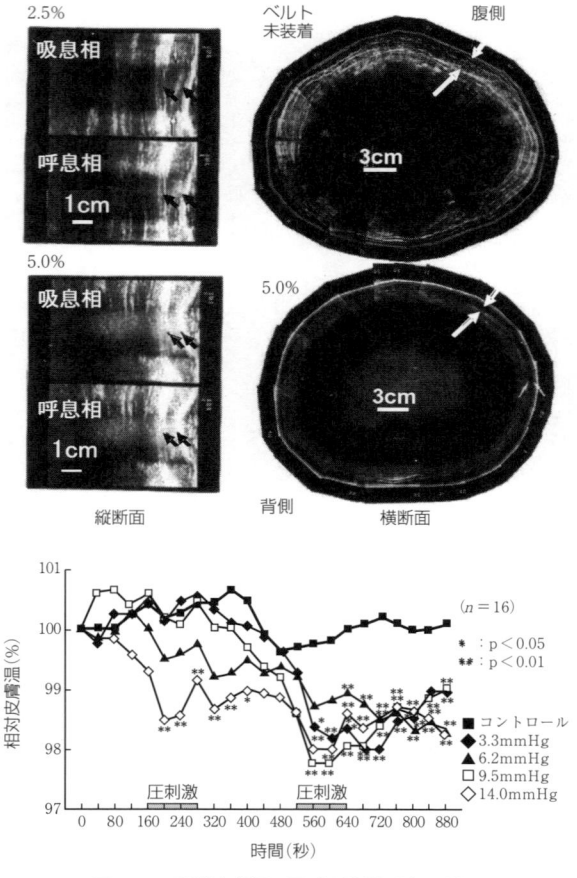

図3.21 手背皮膚温に及ぼす腹部圧迫の影響

立位ではまったく圧が発生しないときの椅座位で，わずかに圧が発生する程度の圧刺激（ウエストライン上12部位の平均圧）でも，有意に皮膚温は低下する。圧迫を繰り返すと，皮膚温は有意に回復しなくなった。相対皮膚温（実験開始時の皮膚温が基準）のおよそ0.5%は0.2℃に相当する。

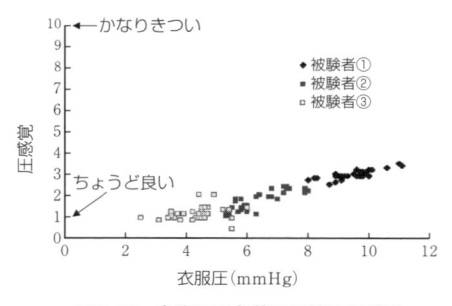

図3.22 有意な圧負荷の閾値と圧感覚

皮膚温や唾液分泌量に有意な負荷を与えた圧閾値時の，圧感覚（比率尺度使用）と衣服圧を示す。直線上に表した圧評価は，"ちょうど良い"を"1"，"かなりきつい"を"10"として算出した。圧負荷の閾値は，"ちょうど良い"からわずかに"きつい"と判定される程度であった。
（出典：三野たまきほか，繊維学会誌，vol.54，1998，pp.555-561，三野たまきほか，日本家政学会誌，vol.49，1998，pp.1131-1138）

3.2.2 脚部への圧迫

(1) むくみの原因

心臓から拍出された血液は，動脈を通って全身に運搬され，末梢の毛細血管から静脈を通り，心臓に還流する。これを「静脈還流」という。心臓から拍出された血液がすべて心臓に還ることは，重力場においては難しい。特に，脚部の場合は，足先から心臓まで約1mもの高さまで上昇する必要がある。

図3.23に示すように，一般に血液中の水分は毛細血管で約20ℓ/日がろ過され，静脈側で17ℓ/日が再吸収されるといわれている。残りの3ℓは，生成された代謝産物などの分子量の大きなものとともに，リンパ毛細管から回収される。しかし，貯血により毛細血管内圧が上昇したり，血漿膠質浸透圧が低下したりした場合には，血管から組織間にろ過される水分が異常増量する。これが"むくみ"の原因である。

表3.2に血液の働きおよび，表3.3にリンパの働きを示す。むくみを抑制するためには，血液やリンパの還流を円滑にすることが重要である。

(2) 静脈還流とリンパ還流のしくみ

血液は，伴走している動脈の拍動によって静脈が圧迫されることに加え，脚を動かすことで図3.24に示すように，静脈周辺の骨格筋が収縮・弛緩し，収縮時の筋の膨隆が静脈を圧迫して，心臓に還流される。このとき，静脈弁によって血液の逆流を防いでいる。骨格筋により血液が心臓に還流されるしくみを「筋ポンプ作用」という。

また，図3.25に示す呼吸ポンプ作用が，静脈還流量に及ぼす役割も大きい。静脈還流量が多

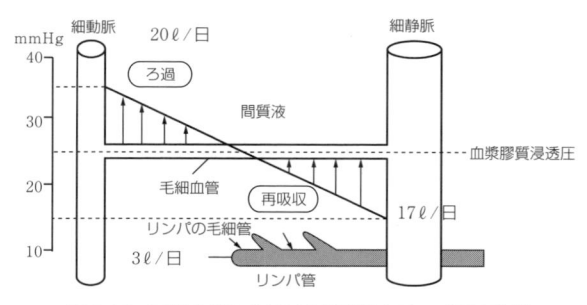

図3.23 毛細血管における水分移動とリンパ管の役割

動脈側の毛細血管からは，血漿浸透圧との圧力差で水分がろ過され，静脈側で再吸収が行われる。リンパ毛細管からは，代謝産物が一部の組織間液とともに心臓に戻る。

(出典：Landis EM & Pappenheimer JR, Handbook of Physiology, Sec 2, Circulation (Hamilton WF & Dow Peds.), vol.II, 1963, p.985 より作成)

図3.24 筋ポンプ作用のしくみ

骨格筋の膨隆と弛緩によって，血液は心臓側に引き上げられる。また，静脈弁によって逆流を防いでいる。

(出典：中野昭一，図解生理学，医学書院，1981, p.114)

表3.2 血液の働き

1) 運搬	栄養素，代謝産物，ホルモンの運搬。
2) 体温調節	深部の体熱を体表面から放熱して体温調節を図る。
3) ガス交換	肺でO_2, CO_2の交換を行い，全身に運ぶ。
4) 体液量の維持	血液と組織間液の水の出入に重要な膠質浸透圧を調整。
5) 酸-塩基平衡の維持	体液のpHを7.4に維持する。
6) 感染予防作用	血漿中の免疫物質による感染からの防御。

血液は，栄養素やホルモン，酸素，熱などを運び，代謝産物や二酸化炭素などを回収する役割を果たしている。

表3.3 リンパの働き

1) 組織間液中の水分の回収	むくみの抑制
2) 組織間液中のタンパク質の回収	むくみの抑制
3) 脂肪の吸収	小腸内のリンパについて
4) 病気に対する防御	病原菌や異物を食作用や抗原抗体反応により除去

むくみの原因となる組織間液中の水分やタンパク質の回収に役立っている。

くなると，心臓から拍出される1回心拍出量が多くなるため，心拍数（＝分時拍出量／1回心拍出量）が減少し，身体負荷が軽減する。脚のむくみを抑制することは，脚のだるさのみならず，疲労軽減にも繋がる。

一方，リンパ管においても，併走する平滑筋の膨隆と弛緩によってリンパが流れ，弁によって逆流を防ぎ心臓に戻されるなど，静脈還流に類似したしくみをもっている。リンパ還流のしくみを図3.26に示す。

（3）弾性靴下による脚部の圧迫によるむくみ抑制

従来，長時間歩行の際には，脚絆やゲートルが用いられてきた。これは，脚部，特に下腿部の圧迫が疲れ抑制に役立つことが経験的に知られていたためと考えられる。近年では，圧迫の強い靴下（同種のパンストやサポーターを含む）が用いられるようになっている。むくみ抑制などが目的の圧迫の強い靴下を「弾性靴下」という。図3.27は，むくみ量と衣服圧との関係を示している。衣服圧が強い弾性靴下ほど，むくみ量が小さい傾向がみられる。

しかし，極度に強い圧迫力をもつ弾性靴下を着用して運動する場合には，靴下の伸び抵抗が腓腹筋の膨隆抵抗となり，逆に疲れが増大する場合があるので注意を要する。

一方，静脈弁が壊れた場合には，血液が心臓に戻れなくなり，静脈が浮き出て見えたり，コブのようになったりする。これが「静脈瘤」と呼ばれるものである。初期の静脈瘤の治療や手術後の血栓症予防に弾性靴下が使用されている。図3.28は，リンパ浮腫でむくんだ脚部の写真である。

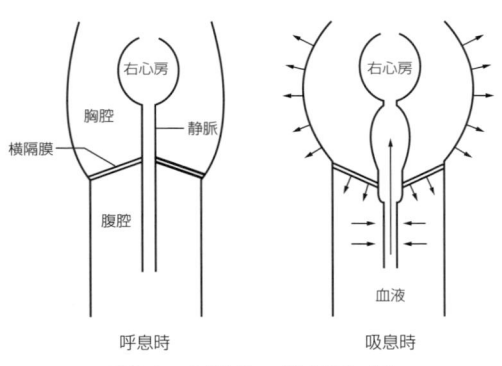

図3.25　呼吸ポンプ作用のしくみ

吸息時に胸腔が広がり，横隔膜が下がるために胸腔に陰圧が生じ，逆に腹腔の静脈が圧迫されて，血液が上昇する。
（出典：中野昭一ほか編集，図説からだの事典，朝倉書店，p.122）

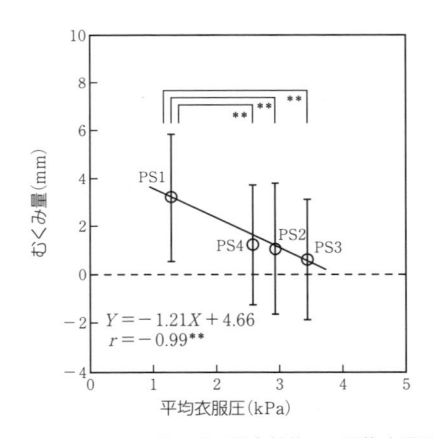

図3.27　むくみ量と下腿最大部分での平均衣服圧

衣服圧の異なる4種のパンストを用いたとき，立位作業者の下腿部のむくみを示す。勤務前後（9時間着用）の寸法増加量（むくみ量）は，圧迫の強いパンストほど少ない。
（出典：中橋美幸ほか，日本繊維機械学会誌，vol.54，2001，T68）

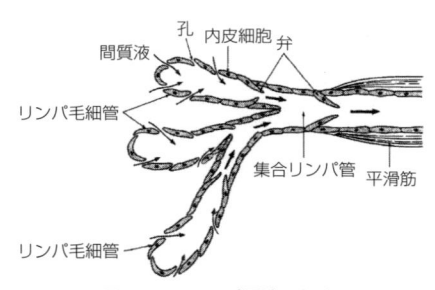

$Y = -1.21X + 4.66$
$r = -0.99^{**}$

図3.26　リンパ還流のしくみ

組織間液の一部が，リンパ毛細管の孔から代謝産物などの分子量の大きいものとともに入り，平滑筋の膨隆と弛緩によって，リンパは心臓側に引き上げられる。また，弁によって逆流を防いでいる。

(4) 脚部圧迫が皮膚血流量に及ぼす影響

静脈より表層にある皮膚毛細血管は，圧迫により容易につぶれるため，過度な圧迫は，皮膚血流を阻害する。図3.29は，脚部を圧迫したときの圧力と皮膚血流量の変化率を示している。圧力の増加とともに，皮膚血流量が大きく減少している。一般的な弾性靴下の圧レベルである20mmHg（約27hPa）でも，圧迫部位より末梢側で約40%の減少がみられる。

皮膚血流は，深部の熱を運び，皮膚温をコントロールしているため，このような血行障害は皮膚温低下を招き，足の冷えに繋がる。立位や椅座姿勢が長時間継続する場合には，足底部を動かし，筋ポンプ作用を促進するなどの配慮が必要である。なお，身体の周方向からの締め付けを「フープテンション」といい，通常の靴下であっても口ゴムからの圧迫には注意が必要である。

(5) 加齢に伴うむくみ量の変化

図3.30は，立位作業者のむくみ量と年齢との関係を示している。若い人ほどむくみ量が大きく，加齢するにつれてむくみ量が小さくなっている。図3.31は，脚部の圧縮変形量（圧縮柔らかさ）と年齢との関係を示している。加齢に伴って，弾性繊維が減少するために，脚部が圧縮柔らかくなり，つぶれやすくなっていることがわかる。

前述の衣服圧と皮膚血流量との関係（図3.29参照）は，20代の女性を被験者としたものであったが，中高齢者の場合には，さらに皮膚血流量が減少することが懸念される。すなわち，中高齢者においては，若年齢層よりもむくみ量が少ないこと，皮膚血流量の大幅な減少が懸念されることから，極度に強い圧迫をもつ弾性靴下の着用には注意を要する。

(6) 圧感覚からみた弾性靴下の圧力範囲

弾性靴下の着用にあたっては，心理的な快適性についても配慮すべきである。過度な圧迫は，交感神経を興奮させることから，イライラ感や疲労を増大させ，集中力低下にも繋がる。

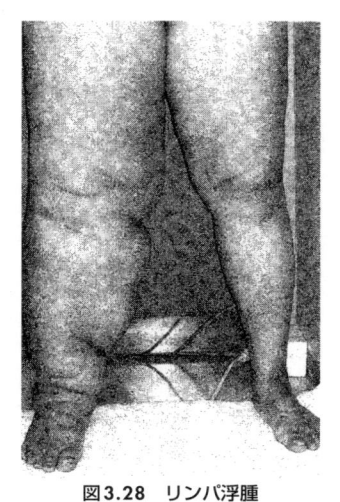

図3.28 リンパ浮腫
右脚がリンパ浮腫でむくんでいる。手術でリンパ管が切除された場合などに生じる。
（出典：読売新聞，2007.6.25）

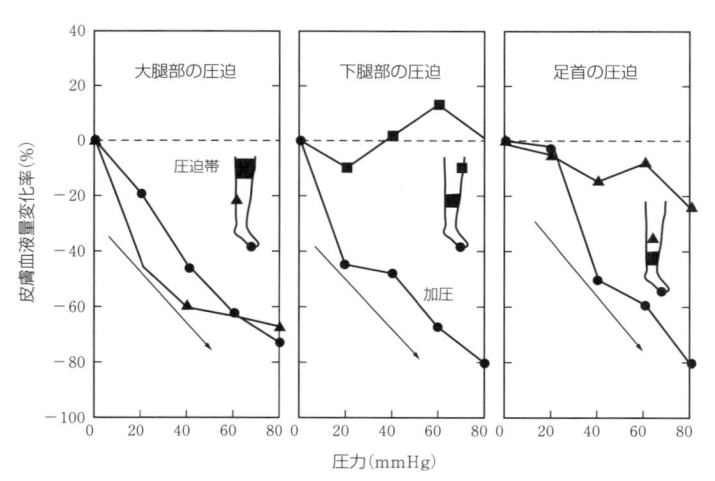

図3.29 脚各部を圧迫した場合の衣服圧と皮膚血流量との関係
大腿部，下腿部，足首部を圧迫したときの皮膚血流量減少率を示している。いずれも，圧迫した部位よりも末梢側で皮膚血流量が大きく減少していることがわかる（1mmHg = 0.133kPa = 1.33hPa）。
（出典：川秀子ほか，繊維製品消費科学, vol.36, 1995, p.493）

図3.32は，圧感覚の測定から得た結果である。圧迫帯を用いて脚部の圧迫を徐々に強くしていき，圧感覚を5段階に評価させた。「ちょうど良いと感じた(3点)～非常に強い(5点)」の圧力は，大腿部5.8～10.8hPa，下腿部9.7～18.5hPa，足首部8.1～16.7hPaであった。初期静脈瘤の治療や血栓予防などの医療用弾性靴下では，さらに強いものがみられるが，日常着用する靴下については，これらの圧力範囲を参考に選択してほしい。

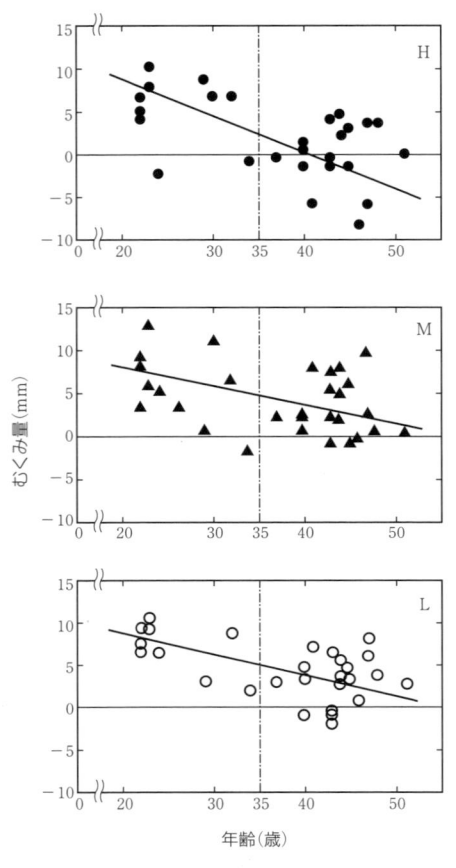

図3.30 むくみ量と年齢との関係

圧迫の程度の異なるパンスト(試料H＞M＞L)を，勤務中9時間着用した立位作業者の下腿最大部のむくみ量を示している。若年齢層ほど，むくみ量が大きい。中年齢層では，圧迫が強い試料Hで脚部のつぶれ(マイナスの数値)が観察される。
(出典：諸岡晴美ほか，繊維製品消費科学，vol.36, 1995, p.394)

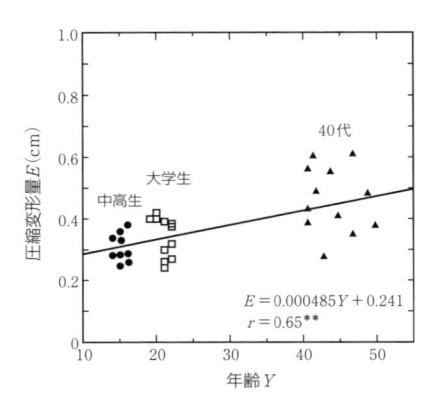

図3.31 加齢に伴う下腿最大(後面)の圧縮変形量

$E = 0.000485Y + 0.241$
$r = 0.65^{**}$

圧力49hPaの下での圧縮変形量を示している。加齢するにつれて，圧縮変形量が大きくなっている。これは，加齢に伴って脚部がつぶれやすくなっていることを示している。すなわち，圧迫の強い弾性靴下を中高齢者が着用する際には，注意を要する。
(出典：諸岡晴美ほか，繊維製品消費科学，vol.38, 1997, p.329)

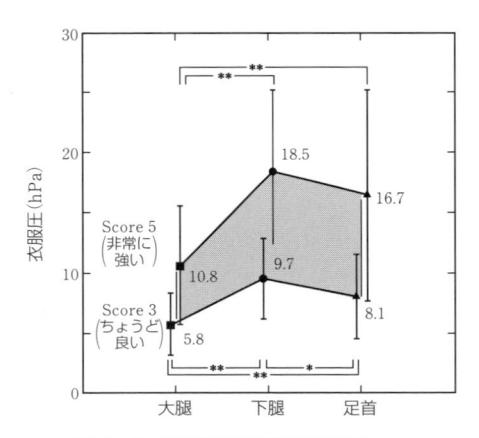

図3.32 脚各部の快適圧と限界圧

圧感覚の評価から導出したものである。日常着用する弾性靴下の圧迫の範囲は，ちょうど良い(快適圧)～非常に強い(限界圧)の範囲にあることが望ましい。
(出典：中橋美幸ほか，繊維製品消費科学，vol.40, 1999, p.661)

3.2.3 足部への圧迫

ヒトは，直立・2足歩行という，他の動物にはみられない姿勢ならびに移動様式をもつ。そのために，全身の土台としての足は，他の動物にはない骨格構造と機能を有している。歩くとき，身体を支え，足を保護するのは，靴などの履物である。もし，合わない靴を履いていたら，足に弊害をもたらすだけでなく，身体全体にも影響を及ぼす可能性がある。足に合った靴選びをするためには，自分の足の特徴を知っておく必要がある。

(1) 履物による弊害
1) 足の変形

足を変形させる古い風習に，中国の纏足がある。纏足の理想形は，足長が約10 cmとされ，上流階級の女性は2～4歳からそのための施術を始めた。纏足靴と纏足女性のX線写真を図3.33に示す。第1指以外の足趾を斜めに足裏に折り曲げ（図3.33右），布で縛った状態で歩くことにより，理想の足長を保とうとした。そのため，纏足女性は，身体を支えて歩行することが困難となった。その女性たちが履いていた靴が，纏足靴（図3.33左）である。女性を戸外に出歩かせないように仕向けた非人道的な風習は，20世紀初頭まで続いた。

日本では，かつて和服に草履や下駄を履いて生活していた。明治以降，生活様式が洋装化することにより，靴を常用するようになった。靴常用による足部の変形例を図3.34に示す。靴の常用が，開放的な履物を履いていた日本人の足を圧迫によって内側に変形させた例である。

靴の圧迫による足の疾患として，一般的によく知られているのが外反母趾である。図3.35は，

図3.33 纏足靴（左），纏足女性のX線写真（右）
長さ10 cm前後の布製で，鮮やかな刺繍が施されている。X線写真では，足の変形が観察される。
（出典：世界の民族衣装館，近藤英明氏提供）

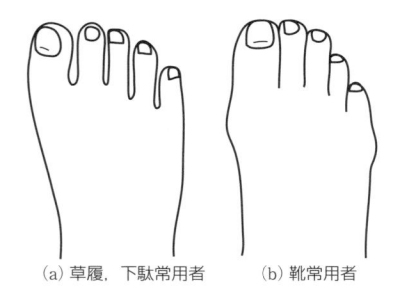

図3.34 靴常用よる足部の変形例
(a) 草履，下駄常用者　(b) 靴常用者
現代人の足(b)は，靴の常用による前足部圧迫によって，足趾が密着し，第1趾と第5趾が内側に変形している。

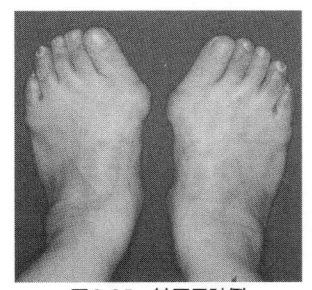

図3.35 外反母趾例
母趾が外反し，バニオンという瘤ができる。歩行時靴に当たると痛い。
（出典：石塚忠雄，新しい靴と足の医学，金原出版，1992，p.123）

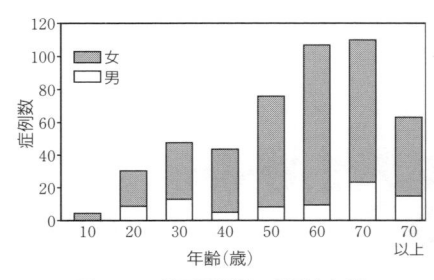

図3.36 外反母趾例の性別と年齢
外反母趾例の症例数：女性だけでなく，男性にも発症する。男性77例（平均年齢50.1歳），女性480例（平均年齢50.7歳）
（出典：山崎信寿，足の事典，朝倉書店，1999，p.26）

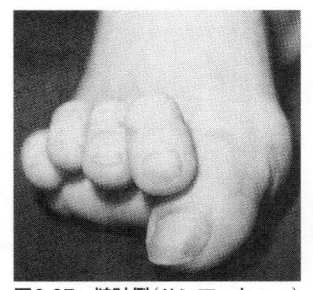

図3.37 槌趾例（ハンマートゥー）
足趾の先が足底部に屈曲し，そのまま固定してしまう。各趾がまるでハンマーのような形状になってしまう障害。
（出典：図3.35と同じ，p.138）

第3章 衣服による圧迫(衣服圧)と健康

その一例である。前足部と中足趾節関節が強く締め付けられることにより発症すると考えられている。外反母趾症例数の性別と年齢の関係を図3.36に示す。50歳代以降の女性に多く発症しているが,男性にもみられる。10歳代から発症する場合もある。

前足部の足趾の変形のうちで最も多い疾患が,槌趾(ハンマートゥー)である。図3.37は,その一例である。いずれも,ファッション性を優先させたハイヒールや,前足部が極端に狭くとがった靴を長期間履き続けることが主な要因とされる[1]。ハイヒールを長時間履くと足が疲れるが,これは踵を上げることよる極度の靭帯の伸展による。また,ハイヒール靴着用時は,前足部で内側と外側から圧迫されるため,各趾間の幅が極度に狭くなっている。

2) 足のトラブル

石塚ら[1]の調査によると,靴に起因する足の障害で最も多かったのは靴ずれ,次いで,タコ・まめ・魚の目が多く,足のトラブルの1/3を占めた。靴による足のトラブルに関する女子大学生を対象とした調査結果を図3.38に示す。全体の約6割が,靴による足のトラブルとして「皮膚が硬くなる」を挙げた。足に合わない靴やファッション性を優先した流行靴を履き続けると,魚の目やタコを発症する。

2000年頃に流行したミュールは,前足部の一部に局所的に圧迫が掛かり,皮膚の角質化が観察された。図3.39は,ミュールによる靴ずれの様子である。歩行時の足圧分布を図3.40に示す。

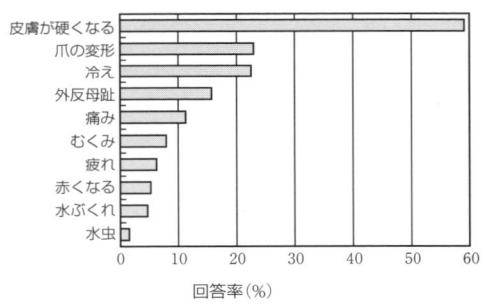

図3.38 靴による足のトラブル
女子大学生180名を対象に実施した足と靴に関するアンケート調査結果より,足のトラブルで最も多かったのは,「皮膚が硬くなる」であった。

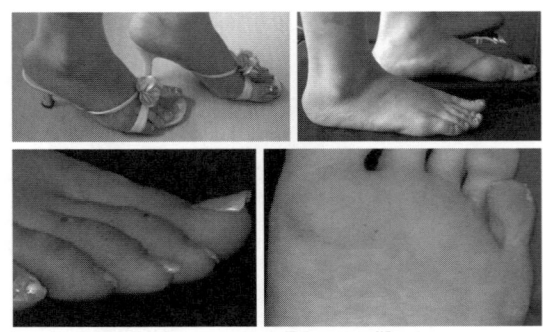

図3.39 ミュール着用による靴ずれ
ミュール着用時(左上)と裸足の状態(右上):ミュールのベルト部に靴ずれが見られる。
他の靴ずれ例:足趾前面(左下),足裏(右下)

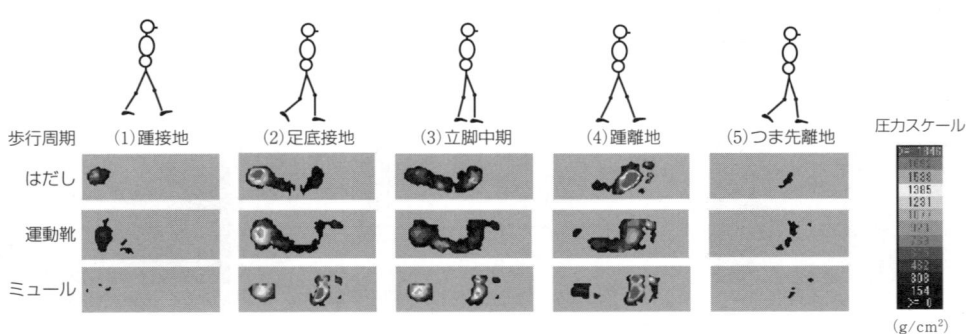

図3.40 歩行時の足圧分布

歩行時の足裏に掛かる圧力を測定した結果,ヒール10cmミュールでは,はだしと運動靴に比べて,踵と前足部に局所的に高い圧力が発生していることが確認された。
(出典:平林由果ほか,日本生理人類学会誌,vol.10,2005,pp.53-60より作成)

3.2 身体圧迫が健康に及ぼす影響

ミュールで歩行すると，踵と前足部に局所的に高い圧力が掛っている。つまり，ミュール着用時には，前足部へ継続的に圧力が掛かるため，タコなどが発症しやすいことがわかる。しかし，運動靴など足に良いと考えられている靴であっても，サイズや形状が足に合わない場合には，歩行時に靴内で靴と足が擦れることにより，靴ずれが発症することが観察されている。

(2) 足の健康と靴選び

1) 足の足底弓（アーチ）

足の裏には，図3.41に示すように，内側の縦アーチと外側の縦アーチ，横アーチの3つのアーチがある。このアーチ構造は，地面に足が接地し荷重が加わった際に，地面からの衝撃を吸収し，足や足関節などへの負担を軽減する重要なクッションの役目をしている。このアーチ構造の破綻は，足のさまざまな障害を招く。したがって，靴のアーチラインが足に合っていることが大切である。足のアーチが低下している場合には，靴の構造，インソール（中敷き）などでそれを補う方法もある。

2) 足と靴のサイズと形状

足のトラブルの原因の多くは，足に合わない靴の着用にある。足の健康を維持するには，自分の足のサイズや形状をよく理解しておくことが必要である。靴を選ぶために必要な足のサイズは，足長，足囲，足幅である。足のサイズ測定部位を図3.42に示す。足長は，最も長い足趾から踵までの距離を計測する。爪先形状は個人差が著しいが，図3.43に示すように，大きく3つのタイプに分けられる。靴先の形状が足先の形状に合わないと，足趾を圧迫することになる。

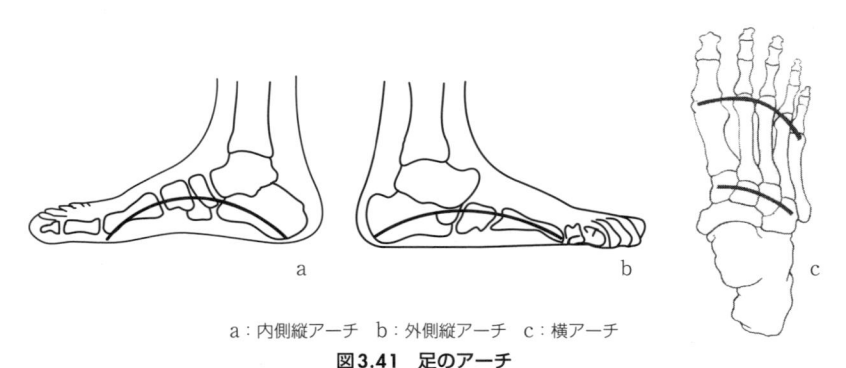

a：内側縦アーチ　b：外側縦アーチ　c：横アーチ

図3.41　足のアーチ

足のアーチは，縦アーチ（内側・外側），横アーチの3つから構成されている。

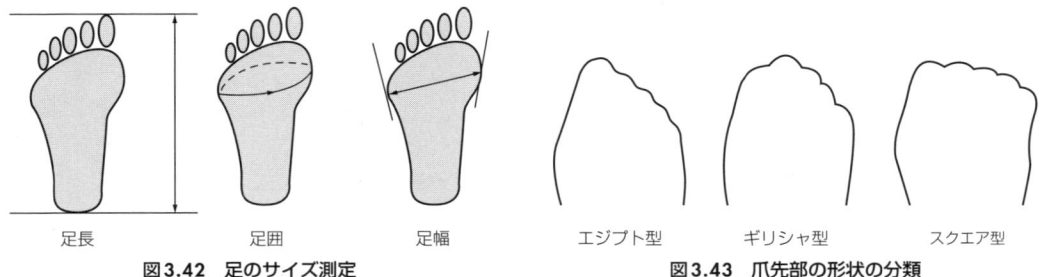

図3.42　足のサイズ測定

靴購入時に必要な足のサイズは，足長，足囲（甲の高さを含む），足幅である。

図3.43　爪先部の形状の分類

足の爪先部の形状は，さまざまであるが，大きく3つに分類されている。

日本の靴のサイズは，日本工業標準JIS S 5037「靴のサイズ」によって決められている。靴の幅はA～Gで表示されており，足長，足囲，足幅を用いてJIS靴サイズ換算表から求める。その抜粋（女性用）を表3.4に示す。

外反母趾の痛みを緩和するため幅広の靴を選ぶ人があるが，足幅より広い靴は，外反母趾を助長する可能性があるので注意を要する。

3）靴の選択

高校生を対象にした靴に関する実態調査の結果より，通学靴のサイズをまとめたのが図3.44である。足と同じサイズの通学靴を履いていたのは25%に過ぎず，ほとんどの高校生が大きめの靴を着用していた。上述したように，足に合わない靴の着用は，足のトラブルを引き起こす。靴の選択においては，各自の足のサイズと形状を把握し，適合した靴を選択したいものである。

図3.45は，田中ら[2]がまとめた望ましい靴の条件である。靴を選ぶ際には，これらの条件をできるだけ満たすものを選択することを推奨する。また，ファッション性を最優先するのではなく，TPOに合わせた靴選びにも心がけ，足の健康に留意してほしい。

表3.4 JIS靴サイズ換算表（抜粋）

足長	D		E		EE		EEE		EEEE	
(mm)	足囲	足幅	足囲	足幅	足囲	足幅	足囲	足幅	足囲	足幅
210	210	86	216	88	222	91	228	93	234	95
215	213	88	219	90	225	92	231	94	237	96
220	216	89	222	91	228	93	234	95	240	97
225	219	90	225	92	231	94	237	96	243	99
230	222	91	228	94	234	96	240	98	246	100
235	225	93	231	95	237	97	243	99	249	101
240	228	94	234	96	240	98	246	100	252	102
245	231	95	237	97	243	99	249	101	255	104
250	234	96	240	99	246	101	252	103	258	105
255	237	98	243	100	249	102	255	104	261	106
260	240	99	246	101	252	103	258	105	264	107
265	243	100	249	102	255	104	261	107	267	109
270	246	102	252	104	258	106	264	108	270	110

靴のサイズは，足長と足囲，足幅の値から，表3.4を用いて換算して表示する。例えば，足長230mmで足囲234mm，足幅96mmの女性の靴のサイズは，「23EE」と表示される。
（出典：JISの女性靴サイズ表より作成）

図3.44 通学靴のサイズ

高校生の靴実態調査によると，足と同じ通学靴を履いていたのは25%で，68%は少し大きめを履いていた。

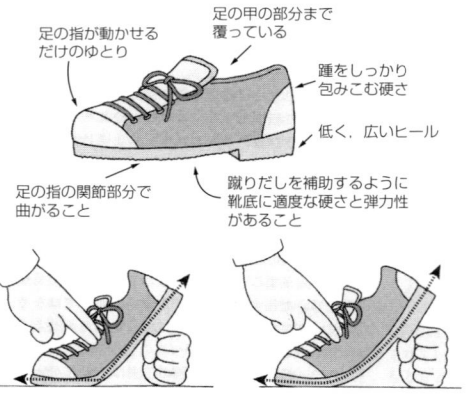

靴底は足の指の部分で曲がるようなものが望ましい（左図）。反対に，土踏まずの下が曲がるようなものは避ける（右図）。

図3.45 望ましい靴の条件

（出典：田中尚喜ほか，腰痛・下肢痛のための靴選びガイド，日本医事新報社，2004，p.74）

3.3 寝具による圧迫

3.3.1 睡眠と人体生理
(1) 睡眠
1) 覚醒水準と脳波

　脳波（EEG：electroencephalogram）とは，脳の電位変動を脳波計で記録したものである。ヒトの覚醒水準と脳波には深い関連がある。考えごとをしているような覚醒水準の高い状態では，周波数が14～30 Hzの低振幅で不規則な「β（ベータ）波」が見られる（図3.46）。リラックスした状態で目を閉じて安静にしていると，8～13 Hzの律動波が出現する。これを「α（アルファ）波」と呼び，開眼すると減衰するが，閉眼でも緊張した状態では減衰する。

　リラックスした状態から，眠気を覚えると，4～7 Hzの「θ（シータ）波」が出現する。うとうとしていたが，眠ったという自覚はなく，半覚半睡の状態になる。浅い睡眠に入ると，振幅が高く周波数の低い波形が増え，12～14 Hzの「紡錘波」といわれる律動波が1～2秒持続して出現する。さらに深い睡眠に入ると，「δ（デルタ）波」という3 Hz以下の高振幅の波形が出現し，声をかけてもなかなか目覚めない状態になる。

2) 睡眠段階

　覚醒水準の低下とともに脳波が変化することから，睡眠段階の国際睡眠段階判定基準が策定されている。中心部の脳波，眼球運動，あごのおとがい筋の筋電図の3つを同時記録することが，睡眠段階の判定には必要であり，この記録を「睡眠ポリグラフ」と呼ぶ。睡眠ポリグラフは，国際睡眠段階判定基準に従って，20～30秒ごとに睡眠段階の判定を行う。

　正常な睡眠の睡眠経過図を図3.47に示す。睡眠段階は大きく，ノンレム睡眠とレム睡眠の2つに分けられる。ノンレム睡眠はさらに，第1段階～第4段階の4つの段階に分けることができ，

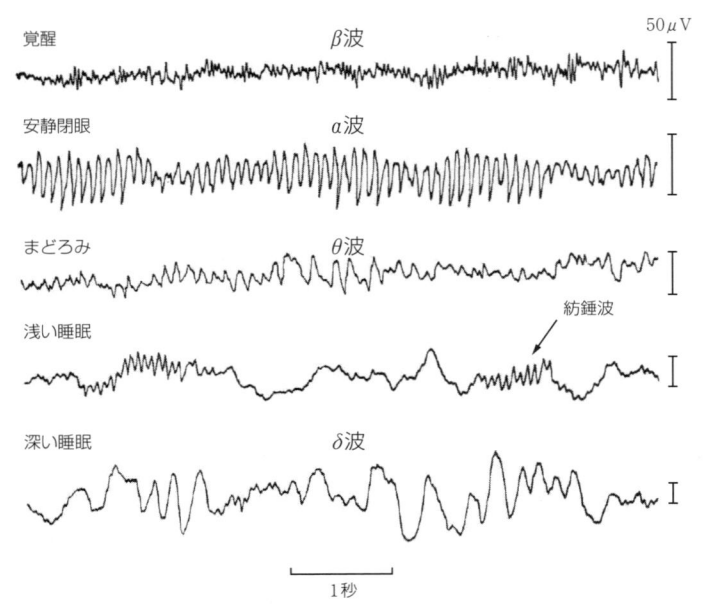

図3.46　正常成人の覚醒水準と脳波

覚醒水準が上がると周波数（1秒間の周波数・振動数で単位はHzで示す）が増加し，振幅が低下する。逆に，覚醒水準が低下するほど周波数が低下し，振幅が大きくなる特徴がある。
（出典：Penfield, W. et al., Epilepsy and the function of the human brain, Little Brown, 1954, p.188）

第1段階はα波が判定区間の50%未満になったうとうとした状態である。第2段階は，睡眠紡錘波が出現した状態の浅い眠りになる。δ波が判定区間の20%以上を占めると第3段階，50%以上になると第4段階の最も深い眠りとなり，段階が増すにつれて睡眠の深度が増す。第3，第4段階をあわせて「徐波睡眠」と呼び，深い眠りを示す。

レム睡眠は，脳波がノンレム睡眠の1段階，あるいは覚醒に近い状態であるが，おとがい筋の電位が最低水準まで低下する。また，閉じたまぶたの下で，眼球の左右に急激な運動が散発する現象（急速眼球運動）が見られることから，「レム睡眠（Rapid Eye Movement Sleep）」と呼ばれる。レム睡眠は，夢を見ていることの多い睡眠段階でもある。正常成人の一晩の睡眠段階の出現率は，年齢，性別，季節等により変化するが，一般的には睡眠段階1が2〜5%，睡眠段階2が45〜55%，睡眠段階3が3〜8%，睡眠段階4が10〜15%，レム睡眠が20〜25%前後である。

(2) 睡眠時の生理
1) 体温

ヒトの皮膚温，特に足背や手背の末梢の皮膚温は，入眠する約1時間前から急上昇する（図3.48）。この皮膚温の上昇により放熱が行われるため，深部体温も入眠する前から低下し，入眠後も低下した後，起床に向けて上昇する。

深部体温で重要なのは，午後6時ごろ最高になり，午前3時ごろ最低になるという，24時間を周期としたサーカディアンリズム（概日リズム）をもつことである（図3.49）。サーカディアンリズムの影響で，覚醒していても通常，眠る時間帯には深部体温が低下するが，睡眠により深部体温がさらに低下する。睡眠中の体温は，睡眠とサーカディアンリズムの両方の影響を受けている。

睡眠時の体温を維持するために重要なのが，寝床内気候である（図3.48）。寝床内気候とは，寝具と人体の間にできる空間の温度と湿度である。快適な睡眠が得られているときの寝床内気候は，温度32〜34℃，相対湿度50±5%と，高温低湿な状態となる[1]。

2) 温熱環境

裸体で寝具を用いない場合，暑くも寒くもない中性温度（29℃）で睡眠は最も安定する[2]。しかし，睡眠と体温調節が深く関連していることから，環境温度が中性温度よりも高温あるいは低温になるにつれて，睡眠と体温に影響が現れる。

高温環境では，レム睡眠と徐波睡眠が減少し，覚醒が増加する。レム睡眠では，皮膚温の変化や発汗が少ない[3]ことから，ノンレム睡眠や覚醒よりも体温調節機能は低下しているといわれて

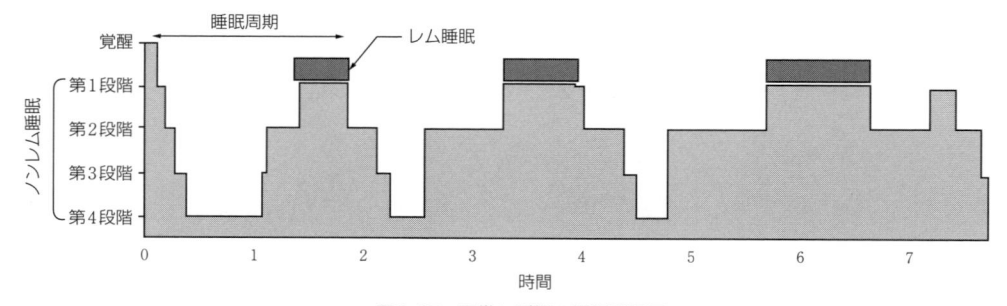

図3.47 正常な睡眠の睡眠経過図

睡眠ポリグラフの記録から，各睡眠段階を判定した結果を示したものが睡眠経過図である。正常な睡眠では，覚醒からノンレム睡眠の第1段階に入り，第2〜第4段階に達した後，レム睡眠が出現する。ノンレム睡眠からレム睡眠までの一つの周期を「睡眠周期」と呼ぶ。一晩に，約90〜100分の睡眠周期を3〜5回繰り返す。徐波睡眠は睡眠前半に，レム睡眠は睡眠後半に多く出現する。

いる。体温調節を維持するために,体温調節能力の高い覚醒を増やし,レム睡眠を減少させると考えられている。

また高温環境では,環境温度が高いために皮膚温の上昇だけでは放熱が十分に行われず,深部体温の低下が少なくなり,発汗量が増加する[3]。発汗量の増加は,夏の寝床内湿度を上昇させ睡眠を妨げる[1](図3.50)。

高温環境では,同じ環境温度であっても,湿度が高いと覚醒が増加し,徐波睡眠やレム睡眠は減少する。さらに深部体温の低下も少なくなり,暑さや不快感も増加する[4]。寝具を使用する場合,快適に眠れる環境温度の上限は,28℃といわれている[1]。

低温環境では,寝具を使用しない場合は,室温が28℃未満になると覚醒が増加し,レム睡眠が減少する。しかし,日常的に低温環境では,寝具を使用する。寝具を使用した場合,低温でも睡眠に影響は見られない[4]。環境温度に差はあっても,寝床内気候に影響が見られないことが関連しており,寝床内気候を快適に保つことの重要性を示唆している。

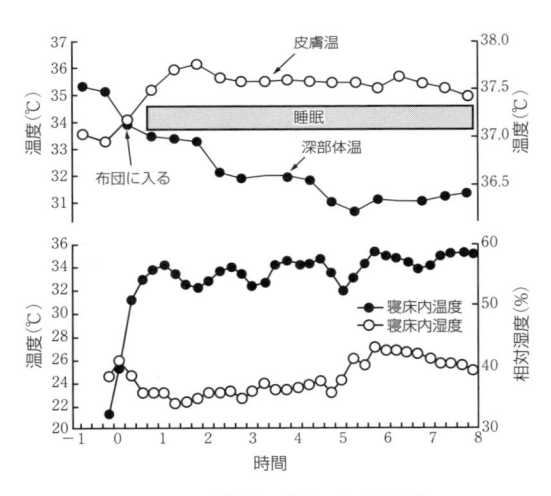

図3.48 睡眠時の体温と寝床内気候

睡眠時の深部体温は低下する。皮膚温は上昇した後,ほぼ一定に保たれる。人が就寝すると,寝床内温度は上昇し,寝床内湿度は一時上昇した後低下し,皮膚温と同様にほぼ一定の温湿度が保たれる。
(出典:水野一枝,"睡眠と環境"睡眠とメンタルヘルス,ゆまに書房,2006, p.138)

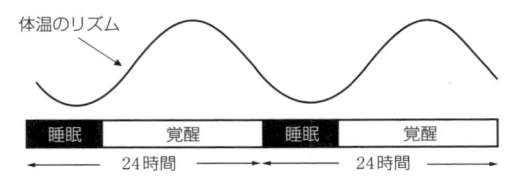

図3.49 睡眠・覚醒リズムと体温のリズム

人は,日中は覚醒し,夜間は眠るという周期を24時間で繰り返す,睡眠・覚醒リズムをもつ。睡眠はこのリズムの休息相にあたる。体温と睡眠・覚醒のリズムには一定の関係があり,体温が低下しはじめたころに睡眠が始まり,上昇するときに覚醒が始まる。深部体温が低下するときに,睡眠は起こりやすいのである。

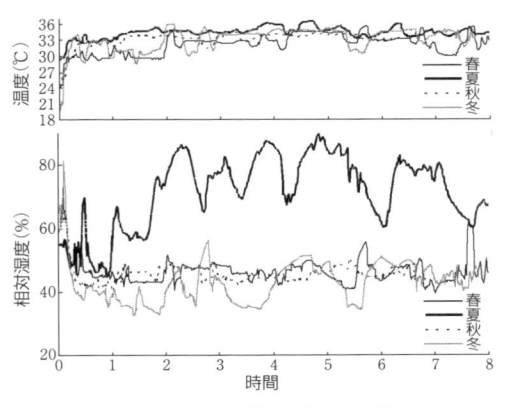

図3.50 各季節の寝床内気候

寝床内温度は,季節を通して33℃前後で保たれており,季節差は見られない。寝床内湿度は春,秋,冬は相対湿度が50%RH前後であるが,夏は90%RH近くまで上昇している。

3.3.2 寝具による圧迫

(1) 敷寝具の硬さと仰臥時の接触面形状および脊柱曲線

入眠時の姿勢調査の結果から、最も多い姿勢は、男性で仰臥位、女性で側臥位であり、伏臥位は少ない[1]。身体部位別の重量比は、頭部7％、肩甲部33％、臀部44％、脚部16％[2]で、重い胸部と腰部を支えられる適度な硬さの寝具でなければならない。楽な寝姿勢であっても、長時間同じ姿勢を続けていると、特定の部位に圧力が集中し、姿勢を保持できなくなる。首や腰に負担をかけない寝姿勢は、脊柱カーブが立位時に近い自然なS字カーブを描き、椎間板への負担が少ない姿勢である。

図3.51は、仰臥時の背面縦方向の断面形状である。肩甲部、臀部での突出が少なく、ウエストラインと仙骨部との差は小さくなり、脊柱が伸びた状態となる。肩甲部は前側方へ移動するため背面は平板化し、肩甲部と仙骨部との突出差は大となる。このとき生じる肩部、腰部、脚部の隙間を敷寝具で保持することは、体への負担を軽くし、腰痛予防やリラックスした寝姿勢を生み出す上で重要であるが、どのような寝姿勢が望ましいのかはまだ明らかではない。

図3.52は、身長がほぼ同じ男性と女性が、筏構造寝具と綿ふとんに仰臥したときの接触面形状である。筏構造の寝具では、畝に沿って波打った形状が転写され、プラスチックビーズの硬さで背面は平坦化している。綿の柔らかい寝具では、すっぽり布団に包まれた寝返りの打ちにくい姿勢となっている。性別と体重が17kg異なることで、肩甲骨、肘や踵等の骨突起、肩部や背部

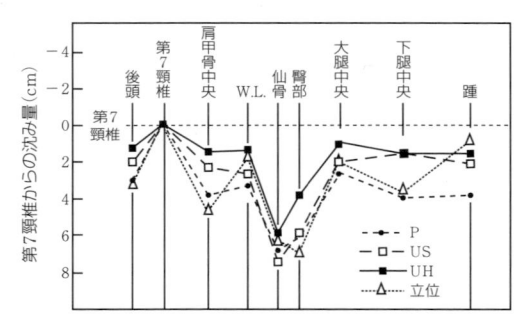

図3.51 背面縦方向の断面形状（被験者6名の平均）

仙骨部の沈み量は最も大きく6〜7cm、臀部4〜6cmである。硬いウレタンフォーム（UH）は、沈みが少なく、背面はほとんど平面化し、臀部は仙骨部のみが突出する。柔らかいウレタンフォーム（US）は頭部、肩甲部の沈みが小さく、重い臀部が落ち込んだ姿勢となる。
(出典：嶋根歌子ほか，睡眠と環境，vol.1, no.1, 1993, pp.36-43より一部改変)

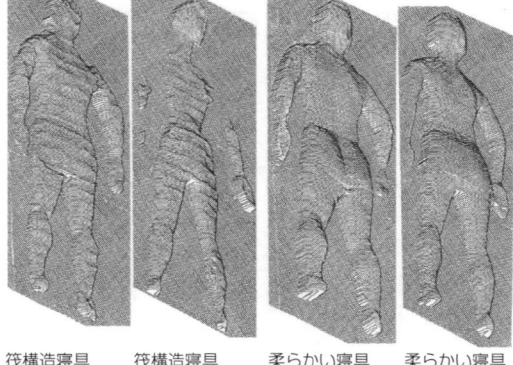

図3.52 敷寝具の硬さと寝姿勢
筏構造寝具（男性，BMI23.5）　筏構造寝具（女性，BMI17.6）　柔らかい寝具（男性）　柔らかい寝具（女性）

敷寝具表面を基準として石膏包帯法により採取した、接触面の三次元像である。硬すぎる寝具（筏構造のビーズ入り布団）と柔らかな寝具（綿ふとん）に仰臥したときの男性（身長162.5cm，体重62kg，BMI23.5，年齢46歳）と女性（身長160cm，体重45kg，BMI17.6，年齢25歳）の枕なしの寝姿勢である。

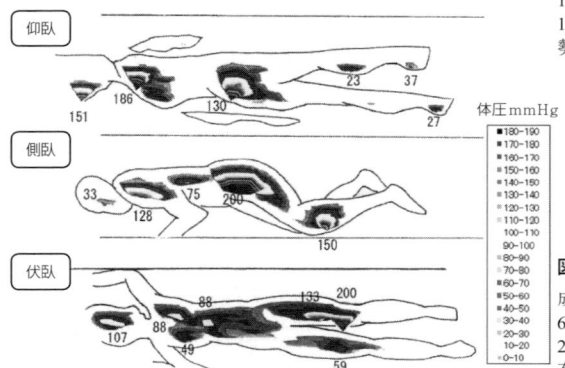

図3.53 仰臥，側臥，伏臥位での体圧分布（被験者T）

成人女性（前述図3.52の女性）が柔らかな寝具（綿100％，6kg）上に、体圧シート（FSAシステム，全身用，上限値200mmHg）を敷き、仰臥、側臥、伏臥位で測定した体圧分布例である。

および臀部周辺の筋肉や皮下脂肪のつき方，身体各部の重量の相違により寝姿勢が異なる。

身体を適切に支持し，快適な寝心地を得るためには，使用する人の身体各部の重さに応じた硬さを配置し，姿勢の保持と適度な寝返りができるベース層および寝た瞬間の柔らかな接触感と身体との隙間を埋めるソフト層を重ね合わせた2層あるいは3層構造の寝具が求められている。

(2) 寝姿勢と体圧分布

身体各部の体圧は，単に敷寝具の柔らかさで決まるのではなく，圧縮応力－ひずみ曲線の形状および身体各部の重量や身体的要因との相互関係で決まる。大腿部・下腿部の低荷重部，頭部・肩甲部の中荷重部，仙骨部・臀部の重荷重部が存在し，この重量と圧縮曲線の位置関係により，沈み量や体圧が異なる。硬い寝具では，接触面積が小さく，重荷重部である仙骨部に体圧の集中が起こる。柔らかい寝具では，接触面積が広いため，全体的に体圧は低く，分散する傾向がある。

図3.53は，健康な成人女性が柔らかな寝具上で，仰臥，側臥，伏臥位を取ったときの体圧分布例である。仰臥位は安定した姿勢であるが，骨突起部である肩甲骨，仙骨，後頭部が高値を示す。側臥位では，上体をやや前屈し，下肢を曲げることで安定した姿勢となるが，腸骨稜部から大転子部が最も高値を示し，ついで，膝関節顆部，肩峰突起部が高い。耳介部にも圧が認められる。伏臥位では膝関節部，大腿部，耳介部，乳房部が高値である。いずれの姿勢でも皮下脂肪の薄い骨突起部で高値を示す。

(3) 圧迫とずれによる皮膚循環動態への影響

臥床時，下になった側の皮膚に体圧が長時間加わると，その部位の皮膚血管は圧迫され血流が減少し，うっ血が生じる。健康な人では，一晩に約40～50回，無意識に寝返り(体動)を図り，水分蒸散や除圧を行っている。

寝返りのパターンは多様であるが，その基本は支持基底面を変化させる「転がり運動」と，頭部を中心に戻し体軸を中心にひきつける「ずれ(滑り)運動」の2動作である。この体位変換時の圧力とずれが，皮膚の循環障害を引き起こす直接的要因であるが，表3.5に示すように，栄養状態の

表3.5　栄養状態の低下による生体の変化と褥瘡発生への影響

生体の変化	褥瘡発生への影響
全身の骨格筋の萎縮	仙骨部などの骨突出がより顕著となり，単位面積当たりの圧力が上昇する。
表皮細胞のDNA合成能低下	表皮細胞の増殖力が低下し菲薄化することにより，皮膚のバリア機能が低下する。表皮はずれなどの物理的な刺激により剥離しやすくなり，感染の危険性が高まる。
線維芽細胞のタンパク合成能低下	膠原線維の産生減少により，真皮層は菲薄化するとともに，圧力への感受性が高まる。

(出典：武田利明，繊維製品消費科学，vol.50, no.12, 2009, pp.1060-1066)

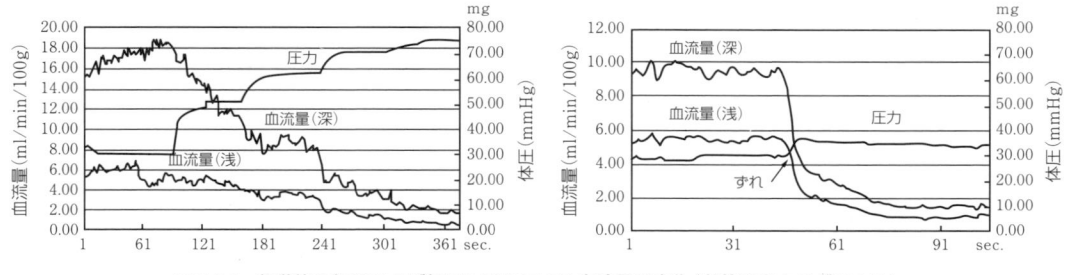

図3.54　段階的な加圧および加圧とずれによる血流量の変化(栄養不良ウサギによる)

栄養不良ウサギの腸骨翼上をバルーン加圧装置により前腹方向へ水平に15mm移動させ，加圧とずれ負荷時の血流量変化から，軽度の圧力にずれが加わることにより褥瘡を引き起こすことがわかる。
(出典：武田利明，褥瘡会誌，vol.9, no.2, 2007, pp.132-139)

低下は骨格筋の萎縮，表皮細胞の増殖能の低下，タンパク質合成能を低下させ，わずかな圧迫でもその部位の血管をつぶれやすくし，褥瘡を発生させる要因となる。

図3.54左は，ヒトと類似点の多い栄養不良ウサギの腸骨翼上組織に段階的に加圧したときの皮膚血流量の変化である。1～2mmの浅層と深層の血流は，60mmHg以上の加圧で顕著に減少する。図3.54右は，この栄養不良ウサギに加圧とずれを加えたときの皮膚血流量を示す。体圧としては問題とならない35mmHgにずれを加えることによって，浅層と深層の血流量が著しく減少し，75mmHgで加圧した場合とほぼ同様の値まで減少する。低栄養状態が皮膚組織の脆弱性，弾性の低下や骨突出部位を引き起こし，軽度の加圧であってもずれが加わることによって，重篤な循環障害となることもある。

(4) 床ずれ（褥瘡）の発生要因

身体的障害や知覚神経障害などで，寝返り動作が困難である高齢者や身体障がい者は，骨突起部上の組織に長時間圧迫が加わることによって，褥瘡が生じる。褥瘡の発症要因を図3.55に示す。

A. 外的要因は図3.56に示す，①体表面の垂直方向に働く力（圧縮応力）と，②引張応力，ベッド操作時等の姿勢を変化させる時に身体内部の軟部組織に，③水平方向に働く力（せん断応力：摩擦・ずれ）の出現である。これらの複合によって血流遮断が起き，組織の虚血に大きく影響を及ぼす。図3.57に示すように，圧迫の影響は，骨に近い筋肉などの深部組織のほうが，皮膚表面近くの表皮や真皮よりも虚血の程度が大で，範囲も広いことが指摘されている。

B. 二次的要因として，①加齢による皮膚の変化（ドライスキン，表皮の菲薄化，バリア機能の低下，治癒能力の低下），②失禁，汗などによる湿潤（角層の浸軟）。

C. 全身的要因である，①低栄養，②痩せ（皮下脂肪の減少，骨隆起），③加齢・基礎疾患（活動性の低下，生体防御機能の低下，糖尿病，骨粗鬆症）がある。

通常，皮膚の末梢血管動脈圧は，30～34mmHgであり，寝たきり高齢者の仰臥位における仙

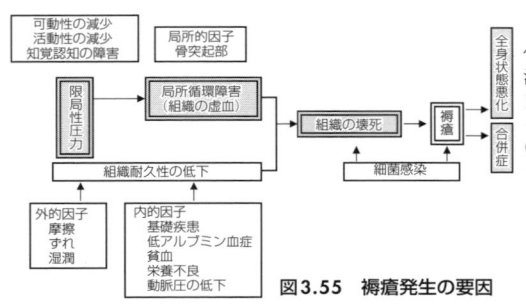

骨突起部に生じる限局性の圧迫により血管が押しつぶされ，血液の供給が悪くなり，循環障害が生じる。同時にずれや湿潤，自立体位変換の減少や関節拘縮，栄養状態の低下等の相乗効果も加わり，褥瘡が発生する。

（出典：美濃良夫，ナースのための褥瘡ケアハンドブック，医薬ジャーナル社，vol.12, no.1, 1996, p.6）

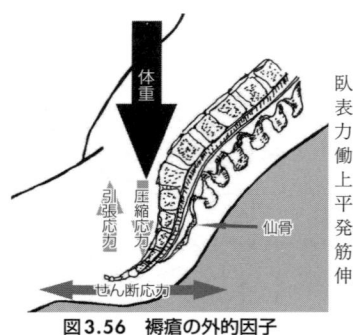

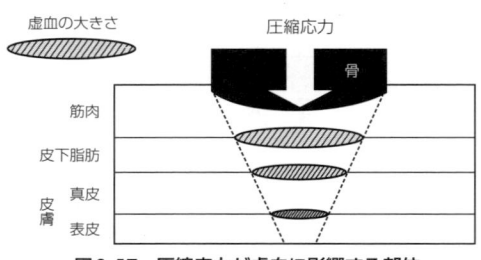

図3.55 褥瘡発生の要因

図3.56 褥瘡の外的因子

臥床時，体重は皮膚表面に垂直な圧縮応力・引張応力として働く。一方，ベッド上での背上げ時には，平行なせん断応力が発生し，皮下組織層・筋肉層・血管が引き伸ばされる。

図3.57 圧縮応力が虚血に影響する部位

骨に近い深部の組織に大きな圧縮応力（圧迫）が加わると，血流が遮断され，流入血液量が極度に減少（虚血）し，壊死に至る。ずれが加わることにより，深部が広い空洞となりポケットが形成される。

（出典：大浦武彦ほか，褥瘡会誌，vol.7, no.1, 2005, pp.57-66）

骨部での接触圧である70〜100mmHgの圧力が2時間皮膚に加わると，組織に圧力による損傷が現れると報告されている[3]。このことは，看護の現場で，体位変換時間は原則的に2時間ごとである理由となっている。

床ずれの好発部位は寝姿勢によって異なるが，図3.53で示した体圧の高い部位と一致し，仰臥位では仙骨・肩甲骨・踵・坐骨結節部，側臥位では腸骨稜・大転子部，伏臥位では膝部である。

(5) 体圧分散寝具

体圧分散寝具とは，骨突出部の圧力を小さくするか，または持続時間を短くするような機能をもった寝具である。体圧を減少させる方法としては，①接触面積を広くする，②骨突出部を一時的に浮かせて圧力の加わらない時間を作る（空気の膨張と収縮切替え型：エアマットレス）がある。

表3.6は使用方法からみた分類方法，表3.7は素材からみた分類方法を示す。現在，体圧分散マットレスの分類，表示方法には統一された基準はなく，表記も多岐にわたり，日本褥瘡学会での検討が求められている。

なお在宅介護で，2時間ごとに大きく体位を動かすことが現実的にできない場合，介護者の微少な体動やクッションの当て方，上下肢のかすかな屈曲，体幹のわずかな傾きなど，寝具と接している面の微少な動きで局所圧力を回避するマイクロシフトにより，特定の体位が長時間続かないようにするポジショニング方法が提案されている。圧力やずれのコントロールは，従来の減圧・除圧ではなく，「圧力再分配」により，突出部の圧力の低減（接触面積を広くする）や接触部位を変えることによる圧力の低減が提唱されている[3]。

表3.6　使用方法からみた体圧分散寝具の分類

分類	定義	長所	短所
特殊ベッド	ベッド自体に褥瘡予防および治療のための体圧分散のしくみが備わっているベッド。	コンピュータ制御により，患者のとるどの体位においても除圧が提供できる。	維持管理が煩雑。高価。これまでのベッドを保管する場所が必要。
交換マットレス	通常のマットレスと入れ替えて使用するマットレス。	厚みが10cm以上あるため，ギャッチアップ45度までなら減圧が提供できる。	高さがあるためICUベッド等，柵の低いベッドで使用すると危険。
上敷きマットレス	通常のマットレスの上に重ねて使用するマットレス。	使用が簡便。上記2つに比べて安価。	厚みがないものが多く，したがってギャッチアップ30度までの減圧しか提供できない。

表3.7　素材からみた体圧分散寝具の分類

分類	長所	短所
エア	空気の量により個々に応じた体圧調整ができる。	自力体位変換時に必要な支持力，つまり安定感が得にくい。鋭利なものでパンクしやすい。付属ポンプのモーター音が騒音になる場合がある。圧切替え型の場合，不快感を与える場合がある。
ウォーター	水の量により個々に応じた体圧調整ができる。ギャッチアップ時の摩擦とずれが少ない。	患者の体温維持のために水温管理が必要。水が時間とともに蒸発し，水量が減少する。マットレスが重い。水の浮遊感のため，不快感を与える場合がある。
ウレタンフォーム	ウレタンフォームの反発力が少ないものが圧分散効果がある。自力体位変換時に必要な支持力，つまり安定感を得ることができる。	個々に応じた体圧調整はできない。水に弱い。年月が経つとへたりが起こり，圧分散力が低下する。
ゲル	管理が簡単。表面を拭くことができ清潔保持できる。	十分な体圧分散効果を得るには厚みが必要であるが，厚みを増すと重量が重くなる。ゲル自体の温度が低いため，患者の体熱を奪う。
ハイブリッド型	2種類の素材の長所を組み合わせた体圧分散効果が得られる。現在はエアとウレタンフォームの組合せがある。	体圧分散効果を評価するための十分なデータが不足。

3.4 衣服圧を利用した進化する衣服

3.4.1 スポーツウェアと記録

　機能性を有する衣服は，オリンピックなどに参加するトップアスリートを対象にまず開発が進められてきた。競技会ごとに，次々と新しいスポーツウェアが開発され，記録が塗りかえられてきている。ここでは，スポーツウェアの一つとして競泳用水着を取り上げて紹介する。

(1) 競泳用水着の変遷

　日本において，初めてオリンピックに水泳選手が参加したのは，1920（大正9）年に開催された第7回のベルギー（アントワープ）大会であった。次の1923（大正12）年に開催されたパリ大会では，自由形で記録を出しているとのことである。このときに着用されていた水着には，アルパカ地（毛）が採用されていたという。綿の編布は，重いということが理由であった。

　その後，絹やナイロン100%が使用され，1970年代後半からはナイロンとポリウレタン弾性糸との交編布が使用され，水着サイズを約2割小さくして，身体を適度に圧迫するとともにフィット性を向上させた。1990年代には，身体を動かしやすくするために，女性用では腕や脚の動きを考慮して，図3.58にみられるように，肩甲骨付近を大きくカットして背中を大きく開口したり，ハイレグカットにするなど，水着の被覆面積を小さくしたものが主流となった。

　しかし，90年代後半にはその考え方が180度変化し，女性用のみでなく，男性用においても身体全体を包み込むボディースーツ型の被覆面積の大きい競泳用水着が登場するに至った（シドニーオリンピック：2000年）。

(2) 衣服圧利用による競泳用水着の記録への挑戦

　100分の1秒を競う競泳においては，水との抵抗をできるだけ押さえ，推進力を得ることが重要である。そのためには，水流抵抗を小さくすること，泳ぐ際の水圧からくる皮膚表面の振動を押さえることなどが求められる。

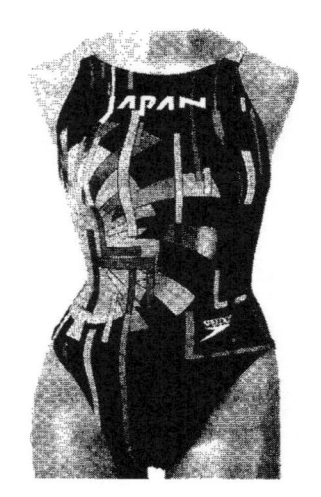

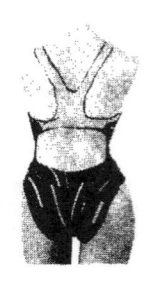

図3.58　東京オリンピック(左図)とバルセロナオリンピック(右図)での日本チーム女性用水着

東京大会(1964年)の水着と比較すると，バルセロナ大会(1992年)での水着は，肩甲骨付近や背中部分が大きく開き，ハイレグカットになっていることがわかる。
(出典：清川寛ほか，日本繊維機械学会誌, vol.49, 1996, pp.565-569)

3.4 衣服圧を利用した進化する衣服

　冬季オリンピックの種目であるスキージャンプやスピードスケート用ウェアの素材表面を平滑にすることによって，空気抵抗を減少させることが風洞実験によって確認されたことから，その技術が競泳用水着にも応用され，水着表面の平滑性が追求された。しかし，平滑性の追求が限界となった1990年代後半には，はっ水剤をストライプ状にプリント加工して，水流を整えることによって抵抗を減少させたもの，また2000年には，水着表面に鮫の鱗のような形状の微細な凹凸を加工して，はっ水面積をさらに増加させた鮫肌水着(図3.59)が開発された。

　一方，形状抵抗の低減のために，衣服圧が利用されている。人体の形状は複雑にデコボコしている。人体に衣服圧を与えることによって，身体を締め付けて進行方向からみた断面積を小さくすることが有効である。衣服圧によって締め付けることは，筋肉の振動（ブレ）を抑えることや，疲労時の姿勢保持にもつながる。この原理を応用した水着が，北京オリンピック（2008年）で使用された。図3.60に示すレーザー・レーサー®である。この水着を着用した多くの選手によって世界新記録が生み出された。

　大きな身体の動きを伴うスポーツウェアには，伸縮性の大きい編布が用いられるのが一般的である。しかし，レーザー・レーサー®は織布からできていること，ラバー状のパネル部分のために伸びにくく，極度に大きな衣服圧が発生する。大きな圧迫が身体を圧縮して，形状抵抗の低減と身体表面のブレを抑制させたことが，記録向上の一因と考えられる。しかし，この水着は，着心地の良さとは切り離されたものといってもよい。したがって，極度に大きな衣服圧をもつウェアは，トップアスリートが競技の間の短時間のみの着用に限られ，一般の人が着用する水着に適用することは望ましくないと考えられる。

　なお，北京オリンピック後には，いわゆる「高速水着」といわれたラバー製水着は禁止となったため，別の視点での水着が今後さらに開発されていくことと考えられ，注目に値する。

図3.59　鮫肌水着
シドニー大会（2000年）での鮫肌水着を着用した選手（左図）と表面写真（右図）
（出典：読売新聞2000年5月8日掲載）

図3.60　レーザーレーサー®
北京大会（2008年）では，多くの競泳選手が着用した。

3.4.2 局所圧を利用した衣服

近年，身体の一部に局所的な圧をかけて，身体の負荷や疲労を軽減したり，運動効率を向上させたりすることを目的としたスポーツタイツや靴下類が種々開発されている。スポーツタイツを例にとると，カッティングを工夫したもの，部分的に編構造を変えたもの，伸縮性の異なる布地等を配置したもの，地となる布の上に重ね貼りしたものなどがある。これらの製品は，スポーツ用テーピングに類似した機能を付与することを意図していることから，テーピング機能（あるいはテーピング効果）をもった衣服として製品化されている。

テーピング機能をもった衣服の身体負荷や運動効率への影響を検証する方法としては，呼吸ガス代謝からのエネルギー代謝量の測定，心拍数・血圧などの血液循環測定がある。一方，身体の動きに対する各筋への活動状態を個別に検証するための方法としては，表面筋電図を用いる方法が有用である。

以下では，表面筋電図の測定とその解析方法，テーピング機能をもった衣服の開発に関する考え方について述べる。

(1) 表面筋電図の測定

表面筋電図測定とは，皮膚表面に電極を貼り付け，電極を通して微弱な筋電位を導出し，それらを増幅器等により増幅させて記録するものである。

筋線維の内側と外側との間には電位差があり，これを「膜電位」という。膜電位は，筋が安静時のとき内側が負の電位，外側が正の電位と分極した状態で平衡状態を保っているが，運動神経の興奮が神経接合部（神経終板）を介して筋線維に到達すると，急速に脱分極が生じ，外側が負の電位，内側が正の電位となる。これが筋の活動電位（筋電位）であり，筋が収縮する際に生じる[1]。

図3.61に，椅子から立ったり（座位→立位），座ったり（立位→座位）したときの表面筋電図の例を示す。両動作ともに，大腿直筋，外側広筋の活動（振幅）が大きい傾向がみられるが，動作の違いにより活動筋の使われ方が異なることがわかる。しかし，同じ人でも，つま先の角度が外側

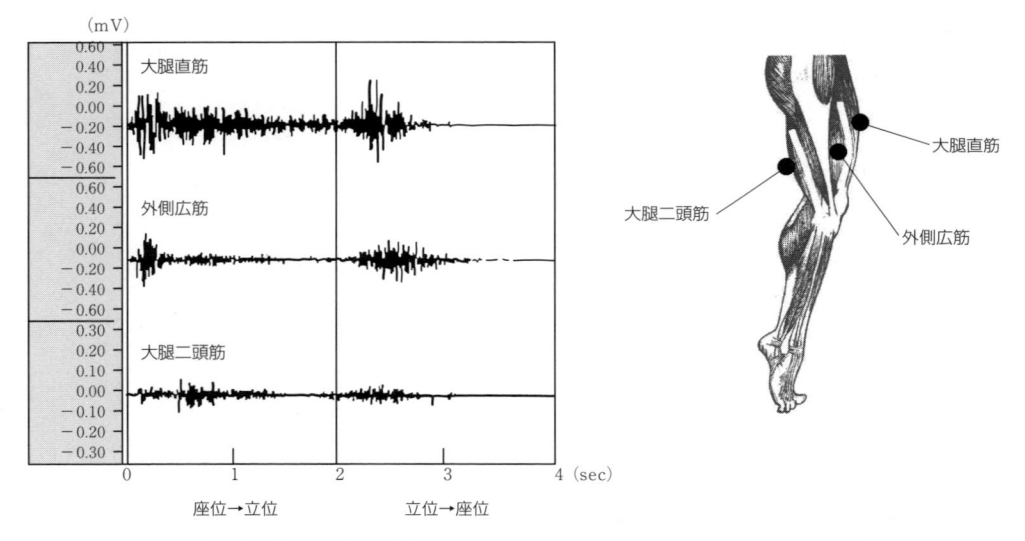

図3.61　椅子から「立つ」「座る」動作時における表面筋電図の生波形と測定筋

膝と同じ高さの椅子を用いて，一定のリズムで椅子から「立つ」「座る」動作を行った時の表面筋電図の生波形を示している。両動作において，膝関節の伸展に関与する大腿直筋と外側広筋の活動（振幅）が大きいことがわかる。
（出典：中橋美幸ほか，Journal of Textile Engineering, vol.52, 2006, pp.237-242）

を向いている場合と内側を向いている場合とでは，主働筋や各筋の活動量に違いが生じるなど[2]，難しい課題もある。すなわち，表面筋電図を測定する際には，姿勢や運動の速度等，測定条件をできるだけ一定にするなどの注意が必要である。

(2) 表面筋電図の解析

長時間の運動等により持続的な筋収縮を続けていると，表面筋電図の生波形が徐々に穏やかな波形を示すようになる。このことは筋疲労の影響と考えられる。筋疲労により，筋電図信号の高周波成分が減少し，低周波成分が徐々に増加する。すなわち，パワースペクトルの低周波へのシフト化が起こる。このような変化を捉える場合には，スペクトル解析（周波数解析）が有効である。主に，高速フーリエ変換法（FFT）が用いられており，その指標として，平均パワー周波数（MPF），平均周波数（MNF），メジアン周波数（MDF）等を算出する方法が用いられている。

また，各筋の放電量（活動量）を求める方法として，2乗平均平方根（実効値：RMS），整流平滑化（ARV），積分筋電図（$IEMG$）が用いられている。$IEMG$は，ある一定時間（t）における筋電図（EMG）の生波形を絶対値に変換（全波整流）し，その面積を求めることにより，筋活動の総量を算出する方法である。この場合，単位は電圧×時間（mV・s）となる[1-3]。

$IEMG$の算出式は，次式に示すとおりである。

$$IEMG = \int_0^t |EMG(t)| dt$$

一般に，活動筋への負荷が大きいほどEMGの振幅が大きくなり，したがって，$IEMG$の値も大きくなる。図3.62は，歩行速度を上昇させたときの活動筋における表面筋電図（EMG）の変化を示している。衣服等から受ける局所圧が活動筋に及ぼす影響をみるためには，一定条件下における積分筋電図（$IEMG$）を算出する方法が有用である。

(3) 活動筋の支援・負荷を目的とした弾性衣料の開発

加齢に伴う筋力低下をきたした高齢者の膝関節動作を支援することのできるタイツや，逆に運動効率を上げるために筋負荷を大きくしたタイツなどが開発されつつある。テーピング機能をもったタイツの開発例を以下に示す。

図3.63には，試作タイツに伸縮性テープを用いてテーピングを行った場合での，歩行時にお

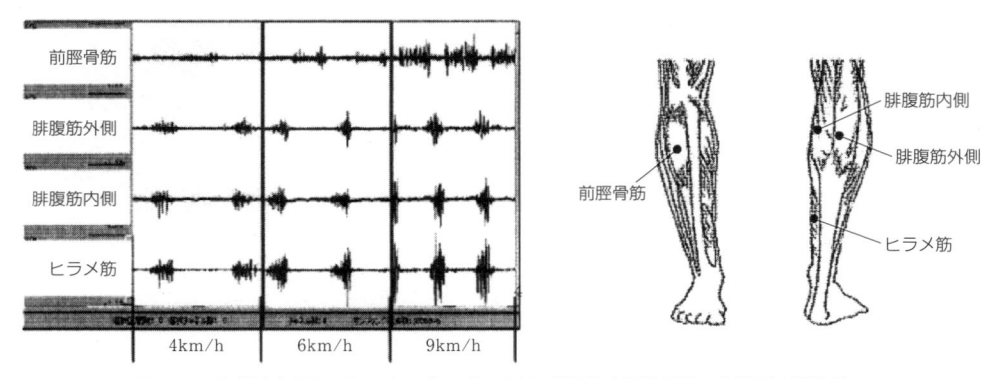

図3.62 歩行速度（4km/h，6km/h，9km/h）における表面筋電図の生波形と測定筋

歩行速度が上昇するにつれて，各活動筋の表面筋電図（EMG）の振幅が大きくなり，一歩に要する時間も短くなっていることがわかる。

（出典：野阪美貴子ほか，Journal of Textile Engineering, vol.52, 2006, pp.205-210）

ける積分筋電図（$IEMG$）の変化率（$\Delta IEMG$）を示している。テーピングを行うことによって活動筋への負担が小さくできることがわかる。椅子から「立つ」「座る」動作，跳躍運動を行った場合においても同様の効果が確認されている。

また逆に，局所圧やテーピング等による関節可動域の制御を利用して，運動時に活動筋に負荷をかけることにより，トレーニング効果やエネルギー消費量の促進効果を追求した衣料開発も行われている。図3.64に，運動時のエネルギー消費を促進させる目的で開発されたインナーパンツの効果の測定結果を示す。

このようなテーピング機能をもつ衣服の製品化は，スポーツテーピング用テープの粘着剤による皮膚障害等を避けるためにも有用と思われるが，着用目的や身体状況に留意して選択する必要がある。

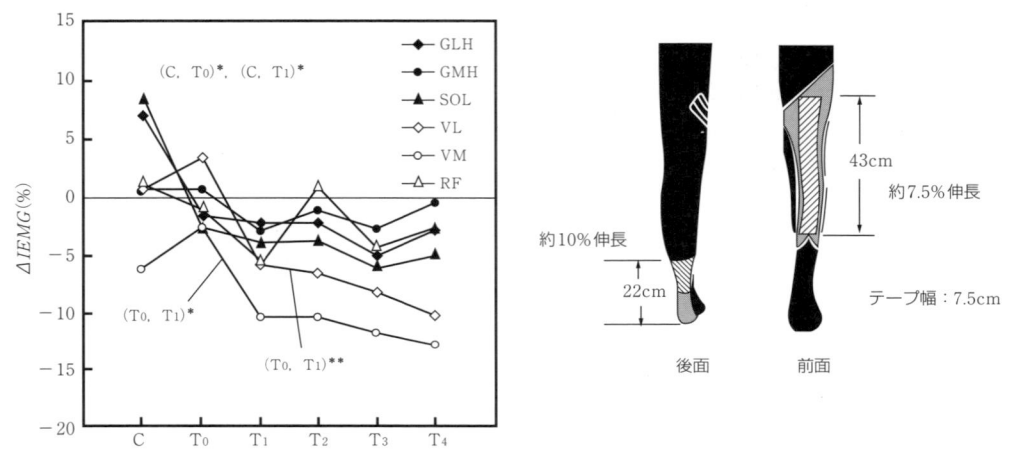

[GLH：腓腹筋外側，GMH：腓腹筋内側，SOL：ヒラメ筋，VL：外側広筋，VM：内側広筋，RF：大腿直筋．Cは素足の場合．$T_1, T_2, \cdots T_4$ などの添字は，テープの枚数を示す。]

図3.63　歩行運動における活動筋の積分筋電図の変化率（$\Delta IEMG$）

膝蓋骨中点を中心に，大腿部から下腿部にかけてストレートにテーピングを行う試作タイツに，伸縮性テープを1～2枚重ねた程度の張力が（図中のT_1，T_2），素足（C）や試作タイツのみ（T_0）の場合より筋の活動量が有意に減少した。
（出典：野阪美貴子ほか，SEN'I GAKKAISHI, vol.64, 2008, pp.205-211）

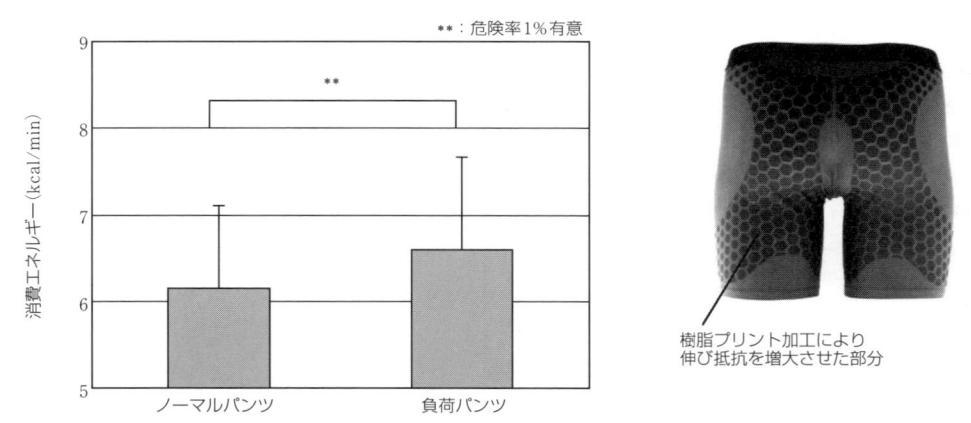

図3.64　伸長率分布が異なるパンツを着用して踏台昇降運動を行ったときの消費エネルギー比較

大臀筋からハムストリングスにかけて，伸縮素材の伸び抵抗を大きく設計したパンツを着用した場合，運動時におけるエネルギー消費量が，ノーマルパンツに比べて有意に増加した。効率的なエネルギー消費の促進効果が期待される。
（出典：中橋美貴子ほか，富山県工業技術センター研究報告，vol.25, 2011, p.95）

第4章

皮膚の清潔・肌触りと健康

4.1 基礎

4.1.1 皮膚の構造

身体表面を覆う臓器である皮膚は，生体と外界との境界面であり，体重の16～18%を占め，身体の保護，体温の恒常性維持，皮膚感覚のセンサ，排泄作用，ビタミンD_3の生成，栄養の貯蔵など，生理的に重要な機能を有する。図4.1にこれらの機能を果たす皮膚断面の構造を示す。

(1) 表皮

表皮の厚さは，手掌で0.9mm，足底で1.4mmと厚く，頸部，体幹部や上腕部では0.2～0.3mm程度である。表皮は，表面から角層，中間層（淡明層と顆粒層），胚芽層（有棘層と基底層）で構成され，中間層は皮膚の厚い部位，たとえば手掌や足底ではよく発達しているが，薄い部位では不明瞭である。さらに基底層の所々には，メラノサイト（メラニン色素を生成する細胞）が存在し，血管は存在しない[1]。

表皮のターンオーバーを図4.2に示す。ターンオーバーは，日焼けや炎症により速まり，老化や寒さにより遅れるといわれている。角質細胞の剥離量は1日6～12gで，この剥がれ落ちる角質細胞に汗や皮脂，さらに皮膚表面に付着した塵埃が混合し，垢となる。

(2) 真皮

真皮は，密性結合組織で非常に丈夫で弾力に富み，表皮や付属器に栄養を供給するとともに，外部からの侵襲に対してクッションとして働き，内臓を守る。真皮の厚さには部位差があり，瞼は1mm以下と薄く，背中は厚く5mm程度である。真皮は，乳頭層と網状層からなり[2]，約60～80%が水分で，それ以外の大部分はコラーゲン（膠原線維），エラスチン（弾力繊維）とヒアルロン酸などのムコ多糖類および線維芽細胞で構成される。真皮の構成成分の模式図を図4.3に示す。

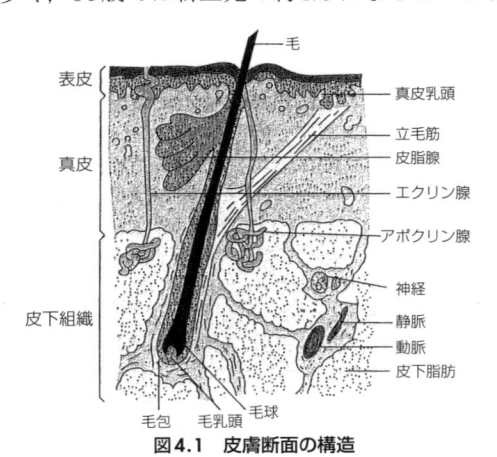

さらに真皮には，付属器官である毛包，汗腺，皮脂腺，血管，リンパ管や神経も存在する。真皮は表皮の働きを支えている大切な組織であると同時に，皮膚のはりや弾力性の源である。コラーゲンは線維状タンパク質で，加齢とともに細くなり，その量も減少する。ヒアルロン酸は幼児で多く，60歳では新生児の約1/3になるといわれ，これらのため真皮層は加齢により薄くなる[3]。

図4.1 皮膚断面の構造

皮膚は表皮，真皮，皮下組織の3層から構成され，表皮と真皮との境は明確だが，真皮と皮下組織の境は明確ではない。
(出典：荒木英爾編，解剖生理学，建帛社，2004，p.155)

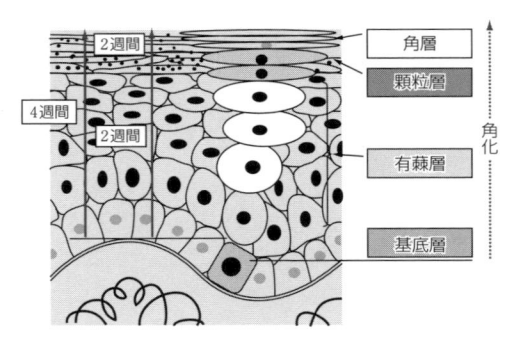

図4.2 表皮のターンオーバー

表皮組織は，基底層で発生した細胞が角質細胞になるまでに2週間，角質細胞になってから剥がれ落ちるまでに2週間を要し，合計4週間を1サイクルとして，絶えず発生と脱落を繰り返している。これを表皮の「ターンオーバー」と呼ぶ。

4.1 基礎

(3) 皮下組織

皮下組織は疎性結合組織で，身体の部位や栄養状態により差があるが，脂肪組織に富み，そのため「皮下脂肪」とも呼ばれる。皮下脂肪は，クッションや貯蓄エネルギー源としての役割を果たす。皮下脂肪の多い部位は，乳房，臀部や大腿などで，30mm程度と厚く，逆に少ない部位は，胸骨上や肘窩で2～3mmである。

このような機能をもつ皮膚の測定方法の一つに，皮膚弾力性の測定がある。吸引法の測定器キュートメーターを使用し，環境温度が皮膚弾力性に与える影響について，夏季・冬季で検討されている。図4.4に示すように，皮膚弾力性は，同一季節では環境温度が低いほうが部位差は明確である。また図4.5に示すように，児童と若年女性を比較すると，児童のほうが多くの測定点において皮膚弾力性は高く，加齢により弾力性は低下する。

(4) 汗

汗は汗腺から分泌され，汗腺にはエクリン汗腺，アポクリン汗腺の2種類があり，前者は体表全体に分布し，200～300万個/人ある。手掌，足底や顔面での分布密度が高く600～700個/cm^2，四肢や体幹では密度が低く，背部で64個/cm^2，前腕で108個/cm^2，前額で181個/cm^2である。ただし，汗腺密度と実際の発汗量は正比例せず，密度の少ない背部の発汗能は高い。

アポクリン汗腺は腋窩，乳輪などに存在し，個人差はあるが，脂質やタンパク質を含み臭気が強く，分泌は思春期以降に活発になり，加齢とともに低下する。

汗腺は分泌部と汗管からなり，エクリン汗腺は1本の管状器官で，分泌部は小さく，汗管は皮膚表面に，アポクリン汗腺は分泌部が大きく，汗管は毛包に開口している。

また，汗には温熱性発汗，精神性発汗，そして味覚性発汗の3種類があり，温熱性発汗は手掌と足底を除く全身に分布するエクリン汗腺から，安静時では1日約200～400mℓ分泌される[4]。

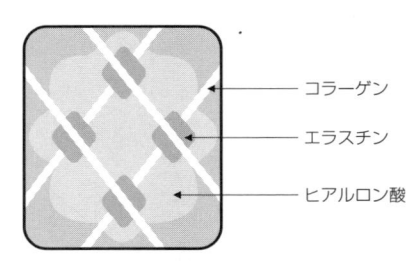

図4.3　真皮の構成成分の模式図

コラーゲン線維は網状構造をなし，それらをエラスチン線維が支え，その間をヒアルロン酸などゼリー状の物質が満たしている。

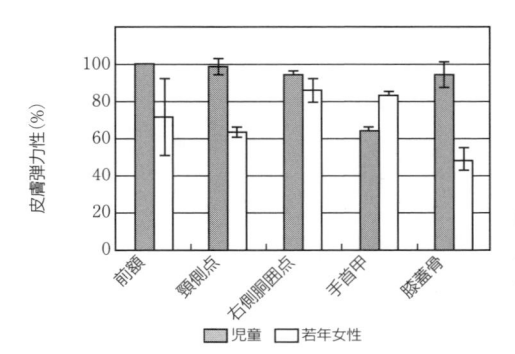

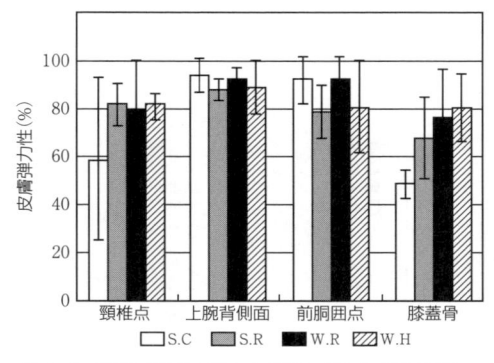

図4.4　環境温度が女性の皮膚弾力性に与える影響

21部位の皮膚弾力性比較のうち，4部位を示す。発汗せずかつ快適な夏の室内（S.R：28.0℃），冷房下（S.C：23.4℃），冬の室内（W.R：20.3℃），暖房下（W.H：27.7℃）の環境温度において，夏，冬とも弾力性が高い部位は，上腕背側面，大腿部である。両季とも同一季節での低温度のほうが高い弾力性を示した部位は，前胴囲点である。

図4.5　児童と女性の皮膚弾力性に与える影響

児童と若年女性の21部位の皮膚弾力性比較のうち，5部位を示す。児童の21部位の皮膚弾力性の平均：89％，標準偏差：8.85％であった。最高値は前額，手甲：100％，最低値は手首(甲側)：64％である。若年女性では平均：80％，標準偏差：12.2％であり，最高値は上腕：94％，最低値は膝蓋骨：49％である。

汗の成分は大部分が水分であり，固形成分は0.3〜1.5%である。固形成分の中では，塩化ナトリウムが最も多く，尿素，乳酸，硫化物，アンモニア，尿酸，アミノ酸などが含まれる。通常，汗は乳酸や尿酸を含むため弱酸性であるが，多量の汗が長く皮膚表面にとどまると弱アルカリ性になり，皮膚表面の細菌の繁殖を抑える働きが弱くなる。

(5) 皮脂

皮脂として，皮脂腺からトリグリセリド，遊離脂肪酸やスクアレン等が分泌される。皮脂腺は，皮脂を産生する脂腺細胞からなる脂腺小葉と脂腺導管からなり，多くは毛器官と一体となっている外分泌腺である。皮脂腺は，毛が存在する部位には毛器官に必ず付随しているため毛包上部外毛根鞘（毛包脂腺）に，眼瞼，口唇や乳輪などのように毛のない部位では，表皮や粘膜上皮（独立脂腺）に開口している[4]。毛包脂腺の部位別分布密度を**表**4.1，皮脂の分泌量変化を**図**4.6に示す。また，皮脂として分泌されたトリグリセリド，遊離脂肪酸は排出管付近で分解されるため，環境条件の変化に伴うスクアレンの分泌変化が，オスミウム酸法により検討されている。**図**4.7は若年女性8名の結果を示したものである。

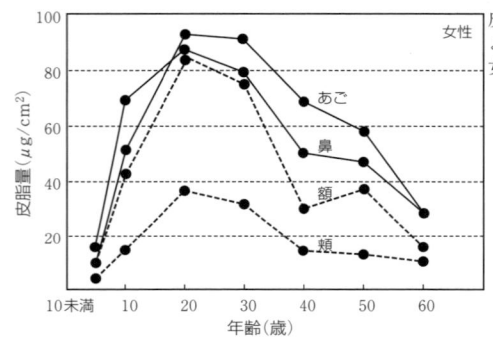

図4.6 年齢，部位による皮脂の分泌量の変化

皮脂の分泌量は年齢，部位により異なり，分泌量は男性ホルモンにより亢進されるため，思春期以後は男性のほうが多い傾向にあり，女性では閉経期以後著しく減少する。

表4.1 毛包脂腺の部位別分布密度

部　位	脂腺の数（個/cm²）
頭	800
前額	400
背	160
四肢	50
手背・足背	数個
手掌・足底	0

毛包脂腺の分布には部位差があり，頭や体幹での分布密度が高く，四肢では低い。

（出典：宮地良樹編，にきび最前線，メディカルレビュー社，2006，pp.20-23）

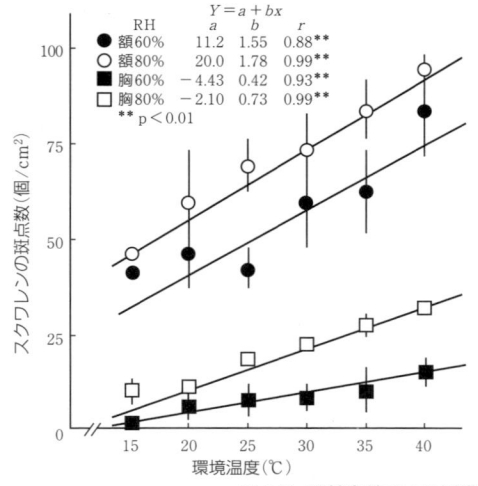

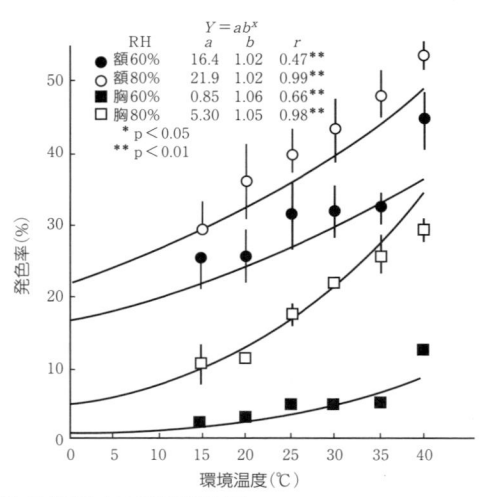

図4.7 環境条件による活動脂腺数とスクワレンの発色率の変化

スクワレンの斑点数は脂腺数を表し，胸より前額のほうが多く，両者とも環境温度の上昇に伴い直線的に増加している。また単位面積当たりの発色率は，スクワレンの分泌量を表し，斑点数同様，胸より前額のほうが多く，高温多湿ほど分泌量は増加している。

（出典：高野倉睦子ほか，日本家政学会誌，vol.4，no.2，1989，p.127-130）

4.1.2 皮膚上の細菌とトラブル

皮膚には，皮膚常在菌がいる。この皮膚常在菌が，外界からの病原菌の侵入を防ぎ，健康な皮膚を維持している。皮膚の汚れには，身体からの汗，皮脂，垢などの分泌物と，外環境からの粉塵や泥，砂，汚水などによって直接皮膚が汚染される汚れ，微生物汚れなどがある。これらの汚れは，皮膚のトラブルの原因となることがある。

(1) 皮膚常在菌

皮膚常在菌は，皮膚全体で1兆個もいる。常在菌の数は，人によって，また同じ人でも，時によってその種類と数が異なる。その変化が，肌の調子を左右する。この常在菌の多くは，普段は身体に無害な非病原菌である。

代表的なものに，表皮ブドウ球菌，アクネ菌，真菌類(カビ，酵母)などがある。これらの表皮ブドウ球菌，アクネ菌，真菌類は，皮膚の脂質を栄養源として微生物叢(ミクロフローラ)を形成しており，図4.8に示すように，皮脂膜の機能である保湿や，皮膚表面を弱酸性に保つことによって，他の病原菌から身体を守るバリア機能も果たしている。

(2) 皮膚細菌叢と皮膚トラブル

普段は無害な菌が，何かをきっかけに大増殖すると，皮膚トラブルが生じる。アクネ菌を例に挙げると，普段は無害であるが，ストレスなどの何らかの理由で皮脂が多く出過ぎると，アクネ菌のもつリパーゼが皮脂を分解して，遊離脂肪酸を多量に産生し，皮膚を刺激し，毛穴をふさぐことがある。毛穴がふさがってしまうと，皮膚の毛包部でアクネ菌が増殖し，ニキビとなり炎症を起こす。アクネ菌は皮膚の毛穴に多く，額や鼻などのエリアに最も多く存在する。額にニキビが生じやすいのは，皮脂腺が多いためである。また，真菌類が増殖すると，水虫やカンジダ症などの皮膚病を起こすことがある。

アクネ菌のほかに，皮膚トラブルを招く代表的な菌として，黄色ブドウ球菌が挙げられる。この菌は，環境の中にも多く存在しており，スリッパ，リモコン，電車のつり革など，不特定多数の人が触れる機会の多い場所に多く存在する。また身体にも常在していることが多く，比較的多く検出される部位は，頭皮，鼻腔，腋，足の裏などであるが，手指や顔面，ピアスの穴などからも検出されることがある。

黄色ブドウ球菌は，「化膿菌」ともいわれる菌であり，血漿を凝固させるほか，溶血毒，白血球殺滅毒，腸管毒，皮膚離脱毒，毒素性ショック症候群毒素を産生する。人への疾病は，毛嚢炎，とびひ，中耳炎，食中毒，熱傷性皮膚症候群，MRSA(メチシリン耐性黄色ブドウ球菌)感染症などである。

(3) 臭気の発生と消臭・防臭加工
1) 臭気の発生

臭気の発生は，身体からの分泌物がにおうのではなく，これらの分泌物が細菌等により代謝分解され

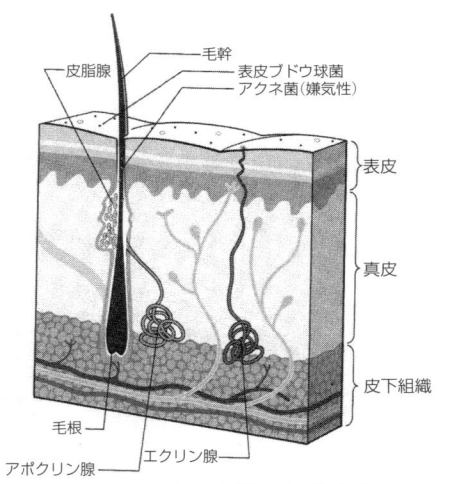

図4.8 皮膚の構造と皮膚常在菌

(出典：青木皐，人体常在菌のはなし─美人は菌でつくられる，集英社親書，図版制作・飯山和哉，2004，p.91)

た代謝産物が臭いを発する。

汗は，成分のほとんどが水であるため，最初は無臭である。身体からの分泌物が，細菌により代謝分解されアンモニア臭を発生するとともに，弱アルカリ性に変化する。

皮脂は，衣服に付着すると，皮脂の中にある不飽和脂肪酸が空気中の酸素によって徐々に酸化し，不快な臭いを発するとともに，黄変して衣服の黄ばみの原因となる。

また，皮脂は年齢や性別によって成分が異なる。中高年になると，パルミトオレイン酸などの脂肪酸が増加し，さらに皮脂中の過酸化脂肪質量が増え，酸化が進みやすくなる。皮脂に含まれる成分が，酸化分解によってノネナールを生成すると加齢臭を発生する。

2）防臭加工

防臭加工とは，臭い物質の生成を防ぐ加工である。方法としては，臭い物質を生成する菌の増殖を抑制する。防臭加工には，抗菌防臭加工と制菌加工（一般用途，特定用途）がある。用途よって加工方法が表4.2のように分けられる。（社）繊維評価技術協議会の認証基準をパスした繊維製品には，表4.3のSEKマークが付けられている。

さらに近年では，光触媒抗菌加工が加わり，酸化チタンなどの光触媒効果による活性酸素により有機物を分解し防臭するもので，そのしくみを図4.9に示す。この加工は，抗菌剤を使用しなくても，あるいは使用量を減らしても十分な防臭効果が得られるため，環境への負担を軽減できる。

表4.2 抗菌防臭加工と制菌加工

表示用語	抗菌防臭加工	制菌加工	
		一般用途	特定用途
目的	人体からの汗，脂，垢などを栄養源として繊維上で発育する菌の増殖を抑制し，細菌による臭気を防止する。	生活環境（リビング，ライフ），ケア環境（ヘルス，メディカル）向上のため，繊維上の菌の増殖を抑制する。	
付記用語（定義）	繊維上の菌の増殖を抑制し，防臭効果を示す。	繊維上の菌の増殖を抑制する。	
対象商品	繊維製品全般	一般家庭で使用する繊維製品	医療機関やそれに準ずる施設で使用する繊維製品
対象菌	●黄色ブドウ球菌	●黄色ブドウ球菌 ●肺炎桿菌 ○緑膿菌 ○大腸菌	●黄色ブドウ球菌 ●肺炎桿菌 ○緑膿菌 ○大腸菌 ●MRSA
SEKマーク	青色（DIC86） （防臭効果を示す）	橙色（DIC156） （一般家庭での生活環境，ヘルスケア環境の向上）	赤色（DIC156） （医療機関などのメディカル環境の向上）

（出典：繊維製品新繊維評価協議会資料より）

表4.3 繊維評価技術協議会の認証マーク一覧表

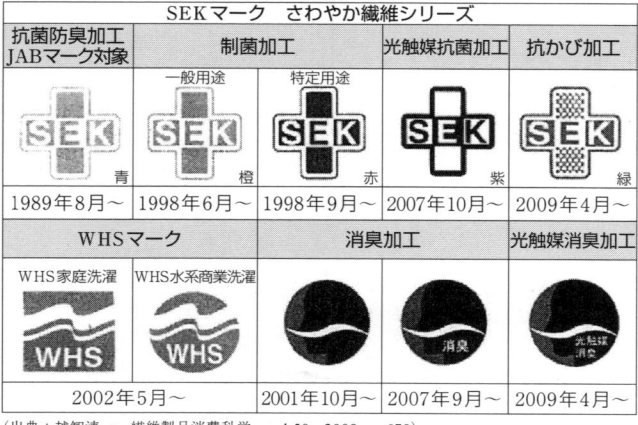

SEKマーク　さわやか繊維シリーズ				
抗菌防臭加工 JABマーク対象	制菌加工		光触媒抗菌加工	抗かび加工
	一般用途	特定用途		
SEK 青	SEK 橙	SEK 赤	SEK 紫	SEK 緑
1989年8月〜	1998年6月〜	1998年9月〜	2007年10月〜	2009年4月〜
WHSマーク		消臭加工		光触媒消臭加工
WHS家庭洗濯	WHS水系商業洗濯			
2002年5月〜		2001年10月〜	2007年9月〜	2009年4月〜

（出典：越智清一，繊維製品消費科学，vol.50，2009，p.679）

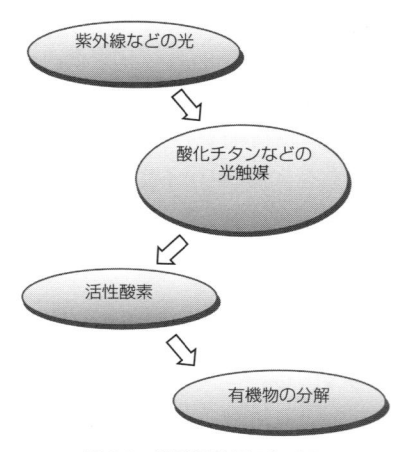

図4.9 光触媒効果のしくみ

紫外線などの光 ⇩ 酸化チタンなどの光触媒 ⇩ 活性酸素 ⇩ 有機物の分解

3) 消臭加工

消臭加工とは，種々の工程で生成された物質から放たれる不快な臭いを軽減させる加工のことである。臭い成分を吸着する，または臭い成分を臭わない物質に変化させる方法がとられる。物理的方法で臭い成分を活性炭などに吸着させる，化学的方法で臭い成分を吸着させる，化学的方法により臭い成分を臭わない物質に変換させるなどの方法がある。また芳香剤で，不快な臭いをマスキングする方法もある。

光触媒消臭加工とは，光触媒の働きを利用した消臭加工である。消臭効果と安全性が認められた消臭加工製品には，表4.3の消臭加工または光触媒消臭加工のマークが表示される。

消臭加工の評価方法には，図4.10に示す臭気成分の残存量を測定する一般的評価法と，衣服に吸着した臭い成分の再飛散を評価する制臭性能評価法がある。制臭性能評価法は，臭い成分によって汚染された区域から，清浄空気で構成された非汚染区域に移動したときの臭いの有無を評価する方法である。

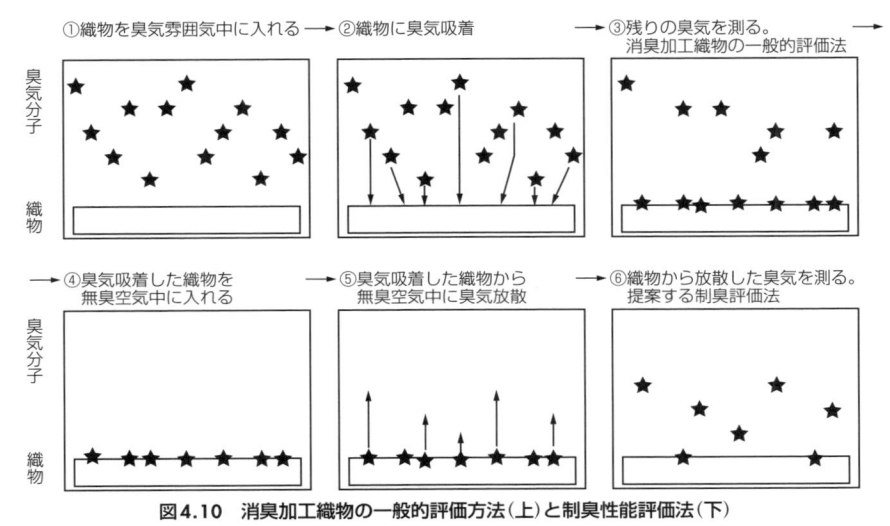

図4.10 消臭加工織物の一般的評価方法（上）と制臭性能評価法（下）
（出典：飯田喜久雄ほか，染色工業，vol.48，2000，p.326）

コラム4　　足の臭いは冬こそご用心!!

楽しいときに，大事なときに，靴を脱いだ瞬間，自分の足の臭いに辟易することがありませんか。靴の中が蒸れて細菌が繁殖し，汗や垢などの汚れを分解して悪臭が放出される。

汗をたくさんかく夏の季節は一番気をつけなくてはいけないが，冬は寒いので，外環境にあわせて厚い靴下やレッグウォーマー，ブーツなどを履いて防寒し，一方，バスや電車内，学校や職場では暖房が施されるので，靴内気候はむしろ暑く，湿度の高い環境となる。また，細菌にとって快適なこの環境を衣服や靴でしっかりガードするので，夏より悪臭もこもりやすい。

やってみよう。
- 吸湿・透湿性の良い素材の靴下，靴（天然皮革の靴）の選択
- 短時間，靴を脱ぐ
- 角質の手入れなど，足を清潔にする
- 足にフィットしたサイズの靴，できれば毎日別の靴をはき，時々陰干しをするなど

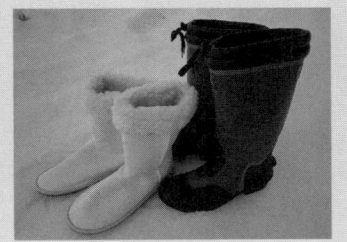

4.1.3 皮膚の乾燥とトラブル

(1) 皮膚の最外層：角層の構造について

皮膚の最も外側にある表皮を構成する4層（角層，顆粒層，有棘層，基底層）のうち，最外層に位置する角層（4.1.1，図4.1，図4.2参照）は，生体の外界環境に対する障壁（バリア）として機能しており，人の進化の過程で獲得したきわめて有効な対「乾燥」装置である。外界の乾燥した環境にかかわらず，角層にはそれ自体に水分を保って，皮膚の柔軟性や滑らかさを維持する役目をもっている。

角層は，図4.11に示すように，厚さ1μm程度，長径30〜40μm程度の扁平な角質細胞が約10〜20μmの厚さに重なって形成されている。層数は，部位によって大きく異なっており，顔では比較的薄く約10層程度であるが，手のひらや踵は最も厚い部位であり約50層にもなる。

角層内の細胞と細胞との間には，「角質細胞間脂質」と呼ばれる成分が存在しており，その様子はレンガ（角質細胞）とセメント（角質細胞間脂質）を積み上げた構造（ブロック－モルタルモデル）でたとえられる。角層の表面には，皮脂腺から分泌される皮脂によって皮脂膜が形成されている。

(2) 身体部位における皮膚の乾燥

角層の水分や脂分の低下により，皮膚は乾燥して粗糙となり，図4.12に示すように，時には細かな鱗屑を伴った肌荒れした状態となる。図4.13に，身体部位の水分と脂分の指標として，インピーダンスメーターによる電気伝導度から角層水分量と皮脂腺活性を示す。

角層水分量は，上腕部，下腿部，頬部の順に少ない。体幹部や四肢部などの身体部の水分量は，顔面部と比較して，冬季での減少が著しいことも特徴である。皮脂腺活性は，頬や背中で高く，腹部や臀部で低く，四肢部ではそれらの中間に位置している。

腹部や臀部は，皮下脂肪の沈着が多い部位であり，皮下脂肪の厚い部位は，内部温度の放出を防いでいるので，表面皮膚温度が低いために皮脂腺の活性が悪いことも指摘されており，皮下脂肪の蓄積は，皮膚の乾燥にも少なからず影響を及ぼしている。また，皮脂腺の分布密度は，前額部，頭部，頬部，背部の順に多く，下腿，上腕，手背部では少ない。水分量，皮脂腺の分布が少ないことが，四肢部の皮膚の乾燥が顕著である要因と考えられる。

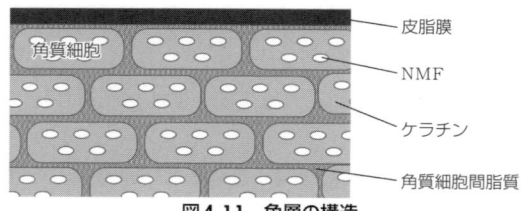

図4.11 角層の構造

角層は，扁平な角質細胞が重なって形成されている。角質細胞内には，分子量約4〜6万のタンパク質であるケラチンが線維を形成して充満しており，アミノ酸やイオン類からなるNMF（天然保湿因子）が存在している。また，角層内の細胞と細胞との間には，セラミドやコレステロール，脂肪酸などからなる角質細胞間脂質が存在し，角層の表面には，トリグリセリド，遊離脂肪酸，スクワレンなどからなる皮脂膜が形成されている。

図4.12 皮膚表面状態（マイクロスコープによる拡大画像（×50）と角質細胞の電顕画像（×1000）

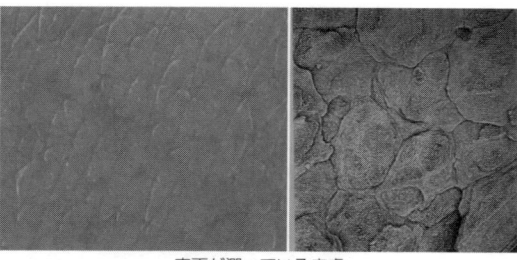

表面が潤っている皮膚　　　乾燥した皮膚（荒れ肌）

（3）角層の保湿機能

　角層の最下層は，生細胞（顆粒細胞）と接しているために豊富な水分がある。顆粒細胞の水分含有量は約40～70％であるが，角層の下層で約30％，さらに，皮表に近くなると約10～15％に減少する。皮膚が乾燥するとは，図4.14(a)に示すように，角層内に水分を留めることができない場合，あるいは図4.14(b)に示すように，下からの水分供給が十分でない場合に，角層最表層に水分が不足している状態とされている。

　水分供給不足は，加齢による角層の堆積や肥厚や汗腺活性の低下などの主に内的要因による影響が大きい。それに対して，水分保持力不足は，冬季やエアコンなどの低温低湿度や，化粧品等に含まれる活性剤，石けんや洗顔料等に含まれる洗浄成分などの外的要因による影響が大きい。

　このようなわれわれの生活を取り巻く外的内的環境に角層の保湿機能が左右され，皮膚の表面状態が変化する。角層の保湿機能に関与するものとして，主に皮脂膜，NMF（天然保湿因子），角質細胞間脂質の3つが寄与するとされている。

1) 皮脂膜

　皮脂腺から分泌される皮脂によって形成される皮脂膜は，角層の乾燥を防ぎ，角層に水分を貯留する。皮脂腺から分泌される皮脂の組成は，大部分がトリグリセリド，ワックスエステル，スクワレンである。毛穴を通って皮膚表面に排出される過程で，トリグリセリドやワックスエステルの一部が，皮膚常在菌などに由来する酵素によって加水分解されて，遊離脂肪酸となり，皮膚表面に存在する。

　皮脂が皮膚表面に分泌され，皮脂膜となって皮膚表面を覆い閉塞することで，角層からの水分蒸散を抑えて角層の乾燥が防がれ，角層内の水分保持に寄与している。ただし，量的には非常に少ないこともあり，後述するNMFや角層細胞間脂質と比較して，角層の水分保持における皮脂の寄与は小さいとされている。

2) NMF（天然保湿因子）

　NMFは，Natural Moisturizing Factor（天然保湿因子）の略で，角層内に存在する吸湿性の高いアミノ酸を主成分とする低分子物質で，これ自身が水を保持するとされている。角層の10wt％を占め，アミノ酸やピロリドンカルボン酸（PCA），汗の成分である乳酸や尿素，ミネラル塩類などからなる。入浴後に皮膚がなんとなく乾燥した感じがするのは，洗浄行為や湯船に皮膚を浸漬することによって，水溶性であるこれらのNMFが容易に流出し，その結果，角層の保湿性が大

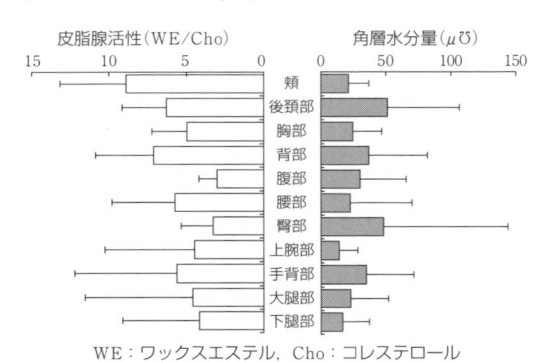

図4.13　身体部位の皮脂腺活性と角層水分量

WE：ワックスエステル，Cho：コレステロール

角層水分量は，四肢部および顔面部で少なく，皮脂腺活性は，腹部，臀部などの皮下脂肪の厚い体幹部で低い。
（出典：村上泉子ほか，日本香粧品学会誌，vol.18, no.2, 1994, p.63, p.65より作成）

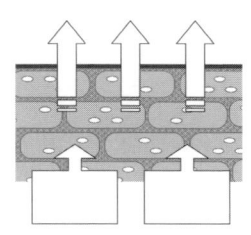

(a) 水分保持不足による乾燥：バリア機能が環境や加齢などの影響により低下し，角層に水分を留めることができない状態。

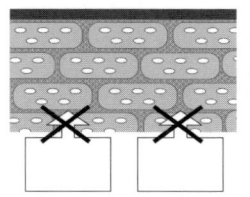

(b) 水分供給不足による乾燥：汗腺活性の低下，角層の堆積や肥厚などにより，角層表層へ水分の供給が不十分な状態。

図4.14　乾燥時の角層内における水分挙動

きく低下するためである。

顔や手のひらなどの角層水分量が少ない部位では、遊離アミノ酸量が少ないことや、NMFが少ないことによる皮膚炎をはじめ、さまざまな疾患でみられる角層の鱗屑は、湿度の高い環境においてもあまり水を吸わないことが報告されている。また、加齢によって発生する老人性乾皮症などにおいても、その病変の程度に比例してNMFは減少するとされており、これらのことから、角層保湿におけるNMFは重要な役目を果たしていると考えられる。

2) 角質細胞間脂質

角質細胞間脂質は、角層細胞間に広がる脂質層で、生体内からの水分の蒸散を抑えるとともに、角質細胞内からのNMFの流出を防ぐ、いわゆる「バリア機能」と呼ばれる角層機能に重要な働きをしている。角質細胞間脂質の組成は、セラミド、コレステロール、コレステロールエステル、脂肪酸などである。これらの脂質は、いずれも表皮角化細胞の分化に伴って生合成される。

また、これらがバリア機能を発揮するためには、細胞間で親水性（極性）残基を同じ方向に向けた結晶構造をとり、さらに層状に繰り返されるラメラ構造を構築すること、また脂質成分の構成比が重要で、比率の偏りはラメラ構造の性状変化となり、バリア機能の低下の原因と考えられている。

角層中のセラミド、脂肪酸、コレステロールは、夏季に比べて冬季に少ないこと、高齢になるほど角層中のセラミド量が少ないことが報告されており、冬季における乾燥や加齢による乾燥の原因の一つに、角質細胞間脂質の影響が考えられる。また、アトピー性皮膚炎患者の角層中のセラミド量は、健常人と比較して少ないことも報告されており、角層のバリア機能に非常に重要である。

(4) 表皮のバリア機能

皮膚のバリア機能は、最も外側に存在する角層が担っているとされていたが、角層の下に存在する顆粒層の細胞と細胞の隙間をシールしているタイトジャンクション（TJ）によるバリアが、哺乳類に存在していることが2002年に報告された。

このTJの働きにより、水やイオン、可溶性タンパクなどの移動を妨げることで、TJバリアの内側と外側とで異なる細胞外環境を構築していると考えられている。これまで皮膚の保湿に重要であるとされてきた角層のバリア機能だけでなく、この新しいTJのバリアシステムの皮膚の保湿機能への関与についても明らかにされていくであろう。

(5) かゆみ

冬季の低温低湿度によって皮膚の乾燥が顕著な場合に、かゆみが発生する場合がある。かゆみを伝える神経は、脊髄から皮膚まで伸びている「C線維」と呼ばれる最も細い神経線維である。

乾燥皮膚では、表皮の水分保持機能や角層バリア機能が低下しており、このC線維が表皮内に侵入して角層近くまで達しているため、かゆみの知覚閾値が下がり、通常ではかゆみを起こさない弱い刺激、例えば、わずかな温度上昇などによりかゆみを生じやすくなる。アトピー性皮膚炎の場合や、高齢者の体幹部のかゆみの知覚も、同様であると考えられている。

また、皮膚は着用衣服と接している。皮膚と衣服は完全に接触しているわけではなく、それらの間に部分的に隙間が存在するため、身体動作時の動きに差が生ずる。そのため摩擦が発生し、この摩擦もまたかゆみを引き起こす一因とされている。

4.2 汚れの付着と衣服機能の低下

4.2.1 肌着

　肌着は下着の一種で，人体に接して着用する衣服である。皮膚に接触しているため，人体から分泌される不感蒸散，発汗，皮脂，表皮の剥離などの生理的代謝に対応してこれらを吸収し，皮膚表面の清浄さを補助することや人体の動作に適応して抵抗なく動作ができることが要求される。

　夏には吸湿性，吸汗性，通気性，冬には保温性といった性能を備えた実用性の高い肌着が，最新の繊維技術とともに開発されてきている。従来に比べ，機能面を重視しながらも，トレンドやファッション性を取り入れた個性豊かな肌着を選ぶこともできる。肌着には，肌触り，伸縮性，耐洗たく性等に優れていることが求められる。

(1) 汚れの発生源

　付着する汚れの種類や量は，着用者の年齢・性別，生活に関する環境や季節，衣服の部位によって異なる。また，汚れの付着状態は，繊維の種類，形態，物性，糸の撚り，密度，布の厚さ，組織など多くの因子の影響を受けている。肌着は通常，外部にさらされることなく皮膚と接していることから，肌着の汚れの発生源としては，人体由来の皮膚の汚れを主として捉えることができる。皮膚の汚れも，表4.4に示すように部位によって異なり，頭皮，顔，頸部，腋窩などは，汗や皮脂の分泌量が多い。また，生活環境由来の汚れも混在している。

(2) 汚れの種類

　肌着の汚れ成分を表4.5に示す。塩化ナトリウム，尿素は，汗中に水分以外の成分としても含まれている。タンパク質としては，老化した皮膚鱗片が考えられる。油脂には，脂肪酸，グリセリドなどが含まれている。肌シャツからの成人皮脂の成分組成を表4.6に示す。人体由来の汚れおよび生活環境由来の汚れは，その性状に基づいて，次のように大別される。

表4.4　部位による皮膚の汚れ

部　位	汚　れ
頭皮	皮脂や汗の分泌量が多い 細菌が増殖しやすい 毛髪にほこりが付きやすい 整髪料が付着 ふけ
顔	汗や皮脂の分泌量が多い ほこりが付きやすい 化粧品を使用
耳孔	耳垢
目の周囲	涙の分泌，目薬
口唇	口紅
頸部，腋窩，胸骨部，臍窩，鼠径部	汗あるいは皮脂の分泌量が多い 衣服の汚れが皮膚につきやすい 細菌や真菌が増殖しやすい
陰部，肛門周囲	尿や便で汚染 細菌や真菌
手足	土やほこり 接触物による汚れ

(出典：日本美容皮膚科学会，美容皮膚科学，南山堂，2009, p.94)

表4.5　肌着の汚れ成分

成　分	比率(％)
塩化ナトリウム	15～20
尿素	5～7
タンパク質(皮膚鱗片)	20～25
炭水化物(デンプン，繊維くず)	20
油脂(脂肪酸，グリセリド炭化水素，蝋等)	5～10
塵埃(煤煙，無機酸化物等)	20～30

(出典：日本油化学協会洗浄部会，洗浄に関するシンポジウム "汚れの解析" 20回記念論文集，1988, p.40)

表4.6　肌シャツからの成人皮脂の成分組成

脂質の種類	(％)
トリグリセリド	30～50
遊離脂肪酸	15～30
ワックスエステル	12～16
スクワレン	10～12
モノ，ジグリセリド	5～10
コレステロール	1～3
コレステロールエステル	1～3
炭化水素	1～3

(出典：皆川基ほか，洗剤・洗浄百科事典，朝倉書店，2007, p.278)

① **水溶性汚れ**：水に溶解する。汗，尿の成分（塩化ナトリウム，尿素など），食品成分（デンプン，砂糖，果汁類），血液などである。汗は付着直後ならば，水か温湯で容易に取れるが，古くなると同時に付着している皮脂や垢などが酸化され，非常に取れにくくなる。天然繊維および再生繊維は親水性であるために，水溶性汚れを付着しやすく，合成繊維は付着しにくい。

② **油溶性汚れ**：水に不溶性で，ドライクリーニングのような溶剤には溶解する。主として皮脂や塵埃中の油脂成分，あるいは機械油，化粧品，食品油脂などである。繊維の親油性との関係が大きく，合成繊維は天然繊維および再生繊維よりも油溶性汚れを付着しやすい。

③ **固体粒子汚れ**：水にも溶剤にも不溶性である。親水性および疎水性粒子に大別され，粘土，土砂，鉄粉，煤煙，繊維くずなどが含まれる。

④ **特殊汚れ**：特殊汚れには，細菌，カビなどの微生物，農薬，ダイオキシンなどの有害大気汚染物質および放射性物質などがある。微生物汚れの特徴は，布上で増殖あるいは死滅し，汚れが経時変化することである。微生物の栄養源であるタンパク質，脂質など，他の汚れや環境の温湿度条件の影響を受ける。

（3）性能の変化

衣服に汚れが付着すると，外観を損なうばかりでなく，性能が低下してしまい，悪影響を及ぼす。要求される性能と汚れ付着による性能の変化を表4.7に，衣服素材の汚染による性能変化を図4.15に示す。

表4.7　要求される性能と汚れ付着による性能の変化

性能	吸湿性	気相水分を吸収する性質をいう。大気中や人体からの水蒸気を吸収する。
	吸水性	液相水分を吸収する性質をいう。汗や洗たく水や雨水などを吸収する。
	透湿性	繊維間隙の通過，および繊維内への吸湿を経て，外部へ放湿される。
	保温性	熱の放散を防ぐ性質である。熱の放散は高温側から低温側へ移動する。
	通気性	気孔を通して空気が通過する性質である。
主な性能の変化	吸湿性の低下	素材内の空隙が汚れでふさがれ，水蒸気の吸収が低下する。
	吸水性の低下	素材内の空隙が汚れでふさがれ，水分の吸収が低下する。
	通気性の低下	素材内の空隙が汚れや汗でふさがれ，通気性が低下する。
	保温性の低下	素材内の空隙が汚れや汗でふさがれ，含気率が低下し，保温性も低下する。
	その他　黄ばみの発生	皮脂などの空気酸化により，着色化する。
	臭いの発生	皮脂，タンパク質の微生物分解，空気酸化により臭い成分（低級脂肪酸，含窒素化合物等）が発生する。
	衣料害虫の害	食品等の汚れの残留により，食害されやすくなる。
	微生物の繁殖	細菌やカビが増殖する。

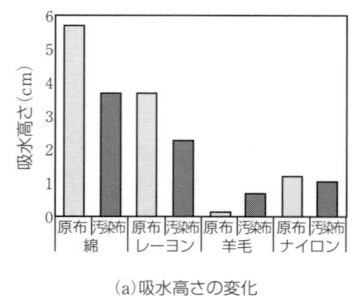

(a) 吸水高さの変化

汚染に伴い，木綿とレーヨンは減少するが，羊毛は逆に増加する。

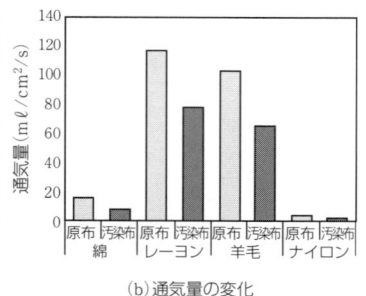

(b) 通気量の変化

どの素材においても減少する。

(c) 含気率の変化

布の空隙がふさがれて，含気量が低下し，保温性に影響する。

図4.15　衣服素材の汚染による性能変化

（出典：中橋美智子，家政学雑誌，vol.18, no.1, 1967, pp.24-28 より作成）

(4) 肌着の動向

綿製品は，吸湿性，保温性，耐熱性，耐アルカリ性などに優れている上，肌触りが良く，皮膚への刺激も少ないため，従来から肌着には綿100％が用いられてきた。また，伸縮性を考慮し，織物よりもメリヤス製品が好まれてきた。最近では保温効果のために，綿のほかに，レーヨンを湿気を吸収し発熱するしくみとして使ったり，アクリルを微細な繊維による保温性増加や暖かい肌触りのために使ったり，ポリウレタンを伸縮性のために使用して，薄くて暖かい肌着が出回ってきている。静電気の発生を抑えた製品や柔軟加工を施した製品もある。

従来に比べると男性用，女性用肌着ともに，色，形態においてバリエーションが非常に豊富になっており，さらに軽さやファッション性が強調されるものも多くなってきている。

(5) 洗たくの豆知識

肌着の汚れは，洗たくによってつねに除去し，清潔で乾燥したものを着用するよう心掛けねばならない。

〔ポイント〕	体から出た汗や皮脂などを早くしっかり落として，汚れを残留させない。 汚れは，長くおくほど落ちにくくなるため，こまめに洗う。 湿ったままだと，変色やカビの原因にもなるので要注意。
〔洗たく前のチェック〕	素材別，色別に分ける（濃色のものは色落ちすることがある）。 取扱い絵表示の確認 "ネット使用"の表示のあるもの，毛羽のあるものやレースなどの装飾があるものは，洗たくネットを使用する。
〔取扱い絵表示の例〕	洗たく機で水洗いできる。数字は上限の水温（40℃）を表し，「ネット使用」の文字は，洗濯ネットに入れて洗うことを示す。　　手洗いを示す。数字は上限の水温（30℃）を表す。「中性」の文字は，中性洗剤を使用することを示す。洗たく機の手洗いコースなどでも洗える。 日陰のつり干しがよい。　　塩素系漂白剤による漂白はできない。

〔洗たく方法〕

洗剤	綿，麻，合成繊維のものは，弱アルカリ性の洗剤を使用。 絵表示で「中性」と指定されているものや，シルクやウール素材は中性洗剤を使用。
柔軟剤	柔軟剤は，生地を柔らかく仕上げたり，静電気の発生を防いだり，ピリング（毛玉）の発生を防ぐ目的で使われ，使用することで肌触りは良くなり，肌着の洗たくに用いられることが多い。肌着など肌に触れる衣料は柔らかくし，滑りを良くして，肌との摩擦を少なくすることが大切。
漂白剤	塩素系の漂白剤は，生地を傷めたり，変色や黄変，ポリウレタンの脆化を促進するので，使用には注意を要する。
洗たく	洗たく機で洗う場合は，弱水流仕様で洗たくネットに入れて洗う場合が多い。 手洗いマークの場合は，手洗いコースや手でやさしく洗う。
乾燥	アクリルやナイロン，ポリエステルなどの合成繊維が使用されているものは，熱に弱いため，タンブラー式（回転式）衣類乾燥機は避ける。
干し方	ナイロンやポリウレタンが使われている肌着は，日光で傷むため，陰干しする。 レースや刺しゅう部分は指で伸ばして整え，ハンガーにかけて干す。

4.2.2 おむつ

(1) おむつの種類

おむつは尿や便などの排泄物を吸収・捕捉するものであり，使用者は乳幼児・幼児のほか，排尿・排便を制御できなかったり，ひとりでトイレに行くことが困難であったりする患者や要介護者や高齢者である。おむつは尿や便の保持力が第一目的であるが，肌に直接触れるための肌触り，吸収した汗や排泄物によるむれやかぶれの軽減，動きによるずれの減少，さらに扱いやすさ，経済性，廃棄物としての処理方法の容易さも要求される。表4.8に乳幼児の排泄量と回数を示す。

1) 布おむつと紙おむつ

布おむつは，「おむつ」と「おむつカバー」を併用して着用する。おむつは，綿や麻などの布を輪に縫ったもの，成形したもの（図4.16）があり，排泄物を洗い流して繰り返し使用することができる。布おむつは，製造過程でのりや油分が残り，吸収力が低いことが多いので，ぬるま湯のみで2回程度洗って使い始めるのがよい。紙おむつは，使い捨てを前提として，「おむつ」と「おむつカバー」が一体となったものが多い。紙おむつの構造と高吸水性能樹脂の組成例を図4.17，表4.9に示す。

2) おむつカバー

布おむつカバーの素材は，綿，ウール，ポリエステルが多い。テープ型おむつカバーは，装着しやすい外ベルトタイプ（図4.18），おむつがはみ出しにくい内ベルトタイプがあり，パンツ型おむつカバーは立ったままで履くことができる。図4.19はおとな用の紙おむつ例であるが，尿取りパッドを併用し，どちらも透湿性のよいものを使うことにより，おむつ内湿度を低下させ，雑菌

表4.8 乳幼児の排泄量と回数

月齢(カ月)		出生時	1	3	6	9	12	18	24
体重(kg)	男	3.2	4.4	6.5	8.0	8.9	9.5	10.6	11.8
	女	3.1	4.1	5.9	7.5	8.3	9.0	10.2	11.3
尿	1日の尿量(mℓ/日)	100〜200	250〜400		400〜500		500〜600		
	1回の尿量(mℓ/回)	5〜10	15〜30		25〜50		40〜75		
	1日の尿回数(回)	15〜20			10〜16		8〜12		
便	1日の便量(g/日)	母乳栄養児	20〜30		60〜100				
		人工栄養児	40〜60	60〜80					
	1日の便回数(回)	母乳栄養児	7〜10	3〜5	1〜2				
		人工栄養児		2〜3					

(出典：（社）日本衛生材料工業連合会，www.jhpia.or.jp)

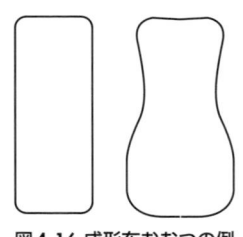

図4.16 成形布おむつの例
(左：小判型，右：だるま型)

紙おむつの構造例（断面図）
トップシート
吸収体
立体ギャザー
バックシート

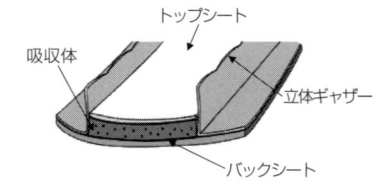

肌に直接触れるトップシートは，レーヨン，ポリエステル，ポリプロピレンなどの不織布を使い，肌触りを柔らかくし，立体ギャザー部分は，はっ水加工して横漏れを防いでいる。吸収体部分は，パルプや高吸水性樹脂を使って，吸収体の下層から尿がゼリー状に固まるようになっている。外側のバックシートは防水フィルムで構成されており，通気性と非通気性の2タイプがある。
(出典：カミ商事株式会社，www.ellemoi.co.jp)

図4.17 紙おむつの構造例

表4.9 紙おむつに使用される高吸水性能樹脂の組成例

分類	組成例
合成ポリマー系	ポリアクリル酸塩系，ポリスルホン酸塩系，無水マレイン酸塩系，ポリアクリルアミド系，ポリビニルアルコール系，ポリエチレンオキシド系
天然物由来系	ポリアスパラギン酸塩系，ポリグルタミン酸塩系，ポリアルギン酸塩系，デンプン系，セルロース系

(出典：加藤信二郎，高吸水性樹脂，三洋化成ニュース2010，No.458，pp.1-3)

の繁殖も抑えることができる[1]。パッドやライナーは，高吸水機能，マスキング機能，抗菌性を付与したり肌密着が低いものが多く，おむつの代用となったり，おむつと併用されたりしている。

おむつやライナーの使用後は，便をトイレに流し，水だけで予洗後，洗剤を入れて温湯で洗い，すすぎも十分にする。おむつカバーの洗たくは，ギャザーやポケット部分の汚れも取り除き，乾燥機を使う場合は低温乾燥のほうが収縮が少なく素材も傷みにくい。

（2）おむつ着装による皮膚の炎症

排尿するとおむつ内湿度は，図4.20のように著しく高くなるので，そのままにしておくと図4.21のようなメカニズムによって，おむつかぶれになりやすい。おむつかぶれを防ぐ視点は，おむつ内環境を高温多湿にしないことと，皮膚への刺激を少なくすることであり，スキンケアの具体的対策として，汚れを取るときはできる限りこすらない。洗浄は1日1回程度，排出物との接触を軽減する保護クリームや皮膚皮膜材，パッドとネットパンツの利用などがある。

おむつを短時間外したり装着期間を短くしたりすることは，おむつかぶれを避けるだけでなく，

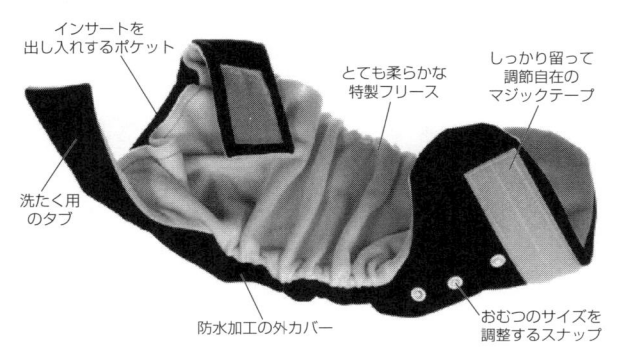

図4.18 外ベルトタイプのおむつカバー例
（出典：http://preciousbottom.com）

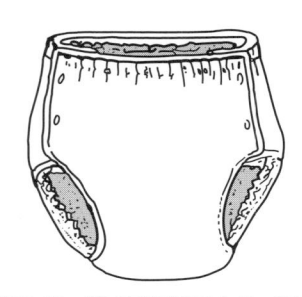

図4.19 パンツ型おむつカバーの例

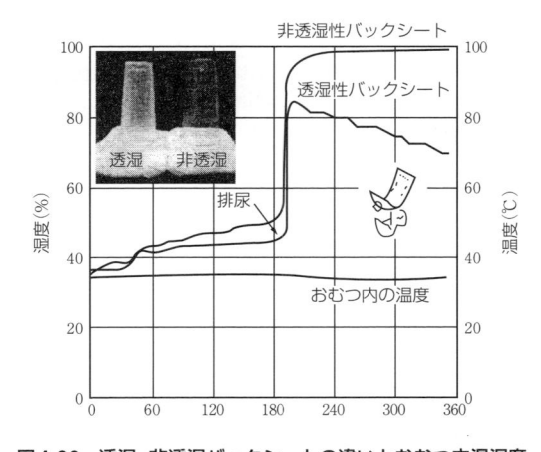

図4.20 透湿・非透湿バックシートの違いとおむつ内温湿度
テープ止め，尿取りパッドともに，全面透湿性であることが肌にとって最も望ましい。
（出典：岡崎静子，防菌防黴，vol.37, no.7, 2009, p.517）

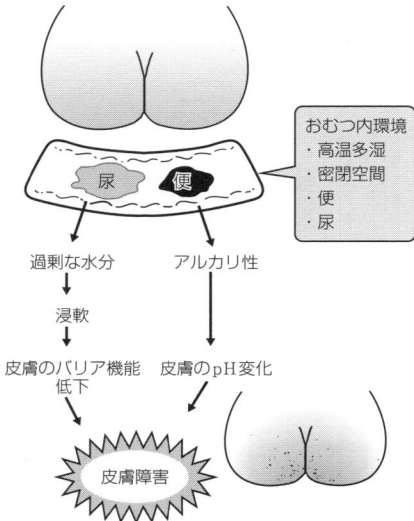

図4.21 おむつ内で起こる皮膚障害のメカニズム
発汗や排泄物で高温多湿なおむつの中で，皮膚は浸軟して表皮の結合が弱くなり，摩擦で損傷しやすくなる。尿や便はアルカリ性の刺激となり，皮膚pHを変化させる。このような状態で排泄物が繰り返し同じ部位に接触すると，痛みやかゆみを伴う紅斑や表皮剥離，びらん，潰瘍などの皮膚障害（おむつかぶれ）が生ずる。
（出典：矢吹亜希子ほか，月刊ナーシング，学研メディカル秀潤社，vol.30, no.2, 2010, p.21）

乳幼児や患者や要介護者の排泄自立・生活自立にも繋がる。

(3) おむつのデザイン

　乳幼児をもつ母親が，使用している紙おむつトップシートに求める総合風合いは「滑らかさ」である[2]。乳幼児の行動が活発になると，おむつに排泄物の重量がかかり，ずり落ちやすい。胴囲をゴムで締め付けるタイプは，腹部のゴム跡が大きく負担が大きいことから，腰骨で支えるパンツ型紙おむつが開発されている[3,4]。図4.22に示すように，高齢者では，パンツ型おむつは下着の着脱に比べて，立位の足入れや足抜き時に使用する筋力の増加，時間延長，ふらつきの増加が報告されており，着脱しやすいデザイン開発が望まれる。また，初めておむつを着用した高齢者男女の調査では，パンツ型おむつの「はき心地の良さ」として，シルエットのきれいさや動きやすさも求められている[5]。

(4) 使用済み紙おむつの処理について

1) 使用後の処理マナー

　家庭や施設の使用済み紙おむつは，一般廃棄物「可燃ごみ」として収集する自治体が多い。使用済み紙おむつ収集時の破裂・飛散を考慮すると，紙おむつについた排泄物は，トイレに流した後，紙おむつの臭いが移らないように新聞紙等に包んで出すなど，処理マナー向上が望まれる。

2) 使用済み紙おむつリサイクル

　日本の紙おむつ年間生産量は，乳幼児用パンツタイプ140億枚，大人用パンツタイプ11億枚に達し[6]，家庭，幼稚園や保育園や高齢者施設，医療機関で毎日使い捨てられている。施設等の使用済み紙おむつを固形再生燃料にする自治体がある。全国に先駆け福岡県大木町では，家庭からの使用済み紙おむつ分別回収リサイクル事業が2011年10月1日スタートした（図4.23）[7]。

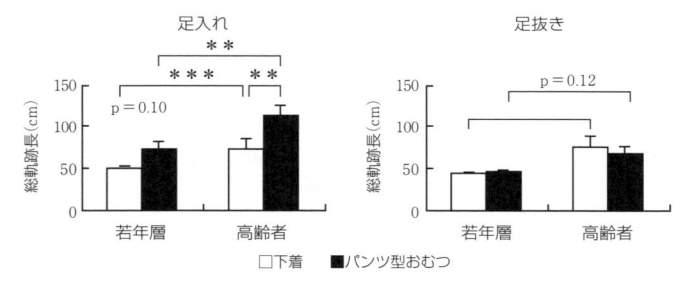

図4.22　下着およびパンツ型おむつの足入れ時および足抜き時の重心動揺の総軌跡長比較
（出典：須藤元喜ほか，日本生理人類学会誌，vol.13, no.3, 2008, pp.155-160）

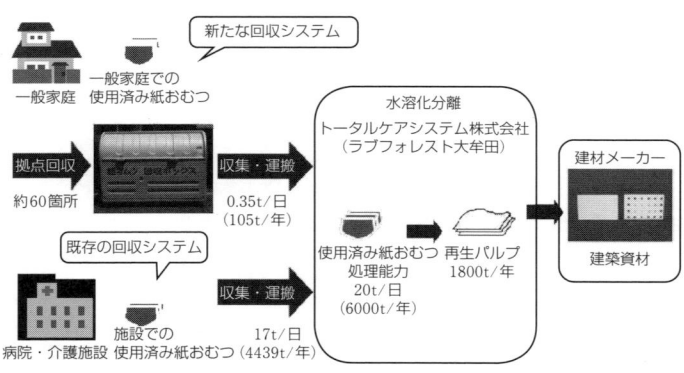

図4.23　福岡県大木町家庭からの紙おむつを回収・再生利用するシステムの概要
（出典：福岡県ホームページ，http://www.pref.fukuoka.lg.jp/）

　福岡県大木町では，家庭からの使用済み紙おむつ，パッド，お尻ふきウェットティッシュは，大便を取り除きトイレで処理して小さく丸めた後，指定袋に入れ袋の口をしっかり結んで，各行政区の回収ボックス（紙おむつメーカー5社が設置協力）に入れる。回収したおむつは，水溶化処理し，再生パルプとして耐火ボードなどの建築資材に再利用される。

4.3 心地よい触感

4.3.1 接触冷温感，風合い

衣服着用時の快適性の重要な要因として，布の肌触り（触感）の良さがある。布がもたらす触感には，大きく分けて機械的刺激によるもの（触覚，圧覚，振動覚），および温熱的刺激によるもの（温覚，冷覚）がある。心地よい触感をもつ衣服を設計するためには，布がもたらす触感を適切に評価する方法が不可欠であるが，本項では布に対する触感の評価法として広く用いられている，接触冷温感および風合いの客観的評価法について紹介する。

(1) 接触冷温感

布の接触冷温感とは，人間の皮膚が布に接触したときに感じる「冷たい」「温かい」という感覚をさす。布に対する冷温感は，機械的な刺激に基づく触感とならんで，衣服および布に対する触ったときの快適性の一要素として重要である。

接触冷温感の測定は，布の熱・水分移動測定装置を用いて行われている[1]。冷温感を測定する場合の測定システムの模式図を図4.24に示す。室温以上に加熱した金属板を布の表面に載せると（図(b)），熱は布を通して下の面へ流れ去る。このとき，熱（qで示す）が流れる様子を時間の経過とともに示したのが図4.25である。接触直後に熱流のピークがあり，その後ゆるやかに減少している。このピーク値は接触直後において，布が熱板のもつ熱を吸収する能力を表していると考えられる。このピーク値をq_{max}（初期熱流束最大値）と呼び，ある布のq_{max}の数値の大きさが，その布の接触冷温感の強さを表すと考えられている。

ここで熱板を皮膚に置きかえて考えると，熱板の熱が布に吸収される過程が，皮膚で布を触っ

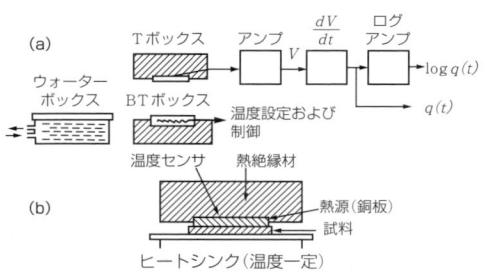

図4.24 接触冷温感測定システムの模式図
加熱した熱板を布に接触させ，その温度変化から布に向けて流れる熱流を測定する。
（出典：米田守宏ほか，日本繊維機械学会誌，vol.34, no.10, 1981, T199-208）

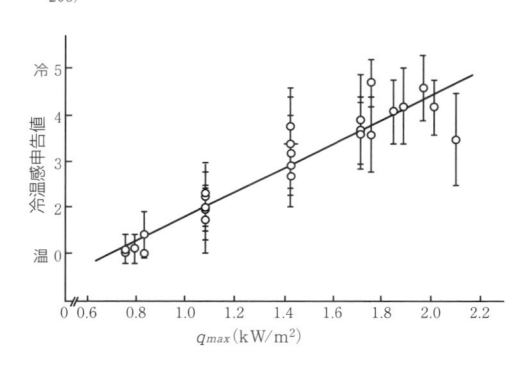

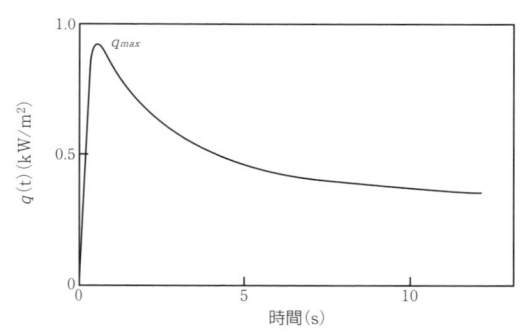

図4.25 熱流束曲線の測定例
初期のピーク値がq_{max}で，接触冷温感の客観的評価値である。
（出典：図4.24に同じ）

図4.26 接触冷温感に関する官能試験の一例
横軸が布のq_{max}測定値，縦軸が被験者による冷温感の評価値である。両者の相関がよいことがわかる。
（出典：今井順子ほか，繊維製品消費科学，vol.28, no.10, 1987, pp.414-422）

たときに熱が吸収される過程（その結果「冷たい」と感じる）に対応していることが想像される。数値計算および官能試験により，以上のような想像が確かめられている[1, 2]。

図4.26に官能試験の一例を示す[2]。各種の布のq_{max}値を測定しておき，それらの布を被験者に触ってもらい，冷たい，温かいを申告させる。図より，q_{max}の大小と冷温感申告値の相関がよいことがわかる。q_{max}は布が熱を伝える性質（熱伝導率），布と熱板の初期温度差，および布の表面粗さによって影響されることがわかっている。q_{max}を用いた接触冷温感の客観的評価法は，テキスタイル材料の性能評価に広く用いられている。また，インテリア用セラミック材料，自動車用内装材料等，人が手足あるいは皮膚によって触れる材料の開発に対して応用が拡がっている。

（2）布の風合い

布を手で触ったり，目で見たりすることによる布の性格や特徴の判断を「風合い（Hand）」という。衣服を購入する際に，手触りによって衣服や布の良し悪しを判定することは，一般のユーザーもたびたび経験しているはずである。

しかし，ここで「風合い」として取り上げるのは，紳士服縫製工場および織物工場において，布地の選択に関わっている熟練技能者が行う手触り判断のことである。熟練者は布の風合いを判定することにより，服地としての適合性を判定すると同時に，関連する衣服の機能の推定も行っている。

熟練者による判断は，主観的評価法に基づくものであり，人が判定を行うことに伴う欠点（ばらつき，あいまいさ）をもつ。このような欠点は，衣服の近代的な生産に際して障害となるため，風合いの客観的評価が求められるようになった。このような背景のもとで，布風合いの客観的評価に関する研究が進められた[3]。

布風合いの主観的評価法のプロセスを図4.27に示す。主観的評価法では，布を手で触り，布の力学的性質を検出し，その後，頭脳におけるデータ分析により，基本風合いおよび総合風合いを判定する。

ここで，基本風合いとは，布の性格を表す数値であり，図4.28に示すような手順にしたがって10段階で数値化される。基本風合いは，一定の用途に対していくつかの種類がある。一例として，紳士冬用スーツ地の基本風合いとその定義を表4.10に示す。総合風合いとは，布の品質

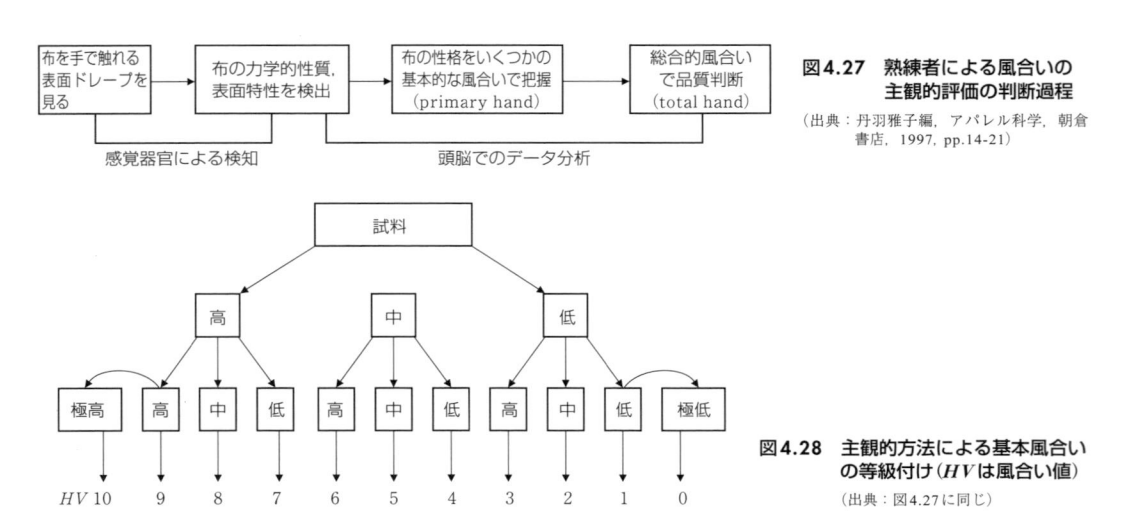

図4.27　熟練者による風合いの主観的評価の判断過程

（出典：丹羽雅子編，アパレル科学，朝倉書店，1997，pp.14-21）

図4.28　主観的方法による基本風合いの等級付け（HVは風合い値）

（出典：図4.27に同じ）

4.3 心地よい触感

を表す数値であり，図4.29に示すような手順にしたがって5段階で表示される。

このような風合いの主観的評価法が，客観的評価法に置き換えられた。そのプロセスを図4.30に示す。客観的評価法では，布の力学特性および表面特性を測定装置（KES-FBシステム）により測定し，そのデータを変換式Ⅰおよび変換式Ⅱに入力することにより，基本風合い値および総合風合い値を計算により求めることができる。布の基本的な力学特性および表面特性を表4.11に示す。

客観的評価法によれば，風合いの詳細な内容を数値で示すことができ，あわせて力学量との関連を明確に示すことができる。したがって，布の力学特性，表面特性といった物理量を制御することにより，風合いを設計／制御することが可能になった。そのため本方法は，高品質の布や，新しい風合いをもつ布の設計，開発に役立つ評価技術として広く用いられている。

例えば，今までにないような新しい風合いをもつ婦人服地として注目された新合繊布は，風合いの客観的評価技術を基礎として開発されたものである。テキスタイル材料のみならず，手足に触れて用いられるソフトな材料，例えば皮革類，自動車用内装材料，ティッシュペーパー等の開発にも利用されるようになっている。

表4.10　基本風合いとその定義の例

（紳士冬用スーツ地）	
風合い	定　義
1.こし stiffness	触って得られる可撓性，反発力，弾力性のある充実した感覚。例えば，弾力性のある繊維と糸で構成されている，そして適度に高い糸密度の布のもつ感覚。
2.ぬめり smoothness	細くて柔らかい羊毛繊維からもたらされる，触わっての滑らかさ，しなやかさ，柔らかの混じった手触り感覚。例えばカシミヤ繊維から得られる感覚で，専門語では，毛質の良さからくる柔らかさをいう（曲げや柔らかさ，滑らかさ，滑らかな曲げの手触り，すなわち，ころびの良さ，そして曲げの弾力的な性質によって判断される）。
3.ふくらみ fullness and softness	かさ高で良くこなれたふくよかな布の手触り感覚（圧縮に弾力があり，暖かみを伴う厚み感で判断される）。

用途が紳士冬用スーツ地の場合，基本風合いは「こし」，「ぬめり」，「ふくらみ」の3種があり，それぞれの定義が表中に示されている。
（出典：図4.27に同じ）

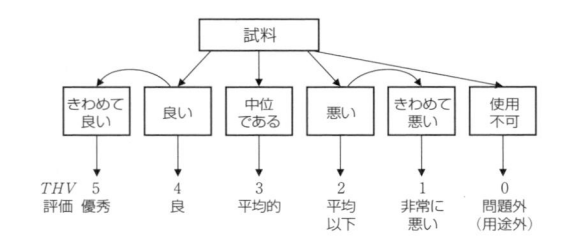

図4.29　主観的方法による総合風合いの等級付け
（THV は総合風合い値）
（出典：図4.27に同じ）

```
試料
 │
きわめて良い / 良い / 中位である / 悪い / きわめて悪い / 使用不可
THV  5        4      3            2      1            0
評価 優秀    良     平均的       平均以下 非常に悪い   問題外（用途外）
```

図4.30　布の風合いの客観的評価システム

布の力学／表面特性パラメータ → [変換式(Ⅰ)] → 布の性格を表現する基本風合いの数値 (hand value) → [変換式(Ⅱ)] → 品質を表す風合いの数値 (total hand value)

（出典：図4.27に同じ）

表4.11　布の基本的な力学特性および表面特性の一覧表

特性	記号	特性値	単位
1.引張り	LT WT RT	引張り荷重－伸びひずみ曲線の直線性 引張り仕事量 引張りレジリエンス	— $gf \cdot cm/cm^2$ %
2.曲げ	B $2HB$	曲げ剛性 ヒステリシス幅	$gf \cdot cm^2/cm$ $gf \cdot cm/cm$
3.せん断	G $2HG$ $2HG5$	せん断剛性 $\phi=0.5°$におけるヒステリシス幅 $\phi=5°$におけるヒステリシス幅	$gf/cm \cdot degree$ gf/cm gf/cm
4.圧縮	LC WC RC	圧縮荷重－圧縮ひずみ曲線の直線性 圧縮仕事量 圧縮レジリエンス	— $gf \cdot cm/cm^2$ %
5.表面	MIU MMD SMD	平均摩擦係数 摩擦係数の平均偏差 表面粗さ	— — μm
6.厚さ 重さ	T W	圧力$0.5gf/cm^2$における厚さ 単位面積当たりの重量	mm mg/cm^2

これらの特性値を変換式に代入することにより，基本風合い値を求めることができる。
（出典：図4.27に同じ）

4.3.2 極細繊維

繊維のしなやかさは，繊維の太さの4乗に反比例する。繊維を細くすることにより，ソフトで心地よい触感をもつ，しなやかな布を得ることができる。天然繊維の模倣から始まった化学繊維であるが，近年の化学繊維の製造技術の進歩により，天然繊維で最も細い長繊維である絹の0.1倍から0.0001倍の細さの極細繊維がつくられるようになった。この極細繊維の柔らかさを活かして，人工皮革やピーチスキン調織物，ワイピングクロスなど広範囲に用いられている。

(1) 極細繊維の定義と製法

極細繊維の定義は明確ではないが，合成繊維では1dtex（直径約10μm）以下の繊維は工業的な意味で紡糸が困難となり，それ以下の太さの繊維を「極細繊維」，0.1dtex以下の繊維を「超極細繊維」と称している。表4.12に各種繊維の太さの目安を示す。極細繊維は，図4.31に示すように，天然繊維に比べてきわめて細くなっている。極細繊維の製法としては，図4.32に示す複合紡糸法（海島型と分割型）が広く活用されている。

表4.12　各種繊維の太さの目安

	繊維直径(μm)	繊度(dtex)
毛髪	50〜60	
メリノ羊毛	18〜27	
エジプト綿	16〜18	
絹	14〜18	約1
ポリエステル		
レギュラー繊維	10以上	1.0以上
極細繊維	1〜10	0.1〜1.0
超極細繊維	1以下	0.1以下
人工皮革の繊維		0.0001〜0.3

繊維の太さの表示は，基準の長さと質量で定められている。テックス番手(tex)は，1000mの長さ当たりの質量をg単位で表した数字を用いる。補助的にd（デシ，10^{-1}）を用いてdtexと表示することが多い。デニール番手Dとの関係は，1D = 1.11dtexとなる。
(出典：繊維学会編，繊維便覧，丸善，2004，p.53，162，339などより作成)

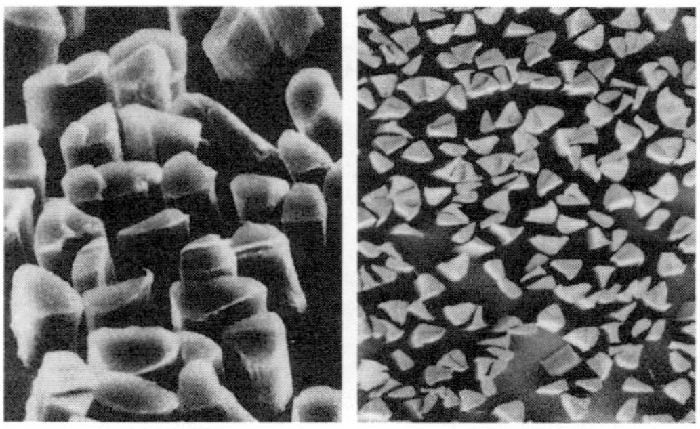

図4.31　絹繊維と極細繊維の断面写真
(a)絹繊維　　(b)極細繊維
(出典：繊維学会編，最新の衣料素材 化学繊維編，文化出版局，1993，p.18)

(a)高分子相互配列体繊維（海島型）と海成分を一部除去した状態　　(b)自己分割性複合繊維（分割型）

図4.32　極細繊維の電子顕微鏡写真

海島型は，一本のフィラメントにおいて海成分となる溶解性ポリマーの中に，島成分として超極細繊維が配列された繊維で，織物にした後に海成分を除去する(a)。分割型は，相溶性が乏しい2種のポリマーからなる各種形状の複合繊維で，織物にした後に熱処理などで分離する方法である(b)。
(出典：繊維学会編，図解 繊維の形態，朝倉書店，1983，p.181)

4.3 心地よい触感

(2) 細さを活かした高感性機能素材
1) 進化を続ける人工皮革

高級な天然皮革衣料は，感性に訴える優美な外観とソフトな触感をもっている。この天然皮革を模擬した人工皮革は，極細繊維化技術により著しく進歩した。より天然皮革に近い人工皮革を創るためには，超極細繊維の開発，特殊不織布化技術，表面加工技術などの総合的な技術力が必要である。

表面を起毛したスエード調人工皮革は，図4.33に示すように，表面構造だけでなく立体的な微細構造まで類似した構造となっており，天然皮革のもつ優美なライティング効果や，しなやか質感を再現している。銀付調人工皮革についても，より細い超極細繊維を用いて，表面にポリウレタン薄膜を施した素材が開発され，図4.35のように天然皮革にきわめて類似した構造をもつ。

人工皮革をさらに天然皮革に近づけるために，図4.34に示したように，0.0001dtexの繊維を使用した靴用人工皮革も提供されている。

人工皮革は手入れが容易で，天然皮革より軽く，広い面積で均質であるなど，天然皮革を超える優れた特徴もあり，柔軟性，耐久性，通気・透湿性の付与などの高機能化が進められている。

天然皮革から人工皮革への転換は，野生動物の愛護の観点からも有意義であり，さらに有機溶剤を使用しない水溶性海島繊維の開発など，人工皮革の製造工程で環境保全を考慮した技術革新が続けられている。

2) 新合繊から高感性機能テキスタイルへ

極細繊維化技術を用いたスエード調人工皮革の成功以来，極細繊維は織物にも用いられ，天然繊維を超えた特徴をもつ「新合繊」出現の契機をつくった。新合繊は，1980年代後半以降に開発上市された合成繊維で，新しい質感を表現できる衣料用素材の総称である。

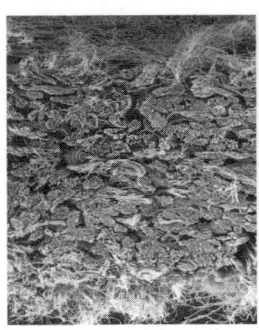

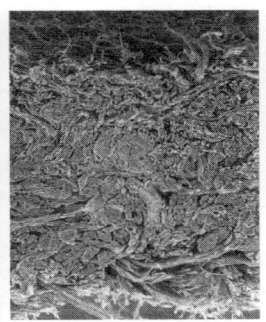

(a) スエード調人工皮革　　(b) 天然皮革(ヌバック)
図4.33　スエード調人工皮革と天然皮革の断面写真
(出典：図4.31に同じ，p.172)

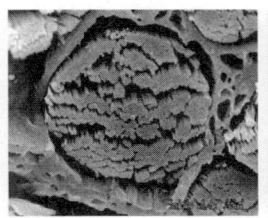

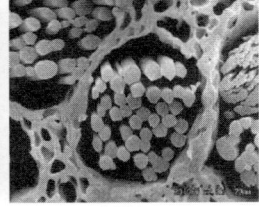

0.0001dtex　　　0.07dtex
図4.34　人工皮革に用いられる2種類の超極細繊維
(出典：芦田哲也，繊維学会誌，67(9)，2011，p.246)

天然皮革を構成するコラーゲンミクロフィブリルに等しい細さの繊維(0.0001dtex)と，天然皮革の中下層の繊維束の太さの繊維(0.07dtex)を重ね合わせることで，天然皮革に類似した密度勾配を形成することができる。

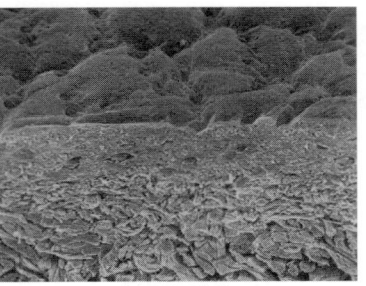

<衣料用の天然皮革>
① 銀付：動物の表皮(銀面)を表面として利用したもの。
② スエード：コラーゲン繊維の交絡層を表面として利用したもの。産毛で覆われた立毛表面をもつ。
③ ヌバック：立毛タイプの一つで，銀面を軽く削ったもので，短く密な産毛をもつ。

(a) 銀付調人工皮革　　(b) 天然子牛革
図4.35　銀付調人工皮革と天然子牛革の断面写真
(出典：図4.31に同じ，p.174)

第4章 皮膚の清潔・肌触りと健康

　新合繊の開発コンセプトは，時代とともに多様化しているが，基本のコンセプトは，ニューシルキー，ドライタッチ，薄起毛，ニュー梳毛の4つのタイプに分類される（図4.36）。

　極細繊維技術は薄起毛調（ピーチスキン調）の新合繊の主要な技術要素として活かされ，図4.37に示すように，短い毛羽をもつソフトタッチで高級感のある織物を提供している。超極細繊維化技術はさらなる進化を続けており，図4.38，図4.39のように，単繊維の直径がナノサイズのポリエステル長繊維織物が開発されている。

　超極細繊維織物は，柔らかく皮膚刺激が小さい，繊維表面積が大きく滑りにくい，拭き取り性能が高い（図4.40）などの特徴がある。その機能性を活かして，スポーツ衣料，肌着，スキンケア商品，ワイピングクロスなど，広範囲に展開されている。

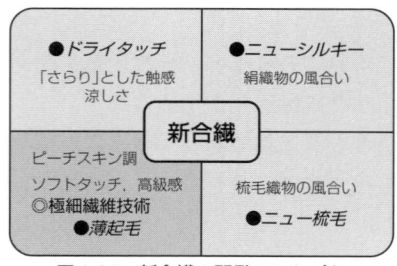

図4.36　新合繊の開発コンセプト
極細繊維技術は薄起毛調新合繊の主要な技術要素となっている。

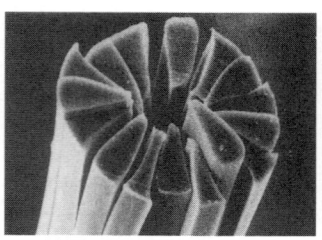

図4.37　薄起毛調（ピーチスキン調）新合繊織物の断面写真
(a)極細繊維（分割後約0.2dtex）　(b)繊維(a)を用いた織物
ナイロンとポリエステルの複合繊維を，製織後に分割して極細繊維(a)とする。織物表面が極細繊維で覆われ，ソフトな触感とリッチな表面感を特徴としている(b)。
（出典：図4.31に同じ，p.136）

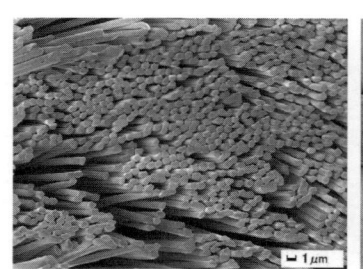

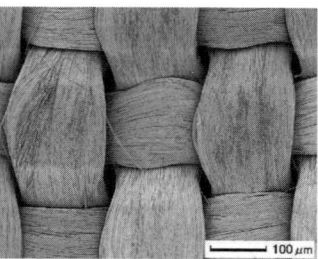

図4.38　直径700nm（0.7μm）の超極細繊維の織物
(a)糸断面　(b)織物表面
長繊維で織られた織物は緻密で，繊維表面積も大きく，吸水性，吸着性，防透性，拭き取り性などに優れている。
（写真提供：帝人ファイバー株式会社）

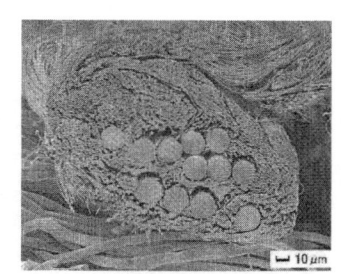

図4.39　超極細繊維と汎用繊維を用いた機能性織物の断面
超極細繊維とレギュラー繊維を複合している。
（出典：堀川直幹ほか，毎日を変えるナノテク素材「ナノフロント」，繊維学会誌，vol.6, no.9, 2009, p.342）

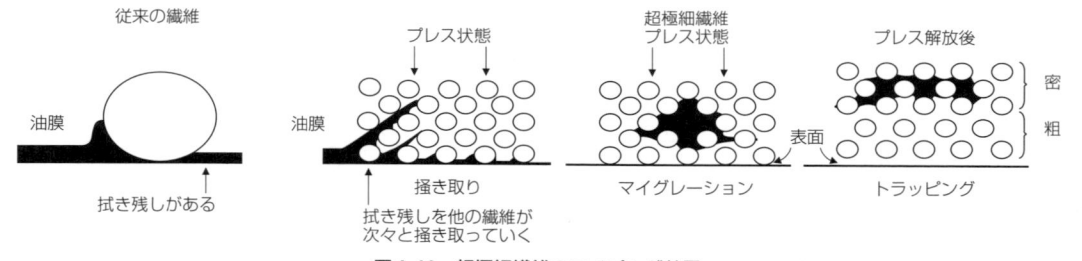

図4.40　超極細繊維のワイピング効果
メガネレンズなど，きわめて程度の高い拭き取りを対象として抜群のワイピング効果を発揮する。
（出典：日本化学会編，新産業化学シリーズ，新合成繊維，大日本図書，1996, p.128）

4.4 進化する衣服

4.4.1 スキンケア加工

皮膚に適度な張りや保湿力を有し，きめの細かい健康な肌を保つためには，スキンケアすなわち肌の手入れが欠かせない。スキンケアといえば，従来，化粧品やサプリメントなどの商品が主流であったが，近年，皮膚の生理的機能を維持させるような高付加価値・高機能を付与した繊維製品が開発されている。そのような繊維製品を「スキンケア製品・素材」といい，スキンケア加工とは，天然成分などを繊維製品に付与し，皮膚に作用することでスキンケア効果をねらったものである[1,2]。

(1) スキンケア加工

1) セリシン加工

セリシンを繊維や製品等に定着させる加工を「セリシン加工」という。セリシンは，絹の主成分であるフィブロインを取り囲んでいる硬タンパク質であり，皮膚のNMF（自然保湿因子）の遊離アミノ酸組成とよく似ており，人の皮膚に近い成分で構成されている。機能としては，保水・保湿性や抗酸化作用などを有する[3]。

セリシン加工を施したブラジャーをアトピー性および接触皮膚炎の患者に着用させたとき，図4.41および図4.42に示すように，医者の診断および自覚症状ともに皮膚症状の改善がみられた例がある[3,4]。また，セリシン加工のスポーツウェアを着用したときに，口腔温，心拍数，発汗量が低く抑えられ，生体的負荷が小さくなったり，着用時の疲労度が低くなる効果もみられている[5]。

2) 卵殻膜加工

卵殻膜は，卵の殻の内側にある薄膜のことで，主成分はタンパク質である。皮膚に近いアミノ酸組成であることから，人の肌の細胞に吸収・定着しやすい。粉末や水に溶けるよう加工して，繊維等に配合している。機能は，皮膚の再生促進作用，抗菌作用，保湿性などを有する。図4.43と図4.44に，卵殻膜加工の靴下を履いたときの皮膚性状について示す。寒くなるにつれて，乾燥性の肌をもつ人にとっては，皮膚の水分量の減少や乾燥を抑制し，結果として肌荒れが抑えられるという効果がみられている。

図4.41 セリシン加工ブラジャー着用後の他覚症状の集計結果
(出典：野村正和ほか，繊維学会誌，vol.57, no.10, 2001, p.22)

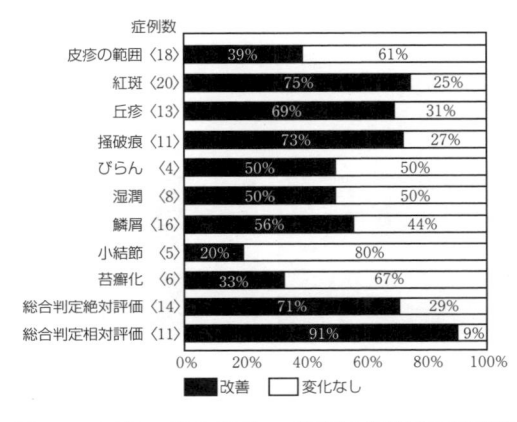

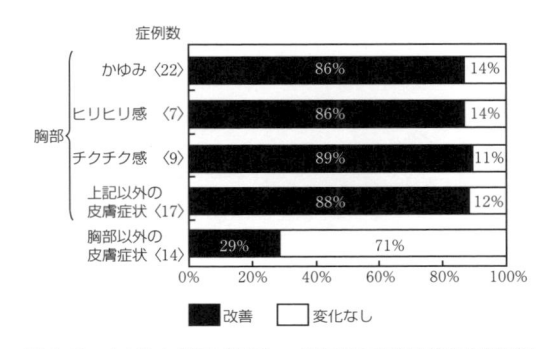

図4.42 セリシン加工ブラジャー着用後の自覚症状の集計結果
(出典：図4.41に同じ)

3) その他のスキンケア加工

皮脂に多く含まれるスクワレンを配合した繊維製品は，保湿性も高く，化粧品と同様のエモリエント（潤い，滑らかさ）効果を有する。天然タンパクであるコラーゲンを付与したものは，保湿性が高く，乾燥から肌を守り，潤いを与えるなど，保湿機能を有する[6]。また，「ビタミンCやE」などを付与し，図4.45に示すように経皮吸収させた後，体内で酵素の力などでビタミンに再転換し，抗酸化作用を示すものもある[1, 2, 7, 8]。さらに，ラズベリーケトンを使用し，皮脂細胞に直接作用して，脂肪分解促進作用を有するものもある[9]。

（2）抗アレルギー加工

天然の泥に含まれる天然ミネラル成分を精製し微細粉砕した上で，繊維内部に固着させた「天然ミネラル保湿加工」は，アレルゲンバリア効果や保湿効果がある。また，花粉付着抑制のため，帯電防止加工を施して静電気を防いだり，繊維表面を滑らかにするような加工対策もある[6]。反対に，アレルゲンを繊維上で吸着させることにより，アレルゲンを抑制する加工もある[10]。近年では，図4.46に示すように，ナノ技術によりダニや花粉などのアレルゲンを抑制する機能を備えた加工素材・製品が開発されている。

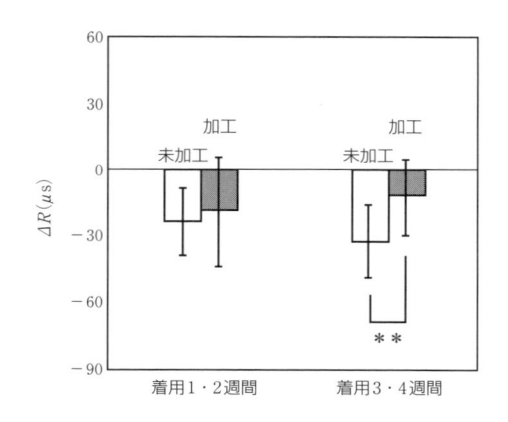

図4.43 卵殻膜加工靴下を着用した時の皮表角層水分量 ΔR（着用実験前からの変化）

加工靴下着用後1・2週間目では差はみられなかったが，3・4週間目では差が認められ，水分量の減少が抑制されている。
（出典：諸岡晴美ほか，繊維学会誌，vol.64, no.2, 2008, p.41）

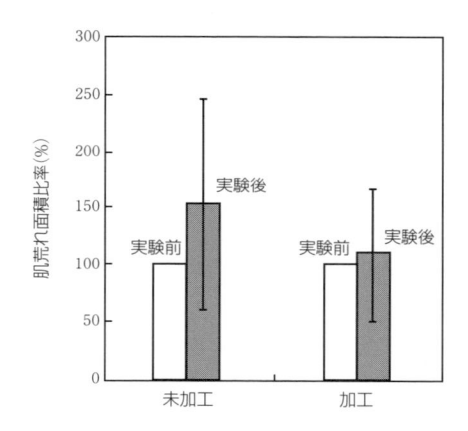

図4.44 画像処理写真を用いた肌荒れ面積（皮膚表面レプリカ判定，実験開始直前の皮膚の状態を100とした場合）

未加工靴下を着用した後の皮膚は，肌荒れが進行しているが，加工靴下を着用した皮膚は，未加工よりきれいな皮丘が確認されている。
（出典：図4.43に同じ）

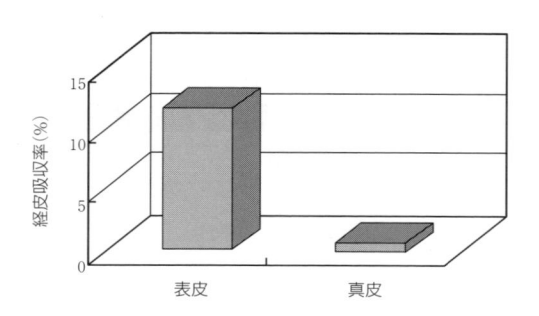

図4.45 [^{14}C]標識プロビタミン剤の経皮吸収率（ヒト皮膚摘出組織切片）

（出典：糸山光紀，繊維工学，vol.56, no.4, 2003, p.4）

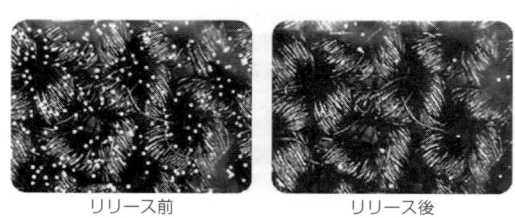

図4.46 花粉対策繊維

あらかじめ付着させた花粉をリリース（振り払う）した後の脱落率は，90％以上の高い効果を実証。
（出典：林田隆夫，繊維製品消費科学，vol.50, no.1, 2009, p.56）

4.4.2 身体をガードする繊維

(1) 制電性繊維

衣服が帯電すると，パチパチ音がする，衣服がまつわりつく，埃(ほこり)が付きやすいといった不快感を生じるばかりでなく，火花を発生することにより，引火性物質や爆発性ガスを扱う場所では，爆発や火災につながり危険である。

帯電による障害を防止するために，導電性成分を繊維表面に露出させ，表面電気抵抗値を削減して静電気を抑制したり，繊維の深部に制電性ポリマーを封入して帯電を軽減したりする制電性繊維が開発されている。また，導電性微粒子を繊維の内部に配列することにより，発生した静電気を速やかに放電して，衣服や人体への帯電を軽減する導電性繊維もある（図4.47，図4.48）。これらは，爆発性の高い環境やクリーンルームでの作業服（図4.49）を中心に用いられている。

(2) 紫外線遮蔽繊維

紫外線（図4.50，表4.13）から身を守るために，紫外線遮蔽素材が開発されている。現在，市販されている紫外線遮蔽素材は，有機性の紫外線吸収剤を含浸させたものや，紫外線を散乱・吸収するセラミックスなどの微粒子を繊維中に練り込んだものがある。特殊セラミックスを高濃度に含浸させることにより，薄地にもかかわらず紫外線遮蔽効果をもたせたものも開発されている。

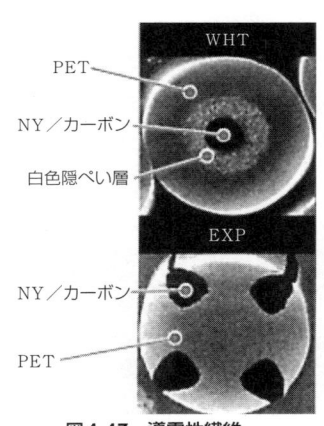

図4.47 導電性繊維

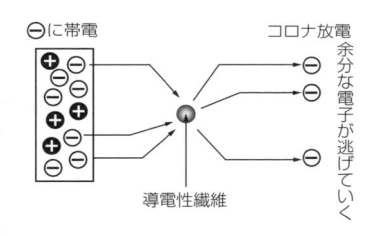

図4.48 コロナ放電による徐電機序

図4.47は，導電性成分を繊維内部に封入したタイプ(上)と，表面に露出させたタイプ(下)がある。図4.48は，帯電した場合，すぐそばにある導電性繊維を介して積極的に電気が空気中などに放出される。
(図4.47-4.49，出典：クラレHP, http://clacarbo.jp/)

図4.49 クリーンルームでの作業服

紫外線の種類とその影響

紫外線は，可視光線よりも波長が短い電磁波であり，波長の範囲は50〜400nm（nm = 10^{-9}m）である。波長領域によりA波，B波，C波に区分される。

A波は，窓ガラス等を透過し，皮膚への浸透力が高く，日焼け(Sun tan)や色素沈着の原因となる。作用は穏やかではあるが，皮膚の真皮まで入り込んでいくので，肌の老化を早める。

B波は，A波ほどの透過力はないが，皮膚の表皮層に急激に作用し，水泡や炎症(Sun burn)を起こす。老化のみならず，発がんを促進するといわれている。

C波は，きわめて有害で，発がん性や生物を死滅させる恐れがあるが，オゾン層や大気に吸収され，地表には到達しない。しかし，近年はオゾン層の破壊など環境問題が起因して，紫外線の身体への影響が拡大している。

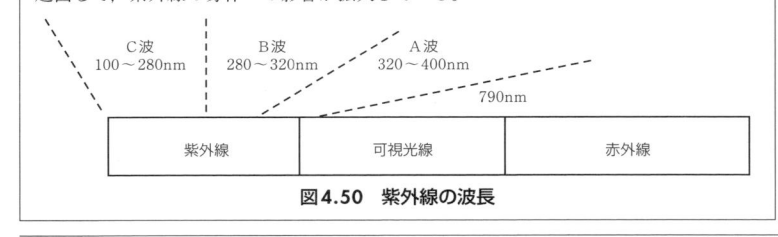

C波	B波	A波
100〜280nm	280〜320nm	320〜400nm

790nm

| 紫外線 | 可視光線 | 赤外線 |

図4.50 紫外線の波長

表4.13 紫外線保護指数

UPF40〜50＋ （Excellent） UVカット率95%以上
UPF25〜39 （Very good） UVカット率90%以上
UPF15〜24 （Good） UVカット率85%以上

紫外線遮蔽衣料等に付けられているUPFとは，Ultra Violet Protection Factor（紫外線保護指数）の略称で，オーストラリア，ニュージーランドで定められたUVカットの世界的基準である。

(3) 電磁波遮蔽繊維

今日の日常生活には、電磁波利用機器が広く普及している。これらから発せられる電磁波については、公衆衛生上から盛んに論じられてきたが、最近の調査では健康への被害はないとする傾向が強まっている。WHOなどの関連機関の現在の見解としては、電磁波が人体に影響を与える可能性は低いとしながらも、完全に影響はないとも言い切れないとしている。

このような状況の中で、電気関連労働従事者や精密機器の心臓ペースメーカー使用者の安全を確保するために、電磁波遮蔽衣服が開発されている（図4.54）。また、妊婦やパソコンなどの電化製品に囲まれた空間で一日の大半を過ごす人たちを対象として、予防という観点から電磁波遮蔽衣服や関連商品も発売されている。なお、電磁波とは電波〜γ線の総称であり、電磁波には前項の紫外線も含まれるが、電磁波遮蔽繊維が対象としているのは、マイクロ波を含む電波である。

(4) 心臓ペースメーカー使用者のための電磁波遮蔽衣服

電磁波遮蔽布を用いて、心臓ペースメーカー使用者のための電磁波遮蔽ベストの開発が行われている。そのシールド性実験は、図4.51の電波無響室において実施される。疑似生体を回転させながら電波を照射し、疑似生体内に埋め込んだアンテナで受信する実験システムである。図4.52に示す非着用とベスト着装で、電磁波を照射した場合の透過強度（電波の透過量）を図4.53に示す。色が濃いほどシールド性が高いことを表している。ベストのシールド効果は顕著であるが、衣服の場合、襟開きや袖ぐりなどの開口部の面積をどの程度に設定するのかが課題である。

図4.51 電波無響室と実験装置

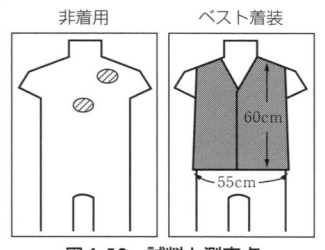

図4.52 試料と測定点

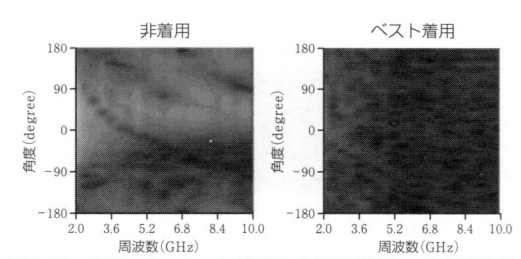

図4.53 シミュレーション実験による電磁波シールド性比較

電磁波遮蔽の原理

電波は、金属表面に垂直に当たって反射するが、孔がある場合も、その孔が波長の長さより桁違いに小さい孔であれば、電磁波は透過しない。小さい孔の場合、孔の周囲の電磁波による電場はどこも同じになると考えられ、孔周囲での誘導電流が孔の部分の電場を十分に打ち消すためである。

例えば、マイクロ波を利用している電子レンジの場合、その波長は約12cmであるが、レンジドアの孔の大きさは波長の約1/100、およそ1mmである。同様に、携帯電話の周波数帯である1〜3GHz程度のマイクロ波の遮断であれば、その波長である10〜30cmより桁違いに小さい孔では透過しない。このことから、遮蔽布は全面が金属箔である必要はなく、導電性糸を織り込むなどの布組織構造で十分に効果を発揮する。

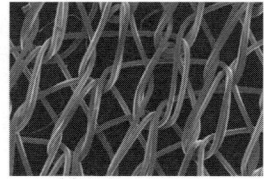

電磁波遮蔽布は、布表面の金属部分によって電磁波を反射し、侵入を防ぐことができる。構造は、繊維や糸の段階で基材に金属を巻き込んだものや、表面をメッキまたは蒸着して導電性の糸にしたもの、布の段階で金属加工したもの（a）などがある。導電性糸を布にする場合には、導電性糸のみで構成する場合と他の衣服素材と混用する場合（b）がある。

(a) ナイロンニットに銀コーティング

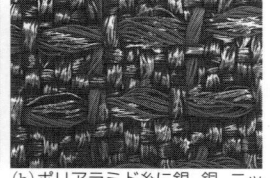

(b) ポリアラミド糸に銀、銅、ニッケルを多層メッキし、ポリエステルと綿の混紡糸と交織

図4.54 電磁波遮蔽布（倍率：×35）

コラム 5　　　　　　　　　　　　宇宙滞在時の衣服と臭い

宇宙服の変遷
　1961年4月，旧ソビエト連邦は初の有人宇宙軌道飛行を行った。「ソコール」という宇宙服は，センサの付いた下着の上に，ゴムや強化ポリエステルなどの気密層が5層に重なり，通信用ヘッドセット，酸素供給や通信用のケーブルと繋げられていた。一方，アメリカ初の有人飛行は1962年2月に行われ，このときの宇宙服の表面は，耐熱用のアルミコーティングを施したナイロン製で，外部から酸素供給ができるコネクターが付いていた。
　「ソコール」の重量は約23kg，アメリカの宇宙服は約37kgであったが，図に示す現在の宇宙服EMUやロシアの宇宙服「オーラン」は120kgあり，安全性や快適性に対応する機能強化，新たなミッションや役割に応じた機能が付加されていくうちに重くなってしまった。

不潔さを数量化するためのさまざまな実験
　地球への帰還着地後に宇宙船のハッチを開けた人たちには，宇宙船内部の強い臭いが届いただろう。アポクリン腺からの分泌液が分解されると独特の臭いを発するが，体臭やバクテリアのコロニー数の経時変化が測定されている。
　1969年に行われた男性被験者の皮脂のたまり具合の観察実験では，衣服が皮脂と汗を吸収するので，最初の1週間は皮脂の量はほぼ一定だったが，やがて衣服は身体のくぼんだ部位に張り付き，強い悪臭を放ちながら崩壊し始め，非常に厄介な状況を生み出したという。
　健康維持のために，無重力シャワーに関する多くの研究もなされた。しかし，シャワーヘッドからしぶき状に噴き出した水は，10cmほど先で滴となり，大きく成長して身体を洗う役には立たない。シャワーヘッドを近づけると，水は肌に跳ね返されて船中を漂い，周囲の機器を壊してしまう。現在，宇宙飛行士は濡れタオルやドライシャンプーなどを使っている。

宇宙ステーション時代の入浴
　ミッションの間，ずっと宇宙服を着続けるということから解放されたが，ミッションが長期化し，日々の運動が課されて，発汗量は以前より増えた。宇宙では湿った不潔な衣服が汗ばんで汚れた皮膚を擦るようなことはなく，ひりひり感も蒸れも軽くてすむ。下着が尻にぺたりと張りつくことはなく，宇宙飛行士は皮膚にトラブルを起こすことはないという。おおむねコップ1杯の水で全身と髪を洗う。消臭繊維でつくられた宇宙下着を着用し，下着交換は数日に1回程度。28日間，ずっと同じ一枚を着用し続けても不快感はなかったという経験談もある。

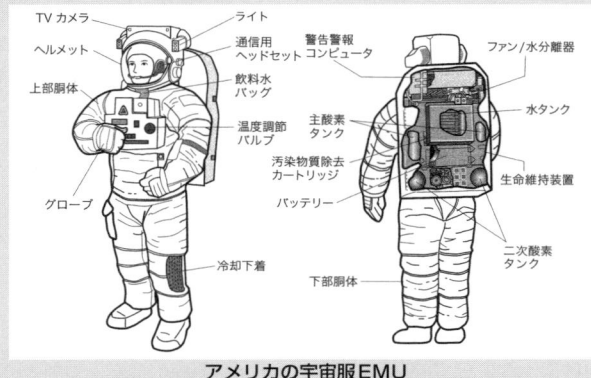

アメリカの宇宙服EMU　　　　　　　　　　　　　**コップ1杯の水で入浴**

（出典：佐藤聡，エクストリーム・ウエア，技術評論社，2009, p116）

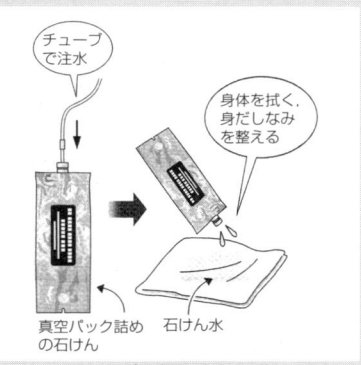

第5章
おしゃれと健康

5.1 基礎

5.1.1 こころと健康

(1) 健康とは

1948年に世界保健機関（WHO）憲章の前文[1]として，表5.1が示されており，これが健康の定義として広く知られている。ここでは，単に病気でない状態をさすのではなく，より広範に人類の幸福と福祉につながる概念としてとらえている。したがって，精神的にも満たされていることは健康にとっての必要条件である。

(2) こころとストレス

こころの定義については，古くから哲学的な難問として議論と検討がなされている。現代では大脳生理学の発展に伴い，こころを科学的にとらえることに対して注目が寄せられている。この場合，測定が可能なものに用語や研究対象を絞っていくため，総体としてのこころ（図5.1）の把握については，議論の余地が大いに残されている。

ストレスとは，生体にひずみの生じた状態[2]をいい，外傷，温度変化・悪臭のような物理化学的刺激だけでなく，精神的ショックなどの心理的な刺激によっても特異的生体反応が起きる（図5.2）。これは生理的に正常な反応であるが，刺激の度合いが強かったり長期にわたったりすると，生体が本来もつ一定状態を維持する機能（ホメオスタシス）が低下し，健康が損なわれやすくなる。現代社会においては，過剰な心理的刺激によるストレスが，精神的健康を損なうことが問題視されている。

表5.1 世界保健機関（WHO）による健康の定義

Health is a state of complete physical, mental and social well-being and not merely the absence of disease or infirmity.
健康とは，病気でないとか，弱っていないということではなく，肉体的にも，精神的にも，そして社会的にも，すべてが満たされた状態にあることをいいます。（日本WHO協会訳）

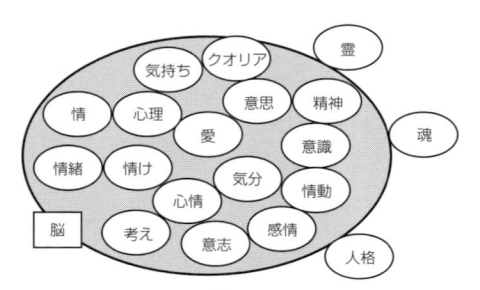

図5.1 総体としてのこころ
こころを説明する場合に用いられると考えられるものが示されている。

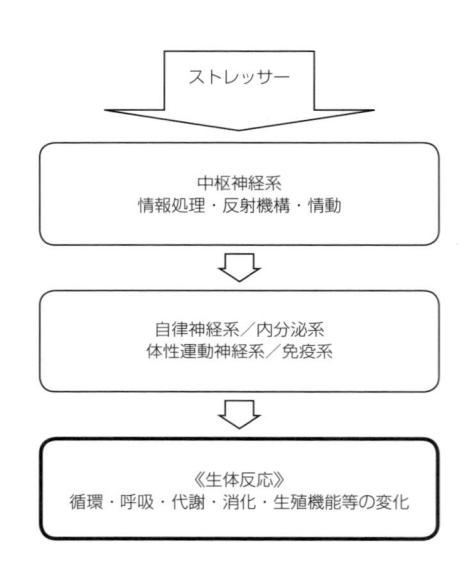

図5.2 ストレス時の生体反応機構
ここでは，ストレスを引き起こす要因となる有害な刺激をストレッサーとしている。

(3) こころのケア

ストレスを感じたとき，一般的な気晴らし方法として，「友人とのおしゃべり」「買い物」「スポーツ」「おしゃれ」などが挙げられる。カウンセリングの分野では，こころのケアの一環として，動物との交流を用いる動物介在療法（アニマルセラピー），自分自身を表現する芸術療法（音楽・美術），自然に親しむ園芸療法・森林療法，感覚に刺激を与える芳香療法（アロマセラピー）・色彩療法（カラーセラピー），過去の記憶に立ち返る学習療法・回想法，化粧療法（コスメティックセラピー）などが用いられている。これらの活動は，心身の障害の回復，機能の維持改善，生活の質の向上など，人の身体的側面や心理的側面に効果を発揮することが知られている。

(4) 着装と健康

近年では，着装が精神に及ぼす影響が注目され，衣服の心理的効果も報告されている。図5.3は，下着に対し現代人が着装時にどのような気持ちを感じているかを調査したものである。これに見られるように，通常は他者の目に触れることのない下着においても気持ちの高揚などを感じ，着装に心理的な効果があることがうかがえる。最近では，おしゃれ意識を高めるものとして，ファッション療法（ファッションセラピー）をケアの一つとして取り入れている高齢者施設もある。

健康の3要素（身体・精神・社会）に対する着装の効果をみると，まず身体的健康については，生理的な刺激に対する被服の防護的な効果があり，その重要性はいうまでもない。また，礼儀にかなった服装で身なりを整えることが社会との調和を促すことから，社会的健康への効果もあると考えられる。

日本語の慣用表現として「勝って兜の緒を締めよ」，「襟を正す」，「褌を締め直す」など，主に衣服圧を高めることにより，気持ちを引き締める言葉が使われる。これらの例は，着装による物理的刺激の強度によっては，心にも作用することをわれわれが経験的に理解してきたことを示している。このように，被服とその着装法は，健康の3要素の一つ，精神的健康に対してもさまざまな効果を及ぼす。

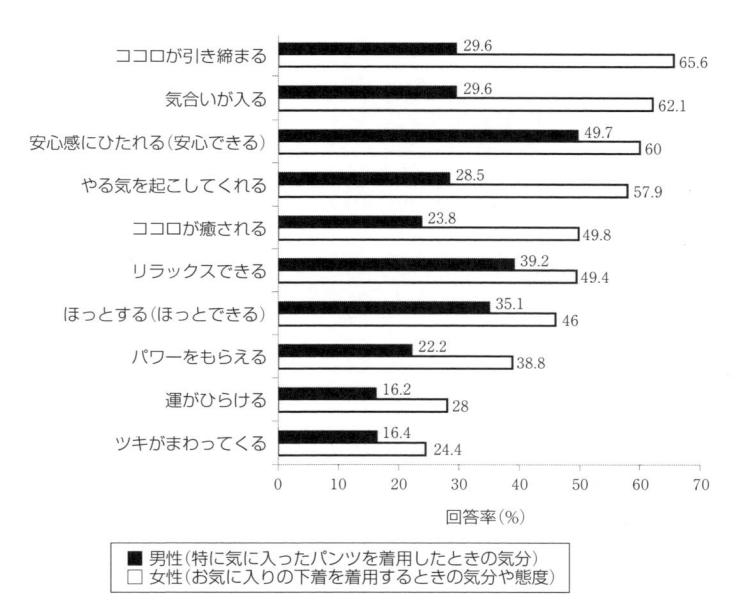

項目	男性	女性
ココロが引き締まる	29.6	65.6
気合いが入る	29.6	62.1
安心感にひたれる（安心できる）	49.7	60
やる気を起こしてくれる	28.5	57.9
ココロが癒される	23.8	49.8
リラックスできる	39.2	49.4
ほっとする（ほっとできる）	35.1	46
パワーをもらえる	22.2	38.8
運がひらける	16.2	28
ツキがまわってくる	16.4	24.4

■ 男性（特に気に入ったパンツを着用したときの気分）
□ 女性（お気に入りの下着を着用するときの気分や態度）

図5.3 下着着用の心理的効果

（出典：ワコールココロス研究会，ココロス共同研究レポート，2008より作成）

5.1.2 ファッションと心理

(1) 欲求としてのファッション

いくつになっても女性は美しくなりたい，美しく見せたいという気持ちをもっている。社会心理学者アブラハム・マズローは，人間の欲求を図5.4のように5段階にまとめている。

人は，生理的，安全の欲求が満たされると，ある社会集団に属したい，家族とともに生きたいという人並みの所属と愛の欲求に目覚め，さらには，社会集団の中で他人から尊敬されたい，目立ちたいという差別化の欲求が生まれてくる。さらに欲求が高まると，自分のしたいことをするという自己実現の欲求に目覚める。

つまり，人は暑さ・寒さや危害から身を守るために，服を着るという生理的・物理的欲求が満たされると，社会生活への適応のために，それぞれの時代や地域の風俗習慣に合わせた服装をするようになる（3段階の欲求：人並み）。さらには，差別化するために身体を飾り（4段階の欲求：目立ちたい），個性を表現するために服を着る（5段階の欲求：自己実現）ようになる。このようにファッションは，高位の欲求を満たして人間の生活を豊かにするために欠かせないものである。

他人の持っていない服を着たい，有名ブランドの服を着たいなどの欲求が満たされたときに，人は満足感を抱くが，満たされなかったときには，不満足感を抱く。化粧やファッションは，人間の外見に関わる行動であり，個人を自己表現するなど人々の社会的関係を理解するのに大変貴重な情報を提供している。

(2) ファッションによって生じる感情

人は他人から褒められると嬉しいが，叱られると悲しい。このような感情は衣服を着たときにも生じる。身体を装飾することで，人は意気（心もち，気合い，意気込み）を高めたり，逆に低めたりする。普段あまり着ることのない派手な衣服やあらたまった衣服を着ると，気分が変わる。このように，ファッションは自己や他者の感情を左右するといわれている。

衣服の形や色，肌触りや着心地など，着ていく場所や時間，状況などのTPOにふさわしいかどうかなど，さまざまな要素が複雑に作用することによって，肯定的感情状態と否定的感情状態が誘発される。表5.2は，服装によって生じる多面的感情状態を把握するために使用される尺度である。それぞれの気分や感情を表す用語について，「4：大いにその気分である，3：まあその気分である，2：あまりその気分ではない，1：その気分ではない」の4段階で評価することによって，その時の服装によって生起される多面的感情状態を把握することができる。

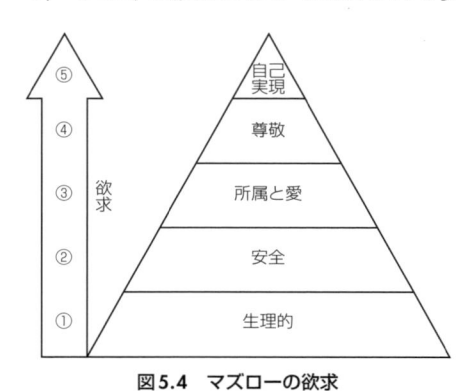

図5.4 マズローの欲求

⑤ 自己実現
④ 尊敬
③ 所属と愛
② 安全
① 生理的

人間の欲求は，低位から高位まで，5つの段階からなり，欲求を満足させていく。

表5.2 服装によって生起する感情状態尺度

肯定的感情状態			
快活・爽快	充実	優越	安らぎ
うきうきした	知的になった	有頂天になった	くつろいだ
はつらつとした	ひきしまった	優越した	やさしい
すっきりした	上品になった	リッチになった	安らいだ
軽快な	あらたまった	自慢したい	安心した
さわやかな	落ち着いた	きどった	ゆったりした

否定的感情状態		
抑うつ・動揺	羞恥	圧迫・緊張
みじめな	落ち着かない	きゅうくつな
動揺した	恥ずかしい	重苦しい
いらいらした	照れくさい	息苦しい
ゆううつな	ぎこちない	堅苦しい
しずんだ	きまずい	緊張した

服装とそれによって生起する感情とは，大きく関与している。
（出典：西藤栄子ほか，日本繊維機械学会誌，vol.48, no.4, 1995, pp.105-112）

(3) ファッションと色彩
1) 色彩と感情
　衣服の外観要素は，衣服の形態（シルエット）や素材，色彩や柄などであるが，なかでも色彩の役割は大きい。色彩は人の感覚に最も直感的な感情を与えるが，その際，色の三属性といわれる色相（色み），明度（明るさ），彩度（鮮やかさ）を総合的にとらえて判断する。

　衣服の色彩は，さまざまな感情を生起する。表5.3に色彩と感情の関係を示す。色相の寒暖，明度の明暗，彩度の高低によって，それぞれポジティブとネガティブな感情が生ずる。このように色彩は，特定の感情と結びつくが，色相調和や連想，象徴，嗜好などとも関連する。また単色でなく，2色，3色と組み合わされることにより，配色における感情効果を生み出す。さらに，シルエットや素材が加わり，複雑で微妙な感情を生起する。

2) 色彩と健康
　自分の気に入った服を着ているときは，気分爽快で優越した気分になり，充実感が得られるが，気に入らない服装や場違いな服装をしているときは，羞恥の感情が起こり，気分は落ち込む。例えば，嗜好色や流行色を取り入れた服装は高揚感を高め，着ている人に活力を与える。

　流行色はシーズンや時代にマッチした鮮度が求められるため，シーズンの約2年前に国際流行色協会によって選定され，インターカラーとして発信される。それを基に，世界各国からトレンドカラーが発信されていく。ファッションにトレンドカラーをうまく取り入れることは，おしゃれには欠かせない。

　一方，似合う色の服を着ている人は，美しく，生き生きと健康的に見える。肌に明るさや透明感を生み，魅力を引き出す色がパーソナルカラーである。パーソナルカラーは肌や目，髪の色に調和する色のグループのことである。

　パーソナルカラーを取り入れた服装は，おしゃれな雰囲気となり，その人を輝かせ，親近感，信頼感をも生み出し，精神的な充実感をもたらすといわれている。その診断は「黄み（イエローベース）」または「青み（ブルーベース）」のどちらが馴染むかによって判断され，さらに柔らかいソフトタイプとはっきりしたハードタイプに分けられる（図5.5）。その人に合ったパーソナルカラーを身に付けることは，気分を高揚させ，心身両面から健康をサポートする。衣服を選択する際には，パーソナルカラーを考慮することも大切である。

表5.3　色の三属性別色彩と生起する感情

属性種別	感情の性質	色の例	感情の性質	属性種別	感情の性質	色の例	感情の性質
色相	暖色　暖かい　積極的　活動的	赤	激情・怒り・歓喜・活力的・興奮	明度	明　陽気　明朗	白	純粋・清々しさ
		黄赤	喜び・はしゃぎ・活発さ・元気		中　落ち着き	灰	落着き・抑うつ
		黄	快活・明朗・愉快・活動的・元気		暗　陰気　重厚	黒	陰うつ・不安・いかめしい
	中性色　中庸　平静　平凡	緑	安らぎ・くつろぎ・平静・若々しさ	彩度	高　新鮮　はつらつ	朱	熱烈・激しさ・情熱
		紫	厳粛・優えん（婉）・神秘・不安・やさしさ		中　くつろぎ　温和	ピンク	愛らしさ・やさしさ
	寒色　冷たい　消極的　沈静的	青緑	安息・涼しさ・憂うつ		低　渋み　落着き	茶	落着き
		青	落着き・淋しさ・悲哀・深遠・沈静				
		青紫	神秘・崇高・孤独				

（出典：日本色彩学会編，表9.6「色と感情の関係」，新編色彩科学ハンドブック第2版，東京大学出版会，1998，p.381）

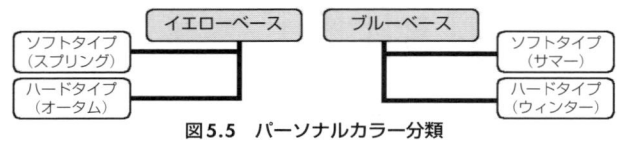

```
        ┌─ イエローベース ─┐    ┌─ ブルーベース ─┐
 ソフトタイプ                                   ソフトタイプ
 （スプリング）                                   （サマー）
 ハードタイプ                                   ハードタイプ
 （オータム）                                   （ウィンター）
```

図5.5　パーソナルカラー分類
　パーソナルカラーは，スプリング，サマー，オータム，ウィンターの4種類に分類される。

第5章 おしゃれと健康

（4）ファッションと高齢者

　高齢者人口が急増しているわが国では、高齢者の健康への問題は特に重要である。高齢者に生きがい感を与える行事として、メイクアップやファッションショーなどのおしゃれ体験を実施する高齢者施設が増えつつある。化粧行動やファッションショーへの参加は、ファッションセラピー（ファッション療法）に類する。

　高齢者のおしゃれ行動による情動の変化をとらえるため、特別養護老人ホーム、養護老人ホーム、軽費老人ホームでアンケート調査が実施された。図5.6は、化粧行動による高齢者の変化である。図5.7は、おしゃれ意識をもたせることの効果を、老人ホームの介護者に尋ねた結果である。

　いずれの施設においても、おしゃれ行動により、情動の活性化に効果があることが認められている。ファッションに気を遣いながらおしゃれ意識を持続させることは、楽しみや生きがいを与え、気持ちを活性化することにより、精神的な老いを遅らせることに寄与する。高齢者が健康的な生活を送るためには、化粧や衣服などのファッション行動を毎日の生活の中で継続することが必要である。

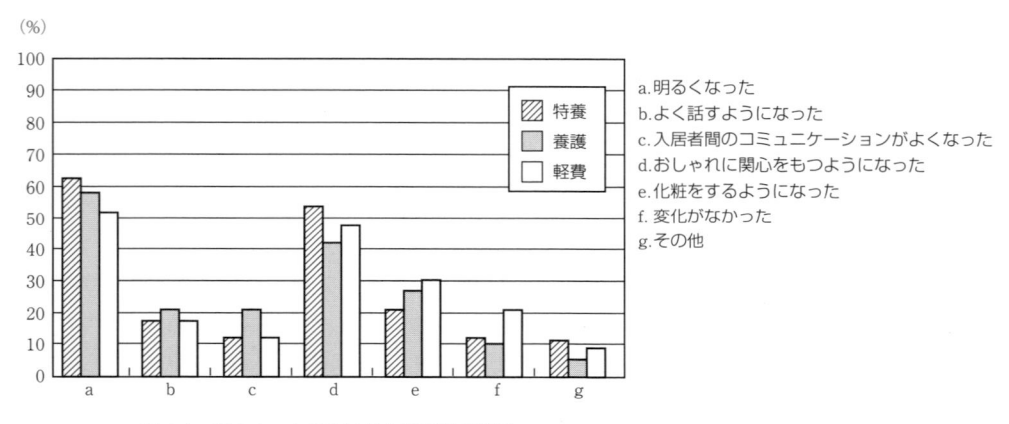

図5.6　老人ホームにおける化粧行動の効果

a. 明るくなった
b. よく話すようになった
c. 入居者間のコミュニケーションがよくなった
d. おしゃれに関心をもつようになった
e. 化粧をするようになった
f. 変化がなかった
g. その他

半数以上が、「明るくなった」、「おしゃれに関心をもつようになった」と回答しており、化粧行動による意識の変化が認められる。
（出典：小林茂雄，日本繊維機械学会誌，vol.53, no.6, 2000, pp.229-236）

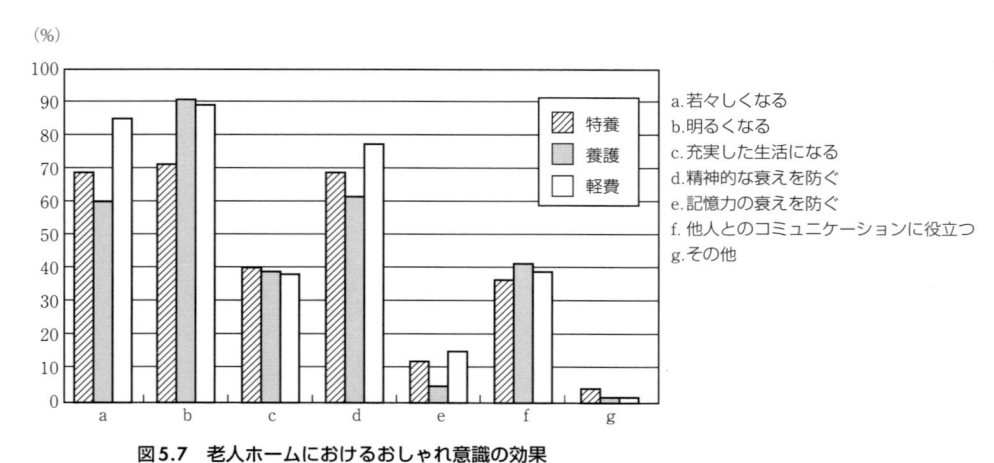

図5.7　老人ホームにおけるおしゃれ意識の効果

a. 若々しくなる
b. 明るくなる
c. 充実した生活になる
d. 精神的な衰えを防ぐ
e. 記憶力の衰えを防ぐ
f. 他人とのコミュニケーションに役立つ
g. その他

「明るくなる」、「若々しくなる」、「精神的な衰えを防ぐ」への回答が約7割を占め、その効果が認められる。
（出典：図5.6と同じ）

5.2 こころを測る

　心地良い，あるいは不快な感情を人は日々，感じている。どのような刺激がこれらの感情を引き起こすのか，また，その刺激と感情の関係を定量化できれば，より快適な環境をつくり出すための指標とすることができる。着用する被服も，その刺激のひとつである。ここでは，刺激によって引き起こされる生理情報およびその変動値の測定法と，感覚あるいは知覚の評価について述べる。

5.2.1 生理的情報を測る

　生理計測は，データの客観性に加えて，時系列データを得ることができるため，刺激が人にどのような影響を及ぼしているかを検討できる。生理計測には，表5.4に示すような種々の計測法があるが，以下に被服分野に関連深いいくつかの方法を示す。

（1）脳波と事象関連電位

　人の頭部に2つの電極を貼りつけると，その間に数10マイクロボルトのわずかな電位差（電圧）が生じる。これを脳波計で増幅すると，リズムをもった波として観察できる。

　a波（周波数が$8 \sim 13Hz$）の積分含有率の比較によるスポーツウェア素材の伸長回復性の検討や，服色，服種，装着者の心理・生理に及ぼす影響の検討，草木布（竹，い草，ケナフ，月桃など使用）の心地良さの分析などがある。刺激として匂いを与えたときの脳波を収集し，解析した結果を図5.8に示す。ここでは，脳の活動状態を感性スペクトル解析法を用いて検討しており，心の状態や快−不快と脳波の関係が明らかにされつつある。

　一方，図5.9に示す事象関連電位は光や音，あるいは自発的な運動といった特定の事象に関連して，一過性に生じる脳電位で，自発脳波に重畳して記録される。意識をもって活動する人間から安全に記録できるため，心理学におけるツールとしての利用が近年増えている。

表5.4　生理計測で生体情報を得る

計測法	測定対象
電気生理的計測	脳波，事象関連電位，筋電図，心電図，皮膚電気活動
トランスデューサ計測	呼吸，血圧
非観血計測	ストレスホルモン，酸化・還元ヘモグロビン
電磁的計測	脳磁場，MRI
超音波計測	超音波エコー，超音波ドップラー
身体温度計測	深部体温，体表面温度分布

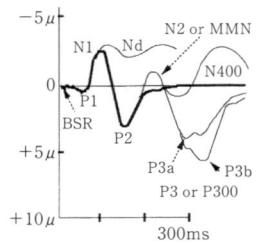

図5.9　事象関連電位モデル
聴覚刺激による事象関連電位波形を模型的に示す。太線は課題なしの音刺激による事象関連電位，心理事象に対応してさまざまな成分が出現する。上側が負の電位。
（出典：八木昭宏，人間計測ハンドブック，朝倉書店，2007，p.72）

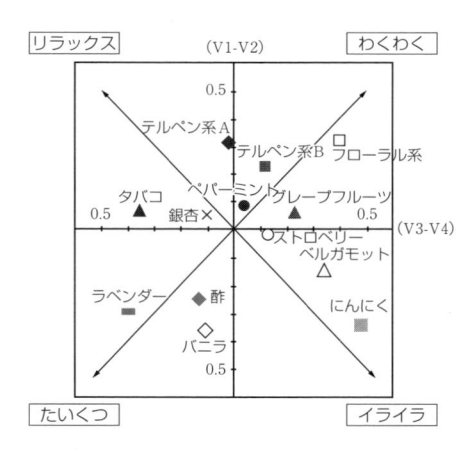

図5.8　各種芳香物の快適性と覚醒状態の関係
香りの総合評価（V1-V2）と高揚感（V3-V4）を算出した結果，フローラル系柔軟剤やテルペン系物でわくわく感が大きく，にんにくではイライラが最も大きく，ラベンダーは最も退屈と評価されている。
（出典：諸岡晴美ほか，日本繊維機械学会誌，vol.57，2011，p.61）

（2）心電図

　心電図は，心臓の収縮に伴って発生する電位変化で，心房の興奮を示すP波，心室の脱分極を示すQRS波（以下，R波），心室の再分極を示すT波からなる。2つのR波間を「RR間隔」と称し，この間隔を1分間当たりの心拍数に換算したものを「瞬時心拍数」という。RR間隔および心拍数（HR）は，心臓交感神経と心臓副交感神経の拮抗支配を受けている。一般に，HR上昇は総体的な作業負荷の指標として用いられ，HR低下はリラックスの指標として用いられる。

　RR間隔および瞬時心拍数測定時の心電図には，周波数帯域の異なる複数の成分がある。高周波成分（HF）は，副交感神経活動の指標として利用されている。交感神経活動については，低周波成分（LF）とHFとの比率，あるいはLFの全周波数帯域成分に占める割合が関連するという報告がある。

（3）血圧

　血圧は，心臓が血液を拍出する際の圧力である。心臓は，収縮と拡張を繰り返して血液を全身に送っており，それに伴い血圧も変化する。血圧は自律神経系の活動状態を反映し，生理指標としてよく用いられるが，計測方法や計測部位によって，その特性は異なる。情動刺激は，急にアラームなどが鳴りびっくりした状態など，瞬間的に負荷され，血圧の急激な変化が予想される。精神作業負荷の影響や体動・姿勢の影響なども計測・評価されている。

（4）ストレスホルモン

　ストレス学説は，図5.10に示すハンス・セリエによって提唱されたものである。ストレスマーカー（血液，間質液，唾液，尿などに含まれる化学物質の濃度から生体情報を読み取り，数値化・定量化する指標）として可能性が指摘されている生化学物質は，血液に含まれるものが多いが，血液採取がストレッサーとなるのを防ぐため，非侵襲に採取でき，かつ血中濃度をよく反映している検体として唾液や尿がある。唾液は時々刻々のコルチゾール値を測定でき，尿では1日の総排出量による日間の比較などができるので，目的に応じた選択を行う必要がある。図5.11にストレスにより引き起こされた，身体の不具合を和らげるホルモンの働きを示す。

ハンス・セリエ（カナダ）
さまざまな有害作用により同じ臓器の変化（①副腎皮質肥大，②リンパ組織萎縮，③胃腸壁潰瘍）が起こることから，1930年代にストレス学説を提唱した。ストレス学説生みの親。

貝原益軒の養生訓
わが国におけるストレス学説の先駆者。「養生訓」(1713年）では，健康を保つための心得が説かれ，心の平静を保つことを強調している。

「長寿学」を出版したフーフェラント
ドイツの医師フーフェラントが「長寿学」(1796年）を出版した。西洋で最初の健康を保つ方法の解説書であるが，古今東西を問わず健康・長寿の秘訣は，精神的ストレスをなくすこととしている。

精神的ストレスによる疾患にいかに対処するか

図5.10　ストレス解消による長寿への道

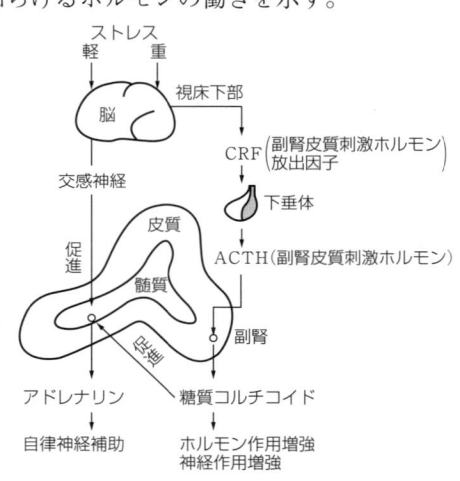

図5.11　ストレスとホルモン

アドレナリン，CRF，ACTHの分泌効果で，ストレスによる機能低下が回復する。
（出典：山内兄人，ホルモンの人間科学，コロナ社，2006，p.55）

5.2.2 心理情報を測る

(1) 心理評価の手法

日常，"肌触りが良い""座り心地が良い""かわいい"などといった表現で身の回りのものを判断しているが，実際には人の五感(視覚・聴覚・嗅覚・味覚・触感覚)によるところが大きい。こうした五感による評価の方法を「官能検査」という。表5.5に被服分野で利用されている官能検査内容を示す。

官能検査には，順位法，一対比較法，意味微分法(SD法)，多変量解析法などの評価法が用いられている。感情状態を評価するときも同様で，表5.6に示すような方法が用いられている。表5.7の温冷感尺度は連続スケール評価法であるが，その心理的距離は必ずしも等間隔ではなく，順序尺度といえる。被服の着心地評価にも同様のスケールがよく用いられる。

(2) データ解析

多変量解析には，回帰分析法，主成分分析法，因子分析法，クラスター分析法，多次元尺度構成法，数量化法などの多くの方法が含まれる。これらの方法はそれぞれ，変量間の関係の把握，データの要約による簡潔な表現，データの背後にある潜在的な構造の抽出，ある変量の他の変量からの予測，などの目的を果たすために利用される。

衣服の着心地に影響を与える要因は非常に多く，定式化が困難であり，このような問題をニューラルネットワークを利用して解析する手法も用いられており，本手法はさまざまな分野で注目されている。図5.12と図5.13に綿，ポリエステル，改質ポリエステル素材服の着用実験に適用した例を示す。入力変数として，9つの物理的因子のみの場合と，さらに3つの感覚因子を加えた場合の2通りで学習させている。その結果，感覚因子を加えることによって，未学習データの快・不快をより精度良く予測でき，また，親水性繊維，疎水性繊維の差が汎化能力の差や重み係数の差として見い出され，着用快適性への衣服素材の影響を明らかにすることができた。

表5.5 官能検査の利用

主感覚器	官能検査内容
目	色つや，染色具合，照明の演色性，被服の外観，表面傷，汚れなど
耳	摩擦音
鼻	衣服の匂い，芳香剤，汚れなど
皮膚・深部感覚	肌・手触り，身体への圧迫，着心地，被服の表面の仕上がり具合など
その他	製品に関する意見，購入動機，使用感の聴取，市場・社会的ニーズ調査

表5.7 温冷感尺度

空気調和・衛生工学会 温冷感小委員会	ASHRAE (米国空気調和衛生工学会)
1. 非常に暑い 2. 暑い 3. 暖かい 4. やや暖かい 5. どちらともいえない 6. やや涼しい 7. 涼しい 8. 寒い 9. 非常に寒い	3. hot 2. warm 1. slightly warm 0. neutral －1. slightly cool －2. cool －3. cold

表5.6 感情状態を心理評価する方法

方 法	内 容
①自己報告法	心理状態を内省報告させる方法。主観的状態を知ることができるが，客観的裏付けに難点。
②段階評定法	まったくない→0，やや→1，少し→2，かなり→3，非常に→4など，強度段階を決めて被験者に評定させる方法。程度(まったくない，やや，少し，かなり，非常に)の心理的距離は，必ずしも等間隔ではないので，順序尺度である。
③意味微分法(SD法)	オスグッドにより開発された方法。「暑い一寒い，硬いー軟らかい」など，抗する形容詞対や項目を用意し，両者の距離を等間隔(5〜7段階)に分割して，刺激に対しどちらに近いか示す方法。因子分析やクラスター分析などを施すことにより，項目群を少ない要因にまとめることができる場合もある。
④連続スケール評価法	比率尺度を仮定し，例えば，－100から＋100までのスケールをつくり，快ー不快などを数値で表現する方法。何も感じなければ0，非常にネガティブに感じられたら－100，非常にポジティブに感じられたら＋100として，その範囲で心理状態を自由に数値表現させる。感情は通常，両極性を有するので，この方法はよいとされている。

第5章 おしゃれと健康

(3) 生体計測データはゆらぐ

　自然界のさまざまな現象を横軸に周波数，縦軸にパワースペクトルをとると，図5.14の大きく3つのパターンに分類される。$1/f^2$ゆらぎは，両軸の相関が高いため非常に単調に感じられ，$1/f^0$ゆらぎは逆にランダムな感じがする。$1/f$程度の適度なゆらぎが心地よく，クラシック音楽の名曲や電車の揺れなどの人工的な対象でも同様のゆらぎが観察される。

　衣服の着用実験で，環境温度変化の皮膚温変動に及ぼす影響を，被験者20名で検討した結果の一例が図5.15である。環境温度を中間環境温度(a)から連続的に上昇(b)，下降(c)させたときの皮膚温変動では，温度上昇時に比べ，環境温度低下時にはパワースペクトルの低周波成分が増し，$1/f$ゆらぎのfの乗数が大きくなることが示された。これらスペクトルパターンの傾きの差異は，自律神経系の調節機能の発現メカニズムの違いを示唆し，環境温度を低下させることによって，体温調節活動が盛んになった結果が反映されている。

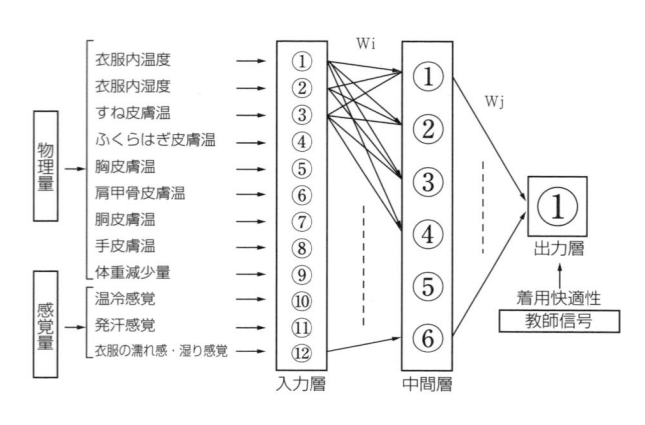

図5.12　ニューラルネットワークの構造

入力層，中間層，および出力層からなる三層構造の階層型ニューラルネットワークを利用して，衣服の着用快適性予測と，この着用快適性に影響を与える因子の評価が行われている。
(出典：菅井清美ほか，日本ME学会雑誌，vol.35，1997，pp.147-157)

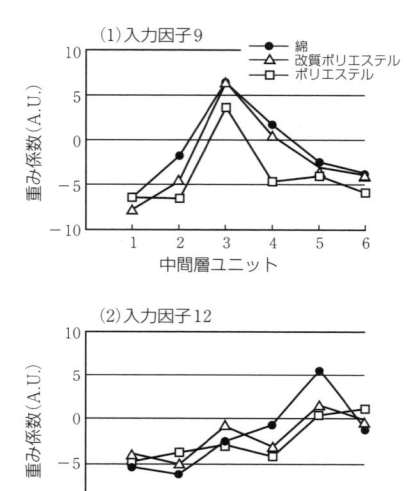

図5.13　中間層と出力層ユニット間の重み係数

着用快適性を与える出力層ユニットと中間層ユニット間の重み係数空間の比較において，親水性繊維と疎水性繊維の差や風合いの違いが示されている。着用衣服素材の影響を検討するための有用な一手法となることが確認されている。
(出典：図5.12に同じ)

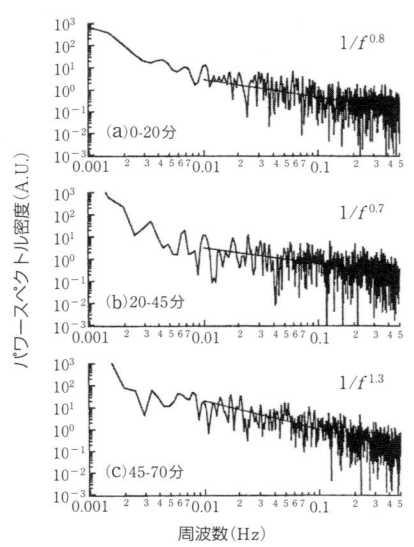

図5.15　皮膚温のパワースペクトル密度
(出典：菅井清美ほか，繊維学会誌，vol.52，1996，pp.261-267)

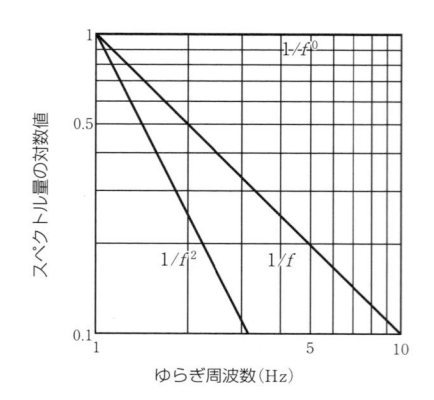

図5.14　ゆらぎスペクトルの模式図

5.3 おしゃれを楽しむ

　おしゃれをすることは，自己表現であり，社会参加の手段でもある。気力が衰えたとき，病気になったときは，おしゃれに対する興味が失われ，活力が衰退する。もう年だからと，地味な暗い色の服を着用すると，ますます活力のないお年寄りになる。こんなときに，肌の色を引き立たせる明るい色の服を着ると，気持ちが若返り，姿勢まで良くなって，さっそうと歩くようになる。むしろ，年だからこそ，病気や障がいがあるからこそ，自分らしさの表現としておしゃれを楽しみ，自他ともに気持ち良く毎日を過ごすことが大切である。おしゃれを楽しむこと，つまり，自分が着たいものを着るというごく当たり前のことが，年齢や障がいにかかわらず，誰にでも保障されるべきである。

5.3.1 おしゃれの心理的効果

　私たちの多くは，日常的に身だしなみに気を配っている。そのため身なりへの気配りの重要性を改めて考える機会をもつことは，ごく稀であろう。しかし，おしゃれをすることによって感情や気分に変化が生じ，他者から褒められることによって，喜びや高揚感を覚えることを経験している。おしゃれによる心理的効果については，被服心理学や社会心理学の観点から，被服行動を対象とした研究が進められつつある。

　私たちが被服を着装したときの感情は，例えば，鏡に映った自分に満足し，「誰かに見せたい」「かわいいと言われるに違いない」といった肯定的なものから，「ちっとも似合わない」「太って見える」といった否定的なものまで幅広く存在する。着装感情の肯定的感情は，「爽快感」「快活感」「安心感」「優越感」「充実感」で，否定的感情は「焦燥感」「陰うつ感」「倦怠感」「抑圧感」「不安感」であると報告されている。

　また，場面の変化が着装感情にも変化をもたらすという報告もある。女子学生に5つの着装場面を設定し，どのような着装感情が起こるのかを調べた結果を図5.16に示す。着装感情は，すべての場面に共通して起こる感情と，一場面のみに起こる感情があり，被服と人間と場面の相互作用から形成されると考えられる。

　着装感情は一般に，「生理的快適性」が「心理的快適性」を生むと考えられている。例えば，ふわふわのカシミアのマフラーを巻く（生理的快適性）と幸せな気分になる（心理的快適性）。だが，必ずしもそうではなく，逆に「心理的快適性」を求めて「生理的快適性」を犠牲にする場合もある。例えば，「美しく見られたい」（心理的快適性）から，きつい補整下着を我慢して着用する（生理的不快感）といったようなこともある。生理的快適性と心理的快適性が状況によって相反してしまうところは，被服と人間の関係において興味深いところである。

　おしゃれをするとき，服装だけでなく，化粧も大事な要素の一つである。化粧はどのような効用があるのか，化粧の心理的効果は年齢によって違いが生じるのだろうか。化粧の心理的効果については，図5.17に示すような5つの因子が抽出されており，化粧効果は年齢によって異なり，20代女性は化粧によって積極性が増すと感じやすいが，50代女性は積極性よりもかえってリラクゼーション効果が高いという感想をもつと報告されている。

第5章 おしゃれと健康

【肯定的感情】

A.通学　清潔・充実(知的)
B.学外サークル活動　満足
＋
着装によって生起する5場面共通の快感
　爽快　快活
　安心　明朗
　親和　陽気
　開放
＋
C.デパートへのショッピング　優越(リッチ)・活動
D.卒業記念パーティ　優越(自己顕示)・充実(大人の女性)
＋
緊張・充実(社会人)
E.会社訪問

通学, 学外サークル活動, デパートへのショッピング, 卒業記念パーティ, 会社訪問における着装感情を調べた。着装感情は, すべての場面に共通して起こる感情と, 一場面のみに起こる感情がある。
(出典：泉加代子ほか, 日本繊維機械学会誌, vol.47, no.2, 1994, pp.30-37)

【否定的感情】

A.通学
B.学外サークル活動
C.デパートへのショッピング
　倦怠
　圧迫
　緊張
＋
着装によって生起する5場面共通の不快感
　着恥
　不安
＋
D.卒業記念パーティ
E.会社訪問
　抑うつ
　逃避

図5.16　5つの着装場面における着装によって起こる感情

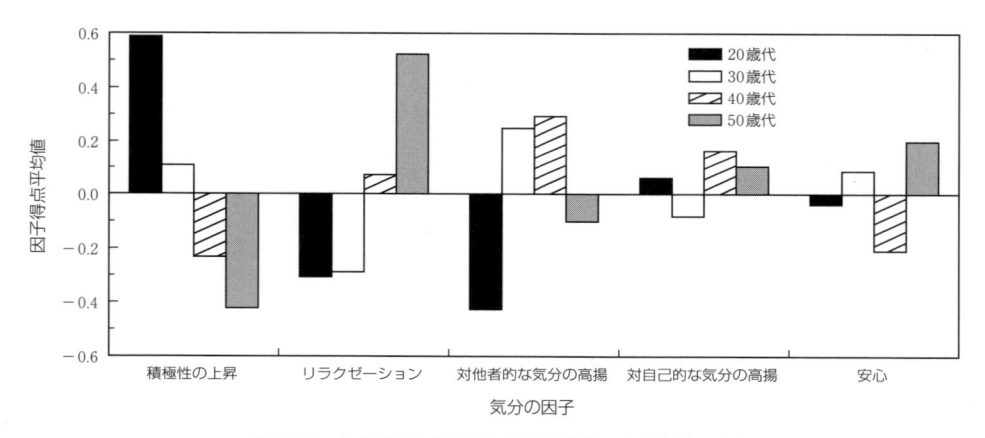

図5.17　さまざまな年齢層における化粧による気分の変化

「積極性の上昇」「リラクゼーション」「対他者的な気分の高揚」「対自己的な気分の高揚」「安心」という5つの因子が抽出される。20代女性は化粧によって積極性が増し, 50代女性は積極性よりもむしろリラクゼーション効果が高い。
(出典：宇山侊男ほか, メーキャップの心理的有用性, 日本香粧品科学会誌, vol.14, 1990, pp.163-168)

5.3.2 おしゃれの生理的効果

例えば，新しい服を着て友人と会った際，その服を「素敵ね」と褒められた場合と，「似合わないね」と非難された場合では，気分はもちろんのこと，食欲の増減，汗の有無といった生理状態にも大きく影響する。特に洗練されている状態を示す「おしゃれ」は，その人の自信に直結し，気分の高揚や意欲の増加を生じさせる。

おしゃれが具体的にどのような生理的影響を及ぼすかについて，女子学生を被験者とした実験結果がある。図5.18のような被験者が，おしゃれと思う「お気に入り」の服と，「ダサい」と感じるジャージ上下を着用して，鏡の前で自分の姿を凝視した際の唾液中のαアミラーゼ活性と分泌型免疫グロブリンA(s-IgA)を測定した。その結果，ストレスマーカーとされている唾液中のαアミラーゼ活性は，「ダサい」服を着用した際，9名中8名が高い値を示した。さらに面識のない第三者が，おしゃれでない「ダサい」服を着用している被験者を凝視すると，リラックス感を反映する副交感神経活動が抑制されることが示された。つまり，おしゃれでないと感じている衣服を着用していると，ストレスを感じやすく，ゆったり落ち着けないという結果が示されている[1]。

今や若者はもちろん，女性のおしゃれにネイルは欠かせない。ネイルを楽しむことによってストレスが軽減し，肯定的気分が上昇したという報告もある。女子大学生22名を対象として，ネイルケアをする前後（図5.19）の肯定的感情・否定的感情35項目の調査と唾液中のアミラーゼを測定した結果，図5.20に示すように，ネイルケアをした後はネイルケアをする前に比べて，「快活・爽快」「充実」「優越」といった肯定的感情状態の値が高くなり，「抑うつ・動揺」「羞恥」「圧迫・緊張」などの否定的感情状態は低くなった。また，図5.21に示すように，唾液中のコルチゾール分泌量は，ネイルケアをした後のほうが少なくなり，ネイルケアをすることにより，ストレスが軽減して肯定的気分が向上することが確かめられている。

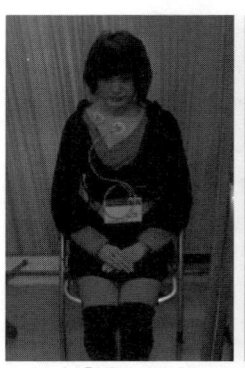

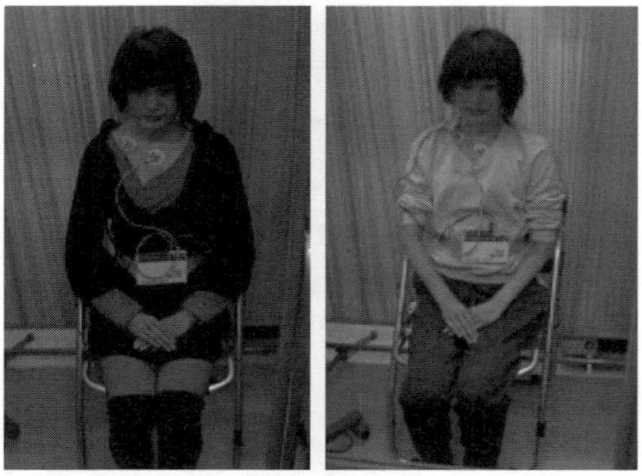

(a)「お気に入り」　　(b)「ダサい」

図5.18　着用時の心理的ストレスの測定実験風景

女子学生を被験者として「お気に入り」の服(a)と「ダサい」服(b)を着用時の心理的ストレスを測定。
(写真提供：小柴朋子)

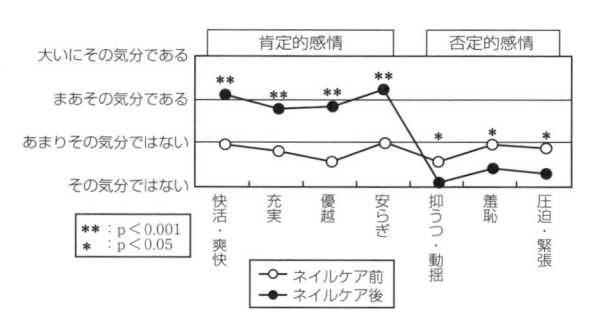

図5.20　ネイルケアによる感情状態の施術前後の比較

22名の平均値を示す。ネイルケアによって肯定的感情状態の値は高くなり，否定的感情状態は低くなる。

(a)ネイルケア施術中　　(b)ネイルケア施術後

図5.19　ネイルケアによる心理的，生理的効果の検証実験の様子
(写真提供：平林由果)

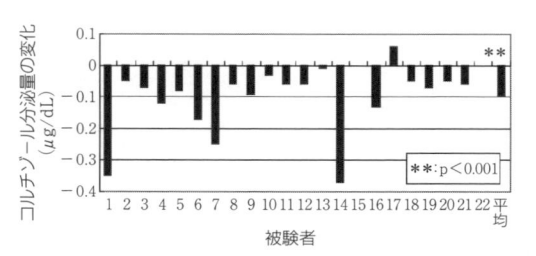

図5.21　ネイルケア施術によるコルチゾール分泌量の変化

ネイルケア施術後は，唾液中のコルチゾール分泌量は減少する。

5.3.3 高齢者とおしゃれ

　超高齢社会を迎えた現代社会では，身体的・生理的健康だけでなく，精神的健康を維持・促進するための取り組みは重要であり，その効果も期待されている。

　最近の高齢者の日常生活に関する意識調査では，「おしゃれをしたい」と回答した人の割合は60％を超えて，過去の調査結果に比べ増加し，社会活動に参加している人のほうが，おしゃれの関心度が高い結果であった。高齢者の服装関心度と日常生活や健康状態との関係については，自己意識が高く自立への意欲があり，精神的・身体的健康状態が良好な高齢者ほど，服装への関心度が高いといわれている。

　高齢者施設では，ファッションショーを行うことによる情動の活性化プログラムも試みられ，ファッションショーが高齢者の生活の質（QOL：quality of life）の向上や生き甲斐の創造には不可欠の自己像を大きく変化させるきっかけとなりうること，さらに「装う」ことが日常生活に刺激を与え情動を活性化し，心理的な側面に影響を与えることも明らかにされている。

　図5.22，図5.23のような高齢者施設でのおしゃれ支援活動や，図5.24，図5.25のような障がい者の衣服支援活動を継続することが重要課題である。

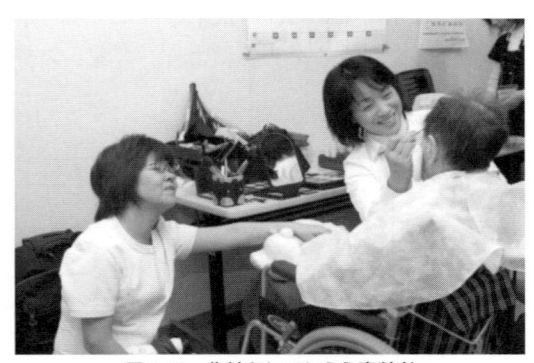

図5.22　化粧をしてもらう高齢者
ビューティーキャラバン（おしゃれ支援活動）
（写真提供：NPO全国福祉理美容師養成協会）

図5.23　高齢者の衣服支援
高齢者向けのおしゃれなフレアパンツ
（写真提供：金城学院ファッション工房）

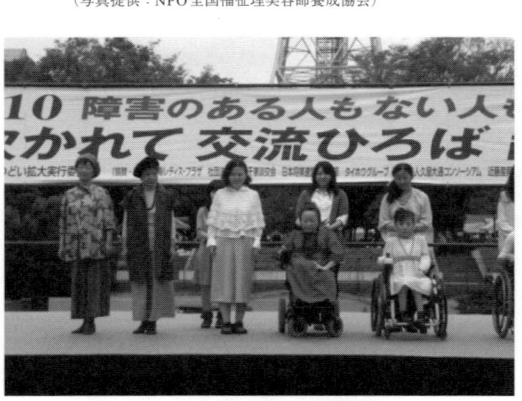

図5.24　障がい者の衣服支援
「障がい者と市民の集い」でのファッションショーの様子

図5.25　障がい者の衣服支援
高崎市タウンモビリティ（フォーマルドレスの着用）
（写真提供：東京ソワール）

5.3.4 セラピー効果としてのおしゃれ

（1）ファッションセラピー

　高齢者の精神的健康を促進する試みとして，ファッションセラピーなどの試みが行われている。「おしゃれ」をすることで心身の活性化につながり，特に女性にはその効果が大きい。要介護高齢者へのファッションセラピーを実施し，服装への関心を高めることで，心身の健康状態の維持・改善という効果が得られることが検証されている[2]。ファッションセラピーの効果を持続するためには，家族や介護者の日常的な着装アドバイスを要するが，高齢者の心理療法の一つとして，ファッションセラピーの普及が望まれる。

（2）コスメティックセラピー（化粧療法）

　病院や介護の現場では，化粧は顔色判定の妨げになったり，化粧品の匂いが周囲に不快感を与えたりするなどの理由から避けることが常識とされてきた。しかし，化粧は外見上の悩みを抱える人の心理社会的負担を軽減し，円滑な対人関係，そして生きがいある生活を支援する効果があるといわれている。

　実際に近年では，コスメティックセラピーの効果として，リハビリ治療への前向きな姿勢を引き出す，表情の豊かさや食欲・睡眠を改善するなどがあげられ，注目されている。そこで無香料のもの，刺激性の少ないものなど，コスメティックセラピーに適した化粧品が開発されつつある。

5.3.5 おしゃれを楽しむ

　おしゃれをする目的は，「積極的な気持ちになれる」「若さを保つ」「ストレス解消になる」「優越感がもてる」など，人によってさまざまで，被服は最も自分の趣味や目的に合わせやすく，自己表現，自己演出の手段としても効果的である。そこに生じた満足感は，次のおしゃれをする「楽しみ」へとつながっていく。老若男女を問わず，おしゃれを楽しむことによって，生活に潤いがもたらされ笑顔を生むことができれば，その効用は多いに期待できるといえる。

5.4 進化する衣服(五感を刺激する繊維)

人々が健康で,おしゃれに輝いて暮らすためには,感覚的・感性的快適性の向上をめざした,より付加価値の高い繊維素材が求められる。五感のうち触感覚的快適性については,「4.3 心地よい触感」で述べた。ここでは,視感覚・嗅感覚的快適性に関わる高感性機能素材について述べる。

5.4.1 優美な光沢をめざして

(1) ポリエステル繊維の高発色化

繊維製品の発色性には,繊維の集合状態と繊維の性質(屈折率,形態,表面形状など)が関与する。図5.26に示すように,繊維に光線が入射すると,繊維表面で反射されたり,散乱されたり,屈折して内部に入ったりする。内部に吸収された光は,繊維が染色されていると,内部反射光(着色光)となって外部に出る。一般に,繊維表面の正反射光は白色光であり,着色度に寄与しないため,繊維の発色性や深色性を妨げる。

表5.8に主な衣料用繊維の発色性を示す。繊維の屈折率が大きく,繊維表面が平滑で,表面反射光量の多い繊維は,光沢が強くなる。繊維の光沢が強すぎると,深色性や発色性が低下するため好まれない。そこで繊維の異形断面化,粗面化,繊維への低屈折率物質の被膜など,光沢を調整して発色性や深色性を高める技術開発が進められている。

表5.8 各種衣料用繊維の発色特性

	種類	発色に関与する繊維の特性		光沢(表面反射)	黒の深さ(光の吸収)	総合発色性
		屈折率	表面形状			
天然繊維	羊毛	1.56	うろこ状	小	大～中	○
	絹	1.56	平滑	中	中	○～◎
	木綿	1.56	平滑ねじれ	小	中	△
化学繊維	レーヨン	1.53	条筋状	中	大	○
	アセテート	1.48	条筋状	中	大	○～◎
	アクリル	1.52	条筋状微細凹凸	中	大	◎
	ナイロン	1.55	平滑	大	小	○
	ポリエステル	1.62	平滑	大	小	△

ポリエステル繊維は屈折率が高く,平滑で表面反射が大きく,光沢が強いため,深色性や発色性に問題があった。
(出典:繊維学会編,最新の衣料素材(化学繊維編),文化出版局,1993,p.30)

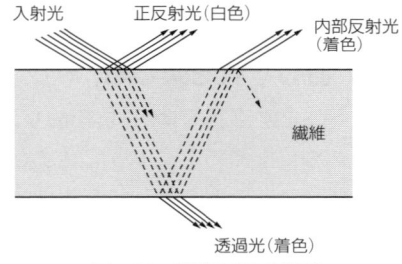

図5.26 繊維の光反射特性
(出典:繊維学会編,最新の衣料素材 化学繊維編,文化出版局,1993,p.31)

〈発色性向上の基本的な考え方〉
繊維表面での正反射(白色)を減じて,繊維内部への透過光を増やし,染料のもつ特定波長域の光の吸収を最大にして,残った光の内部反射光(着色)を増やすことで,発色性を高める。

〈高発色性の機構〉
蛾の角膜構造の原理を応用して,繊維の表面に光の波長オーダー(0.2～0.7μm)の微細な凹凸をつくる。繊維表面で反射散乱された光の一部は,他の凸面に当たり,一部は吸収され,一部は反射散乱される。同様のジグザグな反射散乱を繰り返す度に,特定波長の光が効率よく吸収されて,深色性をもたらす。

図5.27 超ミクロクレーター繊維
(出典:図5.26に同じ)

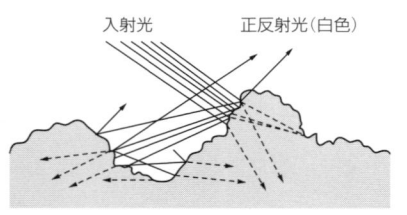

図5.28 超ミクロクレーター繊維の光反射特性
(出典:図5.26に同じ)

5.4 進化する衣服（五感を刺激する繊維）

1）超ミクロクレーター繊維

ポリエステル繊維の表面に，図5.27のような光の波長オーダーの微細な凹凸構造をつくり，発色性を向上させたものである。図5.28に示すように，表面の微細孔が光を乱反射して内部吸収光を増やし，正反射光を減じて深色性をもたらす。特に黒色の深みが増すので，ブラックフォーマルウェアなどに用いられる。

2）多重扁平繊維

南米産モルフォ蝶は，コバルトブルーの透き通るような青さとメタリックな光沢をもつ「世界で最も美しい蝶」であるといわれている。図5.29に示す多重扁平繊維は，このモルフォ蝶の羽の鱗片構造を模倣して，深色性を向上させたものである。熱収縮率の異なる2種類のポリエステルを混合し，熱処理によって0.2〜0.3mmに1個のねじれを周期的に発生させる。図5.30に示す繊維の断面は，扁平率1：6の扁平断面である。この繊維で織物を作ると，繊維の平行部と垂直部で，光が複雑に屈折して，ベルベット調の深みのある光沢が発現される。

（2）光干渉発色繊維

染色技術によらない光学物理現象を利用した発色は，自然界の生物に多くみられ，「構造性発色」と総称される。前述のモルフォ蝶の羽は，鱗粉そのものには色素はないが，図5.31のような鱗片の複雑な構造により，ある波長の光だけを反射させて，鮮やかな青色を見せている。この薄膜干渉理論を繊維に応用したものが，図5.32に示す光干渉発色繊維である。基本色は赤，緑，青，紫の四色で，澄んだ色彩と透明感，見る角度により色相が変化する魅力的な発色特性をもち，衣服やインテリアなどに用いられている。また，染色工程が不要のため，環境負荷の軽減に貢献できる利点がある。

図5.29　多重扁平繊維
モルフォ蝶の羽の鱗片の立体構造を模倣している。
（出典：図5.26に同じ，p.177）

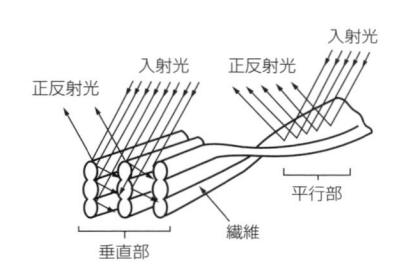

図5.30　多重扁平繊維の光反射特性
（出典：繊維製品消費科学会編，繊維製品消費科学ハンドブック，光生館，1988，p.103）

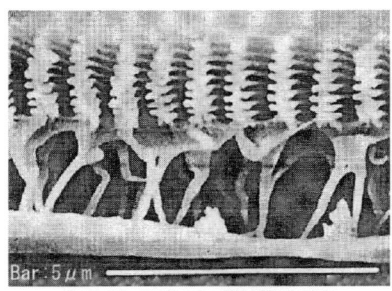

図5.31　モルフォ蝶の鱗粉断面
鱗片の複雑な立体構造がコバルトブルーの美しい発色をもたらす。
（出典：田畑洋ほか，繊維学会誌，vol.57，no.9，2001，p.249）

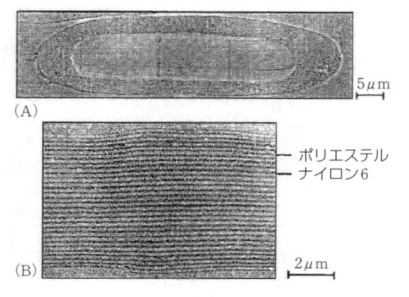

図5.32　干渉発色繊維の断面(A)と積層部拡大図(B)
（出典：図5.31に同じ，p.250）

〈濃色性発現の機構〉
繊維の垂直部分は，正反射光が少なく，繊維間で反射と内部吸収を繰り返し，濃色となる。織物を浅い角度から見ると，繊維平行部を見ることになり，光沢を感じる。濃色部と光沢部が，角度により対比を強く感じさせるので，ベルベットのように，衣服のシルエットの美しさを引き出す。

〈光干渉発色の機構〉
構造発色繊維は，屈折率の異なる2種類のポリマー（ポリエステルとナイロン）を，ナノオーダー単位（0.07〜0.10μm）で61層積み重ねた薄膜積層構造を繊維内にもつ。各層からの反射光の干渉によって発色する。反射波長は，層の厚みと入射角によって変化するので，見る角度によって色相が微妙に変化する，魅力的な質感をもっている。

5.4.2 感温変色素材，紫外線変色素材，香る素材

近年，「スペシャリティ繊維」と呼ばれる一群の衣料用繊維素材が盛んに開発され，市場を賑わすようになっている。これは，いままで衣料用素材には求められなかったような新規な機能を，合成繊維の製造・加工技術により実現したものである。スペシャリティ繊維は，これまで繊維に期待されている機能をより高度化する方向を目指したグループ，および，これまで繊維に期待されていなかったような機能を新しい発想に基づいて実現したグループに分けられる。後者には，五感に訴えるタイプのさまざまな機能，例えば，温度や光といった外部刺激によって色が変わる繊維，香りを放つ繊維等が含まれる。突然の色彩の変化や，繊維が香りを放つといった意外性により，ファッションの世界に新しい拡がりをもたらしてくれるであろう。また，スマートテキスタイル(センサ，アクチュエータ)としての役割も期待され，今後の研究課題となっている。ここでは，その中から感温変色素材，紫外線変色素材，香る繊維素材を紹介する。

1) 感温変色素材

温度によって色が変わる繊維素材として，「サランアート®」(旭化成)などがあり，これらの素材を用いたアパレル製品が市販されている。「サランアート®」の場合，感温変色を実現するため，温度によって色が変化する感温変色顔料と通常顔料を組み合わせている。両者の顔料を混合したものをマイクロカプセルに充てんし，これを紡糸時に繊維に対して高濃度に練り込んで用いる。感温変色繊維の見え方，および，感温変色顔料のメカニズムを図5.33，図5.34に示す。

2) 紫外線変色素材

光によって可逆的に色が変化するフォトクロミズム現象を利用して，紫外線照射により色が変化する繊維素材が開発されている。紫外線変色素材には，ノベルティ用途(色が変化しておもしろい)だけでなく，有害な太陽紫外線を検知し，防護するという実用的な用途も期待され，研究が行われている。

3) 香る繊維

使用時に香りを放つ繊維素材が開発されている。ラベンダー，ジャスミン等の香料をマイクロカプセルに充てんし，加工により繊維に付着させる。着用時の摩擦により，マイクロカプセルが破壊されることにより，香りを揮発する。香りには，着用者のおしゃれ志向に訴えるだけでなく，リフレッシュ，リラックス等の心理的治癒効果が期待されている。

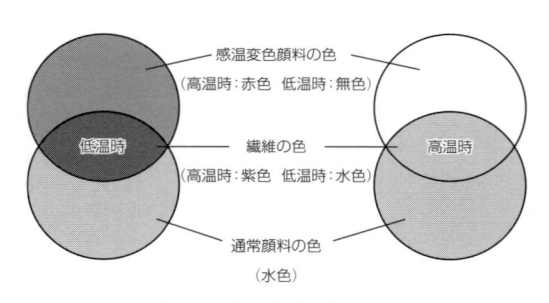

図5.33 感温変色繊維の見え方

感温変色顔料と通常の顔料を混合して用いると，感温変色顔料が高温時と低温時で色が異なるため，全体として繊維の色(両者の混合色)も異なって見える。
(出典：橋本諭，繊維と工業，vol.66, no.9, 2010, pp.313-318)

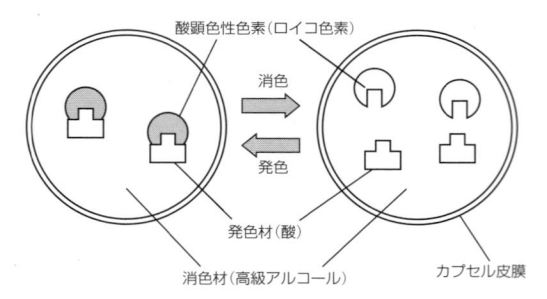

図5.34 感温変色顔料のメカニズム

マイクロカプセル内の酸顕色性色素の働きにより，低温では酸と結合して発色状態となり，高温では酸と解離して消色状態となる。
(出典：橋本諭，繊維と工業，vol.66, no.9, 2010, pp.313-318)

第6章

機能特性が必要な衣服

6.1 基礎

6.1.1 身体機能の発達と低下

（1）からだの加齢変化

　身体形態は，図6.1に示すように加齢により変化がみられる。人は一日に何度も着脱動作（更衣動作）を行う。更衣の難易性には，人の身体運動的要素（身体機能）が影響する。

　図6.2は，測定可能な7歳以降を対象として，身体機能の年齢的変化を示す。身体機能は年齢とともに発達し，そのピークは20歳頃であり，加齢とともに低下する。したがって，加齢が進むと更衣に介助が必要となる高齢者が増加する。一方，未熟な乳幼児は，更衣を他人に依存している。身体機能の劣る乳幼児や高齢者には，更衣しやすい衣服や快適な衣環境の整備が重要である。

（2）成長期の体型変化とからだつき

1）成長期の体型変化

　図6.3は，新生児の形態を成人と等身長に拡大して示したものであり，表6.1は1歳から成人にいたるまでの20年間の身体形態の変化を，指数6項目の身体比例に基づいた年齢期に分けて

図6.1　女子身体シルエットの加齢変化

乳幼児から成人にいたるまで，成長とともに身体形態は大きく変化する。また，その後の高齢にいたる過程においても，加齢変化がみられる。
（出典：岡田宣子編著，ビジュアル衣生活論，建帛社，2010，p.129より作成）

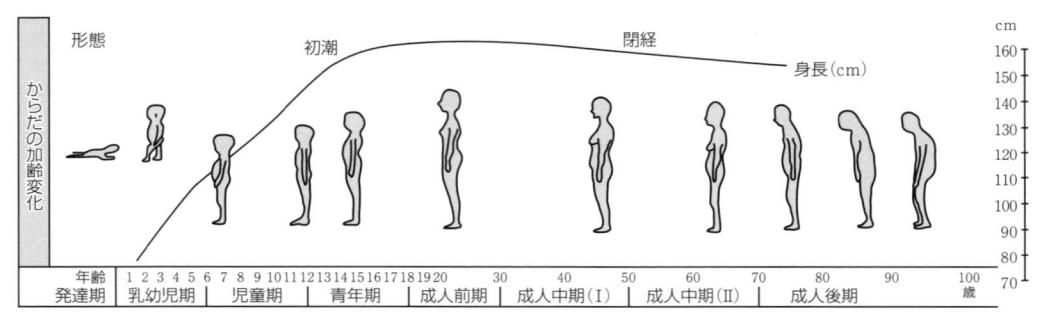

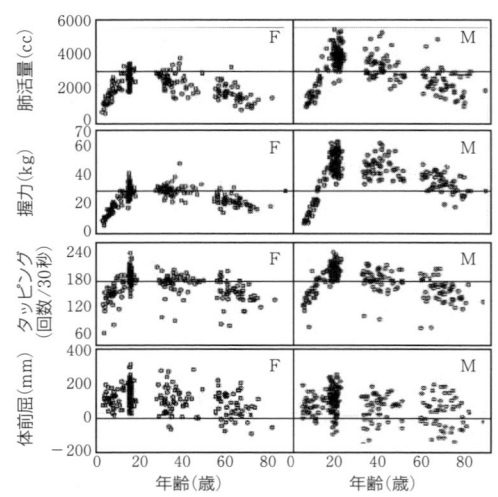

図6.2　身体機能の年齢的変化（F：女性，M：男性）

いずれの項目も20歳頃ピークに達し，以降，加齢とともに低下する。体力の指標としての肺活量・握力は，女子が男子にかなり劣るが，身体の柔軟性を表す体前屈は，男子で低値を示し，ばらつきも大きい。

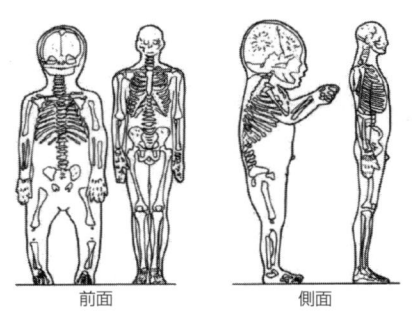

図6.3　新生児と成人との体型の比較

前面：新生児は四肢，特に下肢が大変短く，腹部が樽型に膨満している。
側面：新生児は，首は太く短く，頭部は大きく，大腿部・腹部が太い。
（出典：Wilmer HA, et al., Hum Biol. 1945, vol.17, pp.331-332より作成）

示す。これより，年齢とともに体型が変化していることがわかる。さらに，プロポーションという視点から成長期の体型変化を詳細に検討するため，20歳を基準としたモリソンの関係偏差折線を図6.4に示す。比較したい年齢集団の各項目の平均値（M_1）から，基準とする20歳値の平均値（M_0）を差し引き，それを20歳値の標準偏差（σ_0）で除して基準化することで，多項目を総合的に比較することができる。モリソンの関係偏差は，次式で求められる。なお，M_1を個人値として比較することもできる。

$$関係偏差 = (M_1 - M_0)/\sigma_0$$

2）からだつき意識と健康

2011年の文部科学省の調査によると，5～17歳の女子の平均体重が前年度より減少した。最も変化量が大きかったのは高校2年生で，0.3kg減り，体重は52.4kgとなった。男女とも1998～2003年頃のピーク時と比較すると，0.5～1.6kg減少したと報告されている。文部科学省は「ダイエット習慣の広がりが子どもの体重減少に拍車を掛けている」と推察している。女子の体重減少から，ダイエット志向の低年齢化の影響が示唆される。成長期の痩せすぎは，運動能力の低下につながり，健康を害するおそれもある。

図6.5は，日本人のローレル指数の平均値曲線である。黒丸は，母親とその娘の体重と身長の理想値から算出したローレル指数（娘：114.2，母：124.0）である。なお，ローレル指数は次式で求められ，肥満の程度を表す。標準値は，120～130とされ，100以下は痩せすぎ，160以上は

表6.1　身体比例に基づく年齢期区分

男子	I				II		III			IV				V		VI			
年齢（歳）	1	2	3	4	5	6	7	8	9	10	11	12	13	14	15	16	17	18	19	20
女子	I				II		III			IV				V		VI			
身体形態の特徴	I期 頭部がきわめて大きい 足部が大きい 四肢が短く，特に下肢はきわめて短い 腹部が大きい				II期 頭部が大変大きい 足部が大きい 四肢が短い 胴くびれがない		III期 頭部が大きい 足部が大きい 四肢がやや短い 胴部が太い 女子は腰部が細い			IV期 頭部がやや大きい 足部がやや大きい 下肢が長い 胸囲線の位置が高い 男子は腰部が太い 女子は胴部が太い				V期 胸囲線の位置がやや高い 男子は腰部がやや太い 女子は胴部がやや太い		VI期 成人の体型			

頭でっかちで，足部・腹部が大きく，四肢の短い乳幼児体型から，女子では11歳，男子では13歳で，最も脚長で痩せた細長体型を経て，女子では17歳，男子では19歳で，成人のプロポーションに到達する。
（出典：岡田宜子，家政誌，1980，vol.31，pp.587-595，人類学雑誌，vol.72，1971，pp.139-150より作成）

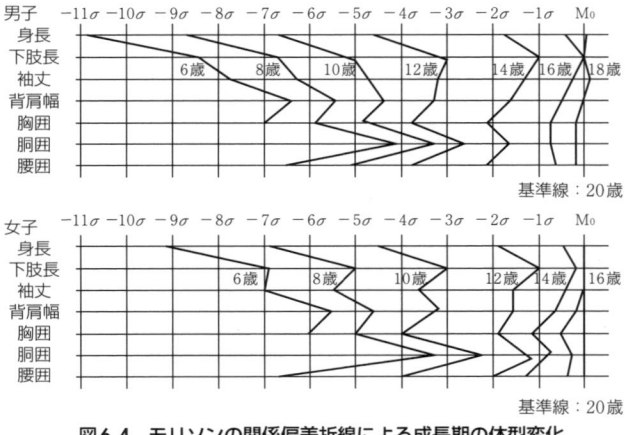

図6.4　モリソンの関係偏差折線による成長期の体型変化

2歳間隔の各年齢グループの体型を，基準集団である20歳と比較している。各年齢グループの体型特徴が捉えられるとともに，成長期の成人値に近づく様相を男女で比較することができる。
（出典：柳澤澄子，被服体型学，光生館，1976，p.52）

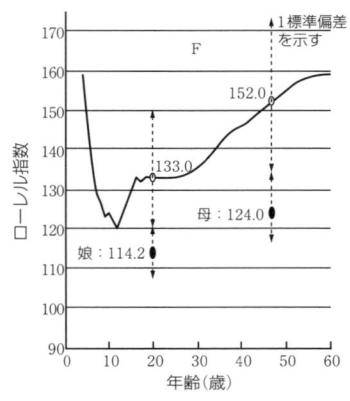

図6.5　ローレル指数の全国平均値と母と娘の理想値

黒丸が理想値。娘は，最も脚長の体型を持つ痩せた11歳の平均値よりさらに極端な痩身，母は13歳のほっそりとした体型を理想としている。

太りすぎと判定される。

$$ローレル指数 = (体重(kg) \div 身長(cm)^3) \times 10^7$$

母娘ともに，理想値は各自の年齢の平均値よりもかなり低いことがわかる。母親や各種メディア等から受けるからだつき意識に関わる情報は，子ども世代へ反映し，極端な痩身志向を育み，本来の人としての健康は阻害されかねない。未来に子育てを期待される若い女性にとって，女性としての本来の身体特性，体型の性差を正しく受容し，ゆがみのない健全なからだつきの意識をもって衣生活を営むことが求められる。

3）体型の性差

図6.6は，体型の性差をみるために，女子を基準にして，男子の特徴をモリソンの関係偏差折線で示したものである。実線は計測項目で，破線は指数項目でプロポーションを表している。腰幅・腰囲以外は，男子のほうが大である。

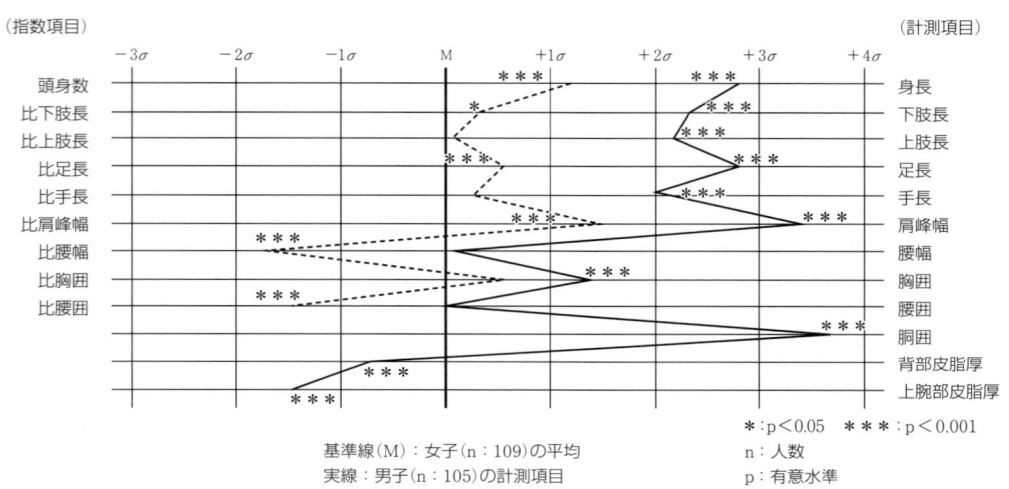

図6.6 体型の性差

男子は身長，下肢長，上肢長，足長，手長，肩峰幅が正に偏り，女子より有意に大であるが，腰幅（腰部横径）と腰囲は女子とほぼ同値である。胸囲（上部胸囲：チェストといい，腕付け根における胸回り）と胴囲（下胴囲：ウエストといい，腰の骨である腸骨稜における周径）は正に偏り，女子より有意に大である。背部と上腕部の皮下脂肪厚は，女子が有意に厚い。

指数項目（プロポーション）については，頭身数は男子が有意に大，比下肢長と比足長，比肩峰幅も有意に大，比胸囲は正に偏るが，比腰幅・比腰囲のみ負に偏り有意に小である。

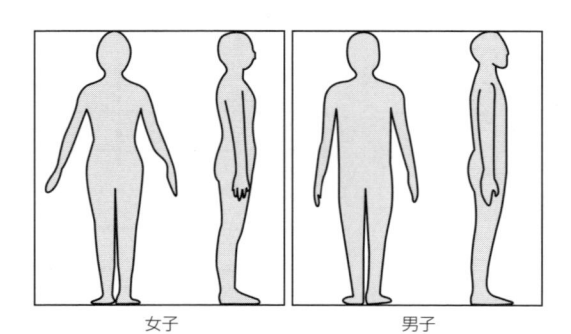

図6.7 男女の身体シルエット

男子は女子より，体の大きさは大きく，筋肉量も多いとされているが，皮下脂肪は女子が多く，その分布も異なる。男子は脚長で肩幅が広く，胸部とウエストは大きく，腰の狭い体型特徴を示している。

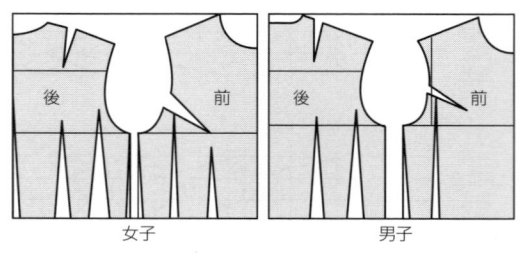

図6.8 男女の身頃原型

男子の胴部は，肩幅が最も広い逆三角形を呈し，背面と前面で最も突出する肩甲骨とチェストにダーツが向かっている。女子の後ろ身頃は，やや背部に丸みを帯びているものの男子と類似している。前身頃は，突出しているバストポイントにダーツが向かっている。

図6.7は，男子と女子の身体シルエットを等身長にして示した。図6.8に，男女の身頃原型を示す。男子では，身頃丈は後ろより前がやや短いが，女子では乳房が突出しているので，前のほうが長い。シルエットでも身頃原型のパターン上でも，体型の性差を確認できる。つまり，着衣基体である身体には，このように性差がみられ，人はライフステージに応じて巧みに着装することで性的魅力を発揮して，豊かな衣生活を送ることができる。

6.1.2 体温調節反応の加齢変化

(1) 温覚・冷覚感受性

図6.9は，身体13部位について温覚（上段）と冷覚（下段）の感受性の弁別閾値を，18〜28歳，40〜60歳，65歳以上に分けて示す。高齢者は，弁別閾値が大きく，感度が鈍い。このことはよほど寒くならないと寒さを感じずに過ごし，寒さを自覚した時には体が冷え切っていることの可能性を示唆している。冷覚では，高齢者の足指や足裏の感度が鈍いので，冬季に冷やさない配慮が大切である。また，特に温覚においては，下肢や足の指先などの感度の鈍い部位での低温火傷などの発症に注意が必要である。

(2) 温度制御

図6.10は，若年者（24歳）と高齢者（70歳）の被験者で行った快適室温制御の実験結果を示したものである。高齢者においては，設定温度の振れ幅が大きく，温度変化に対する感受性が低下

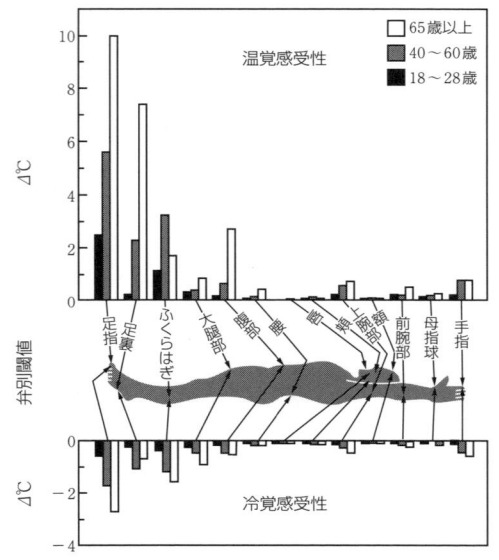

図6.9 温覚感受性と冷覚感受性の弁別閾値

弁別閾値（ΔC）の数値が小さいほど感度は鋭い。
冷覚のほうが温覚より感度は鋭いが，いずれも手指・腹部・大腿部・ふくらはぎ・足裏・足指では，加齢変化が大きい。
（出典：Stevens JC, Choo KK：Temperature sensitivity of the body surface over the life span.Somatosens Mot Res 15, 1998, pp.13-28）

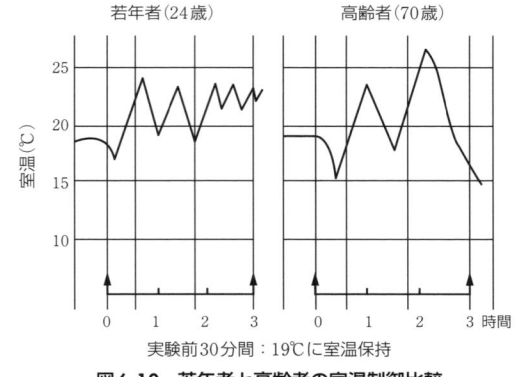

図6.10 若年者と高齢者の室温制御比較

19℃にコントロールされた部屋へ入室後，被験者に自由に温度制御をしてもらい，その室温の経時変化を測定した。若年者では細やかに調節し，3時間後には快適温度が設定できているのに対して，高齢者では，上下の振り幅の大きい2つの山が生じた粗い調整であり，3時間経っても設定できていない。
（出典：Collins, K. J., et al., British Medical J. vol.282, 1981, p.176より作成）

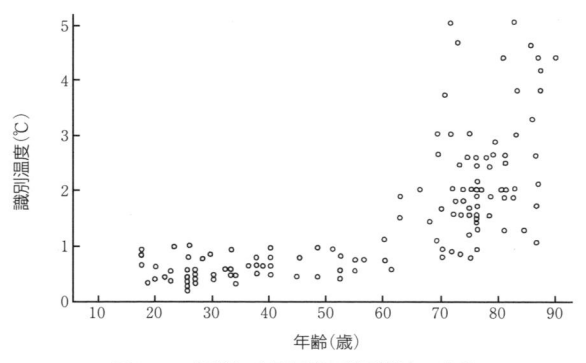

図6.11 加齢による温度の識別能力の変化

指先の温度識別能力を観察した結果である。50歳くらいまでは，約0.5℃の温度変化を識別できるのに対し，65歳以上では，1.0〜5.0℃の温度変化がないと識別できない。
（出典：図6.10と同じ）

している。温度の識別能力の加齢による変化を図6.11に示す。65歳を過ぎると，急激に温度を識別する能力が衰退する。このように，感度が鈍くなっている高齢者による自由な室温調整には，まわりの見守りも必要である。

(3) 高齢者に身体負荷の高い更衣（衣服の着脱）環境

冬季に寝室や脱衣所，浴室，トイレが寒いと，高齢者に身体負荷がかかることが報告されている[1]。図6.12に，冬季の入浴時の血圧変動と，その対応行動を示す。最も身体負荷が生じやすく事故の発生につながりやすい脱衣所，浴室などの生活場面について，それらへの対応を例示している。

寒い季節には，トイレ・寝室・脱衣所・浴室などは居間に比べ気温が低くなり，温度差が大となる。暖かい部屋から寒い場所への移動や脱衣などの寒冷曝露による血圧の急激な上昇は，事故の発生につながる。寒い環境でも，更衣が速やかに行えるように，摩擦抵抗の少ない重ね着のしかた，衣服のあき構造，ゆとり量，扱いやすいボタン・ゴムなどの装着具に配慮が必要である。

高齢者人口は急増しているが，特に70歳以上の高齢者においては，入浴時の脱衣所や浴室をはじめ，トイレや寝室などの快適環境とは異なる環境下での更衣動作は，身体負荷が高くなる。トイレや脱衣所の保温に努め，温度差の生じにくい生活環境に改善することも必要であるが，衣服学の立場からは，温度差の影響を少しでも少なくするために，短い時間で着脱しやすい衣服の提供が待たれる。

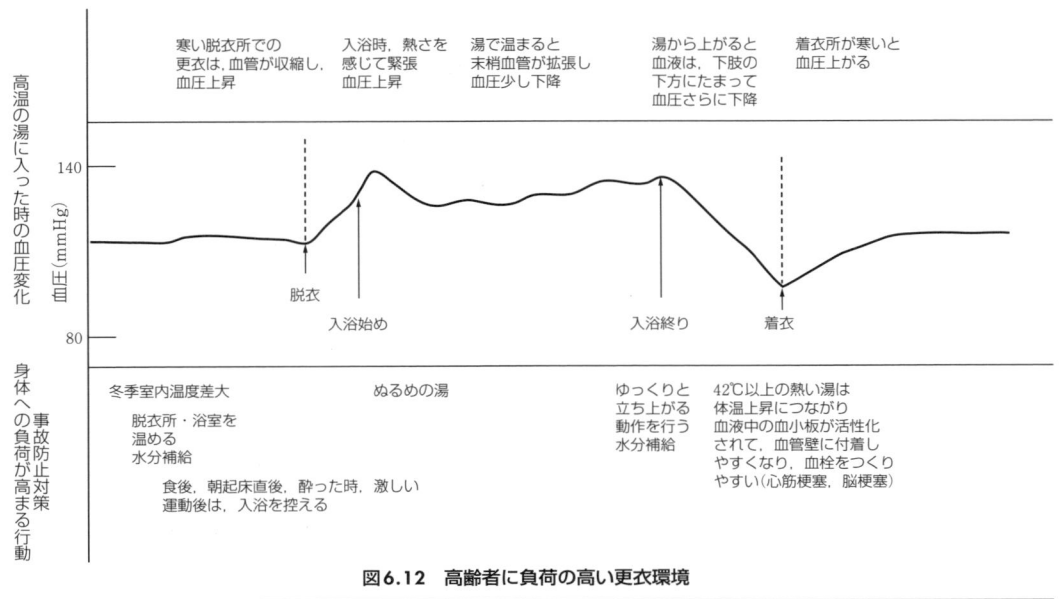

図6.12　高齢者に負荷の高い更衣環境

6.2 乳幼児と妊産婦の衣服

6.2.1 乳幼児の体温調節反応と衣服
(1) 熱中症

　乳幼児は，成人に比べて身体が小さく，断熱材の役割をする皮下脂肪が少ない。身体の大きさに比較して人体表面積が大きいため，外気温に左右されやすい。さらに，体温調節能力が未発達であるため，体温の状態について注意が必要である。また，乳幼児の体表面積当たりの基礎代謝量は，約57kcal/m²・hで親世代（約35kcal/m²・h）の約1.6倍である。乳児期から幼児期に向かい行動内容・範囲ともに広がることで，さらに産熱量は増加し，発汗しやすくなる。

　大人の体温は，日内変動を示し，最高と最低の差（日内差）は約1℃である。このような体温のリズムは，生後2カ月から6カ月にかけて発現し始め，生後2年で完成するといわれている。図6.13は，健康な乳幼児の体温の日内差の年齢による変化である。1歳を超えるころから日内差が大きくなり，体温調節能力の発達がうかがわれる。

　また，乳幼児は大人より汗をかきやすい。汗を分泌するのは，能動化された汗腺（能動汗腺）のみである。汗腺の能動化は，胎生第28週頃に始まり，生後2年半頃まで能動汗腺数は増え続けるが，その後は生涯増えない。乳幼児は，身体が小さいのに大人と同じ数の能動汗腺があり，汗腺の密度が高い（大人の3～10倍）ため汗をかきやすく，皮膚表面の湿り気が高い。熱帯地方で生まれ育った者は能動汗腺数が多く，寒帯地方で育った者は少ない。つまり，能動汗腺数は乳幼児期の生活環境に左右されるので，夏季に汗をかかないような冷房環境で過ごすことは避け，暑くても外で過ごす時間をもつことは，乳幼児の体温調節能力の発育のためには大切である。

　しかし，屋外で紫外線に長期継続的にさらされると，皮膚細胞が傷つき，免疫機能が著しく低下し，突然変異的に皮膚がんが発生するといわれている。マウスの紫外線照射実験において，子どものうちから紫外線を照射した場合と大人になってから照射した場合を比較すると，子どもの頃から紫外線を照射していたマウスのほうが，皮膚がんになる確率が高いという報告がある。したがって，日差しが強い日は，できるだけ長時間の外出を控えるべきである。夏季に外出する際には，つばの広い帽子をきちんとかぶせるなど，乳幼児の紫外線対策は重要である。最近では紫外線対策グッズとして，子ども用の日焼け止めクリームや紫外線をある程度カットする素材でできた衣料製品も発売されているので，必要に応じて利用するとよい。

　近年，夏期炎天下の車内での乳幼児の熱中症や死亡事故が増え問題になっている。表6.2に炎天下の車内温度の測定結果の一例を示す。体温調節機能の未熟な乳幼児は，上昇した車内温度の影響を強く受けることが推測され，車内で高温により障害（熱中症など）を発症したり，死亡に

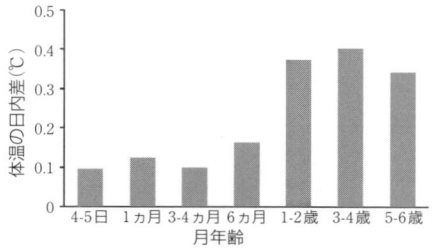

図6.13　健康な乳幼児の体温の日内差

6ヵ月あたりまでは，1日の体温差は小さく，1歳を超えると，日内差も約0.4℃となり，体温調節機能が徐々に成長していることがわかる。
（出典：巷野悟郎ほか，健康小児の体温の研究，厚生省小児保健環境研究班，1979より作成）

表6.2　炎天下駐車での車内温度の一例

ダッシュボード	72℃
ハンドル	70℃
助手席足下	42℃
ボディ表面	48℃
車内	59℃

さまざまな条件によって，車内の温度は変化する。しかし，炎天下に駐車している車の中は，強い日差しとともに温度が上昇し，灼熱地獄となる。熱中症に至る時間は，状況によっては十数分の可能性もあると考えられている。

至ったりする場合がある。

　また熱中症は，炎天下で太陽光線（紫外線など）を直接浴びることでも起こる。乳幼児は大量の汗をかくことにより，身体の中の水分と塩分が放出され脱水状態に陥りやすく，熱中症などにかかりやすいため，適切に水分補給をすることが大切である。しかし，乳幼児は自分の意思で水分補給ができない，もしくは自分の脱水状態に気づかないこともあり，周囲の大人の細やかな配慮が必要となる。

　同様に乳幼児期は，体温調節機能だけではなく，呼吸機能などの成長を促進しなければならない大事な時期でもある。乳幼児の体温は変動しやすいので，つねに衣服による体温調節や，成長を妨げないような衣服の選択などへの十分な配慮が必要である。乳幼児衣服は，吸湿性，吸水性に優れ，接触したとき刺激の少ない柔らかな素材が望ましい。

（2）着せすぎによるうつ熱

　秋本ら[1]の調査によると，親は，乳幼児の背中や頭の汗のかき方を目安に衣服の枚数を調整していることが多い。熱を確認する部位では「手や足の熱を確認する」が多いことがわかっている。また，医者などから受けた注意内容では，「暑いときは大人よりも1枚少なく着せる」と答えている。これは，うつ熱などに対する警戒も含まれている。

　図6.14は，睡眠中の乳児に布団や衣服（帽子・靴下なども）を着せ，厚着させた（着せすぎの）場合の衣服内温度，前胸部で測定した体温（中枢深部体温）と足底部で測定した体温（末梢深部体温）の変化である。着せすぎは，蓄熱により衣服内温度を上昇させ，乳児を容易に高体温（うつ熱）にするので注意を要する。

　図6.15は，乳幼児突発死症候群のメカニズムの概念図である。着せすぎとうつ伏せ寝は，衣服内温度を上昇させ，睡眠中の乳幼児は容易に高体温（うつ熱）となる。熱産生は乳幼児自身が能動的に行っているが，熱放散は他人任せ，受動的である。着せすぎでないかにも注意が必要である。

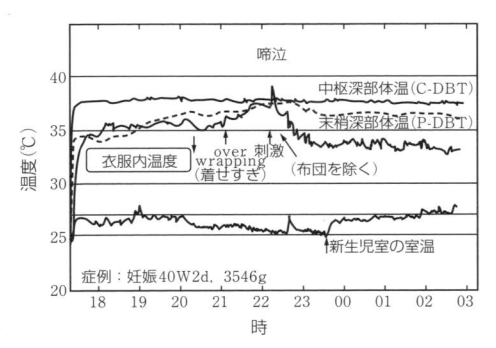

図6.14　着せすぎが衣服内温度に及ぼす影響
厚着させると，衣服内温度は中枢深部体温より高くなり，38.5℃まで急激に上昇し，布団を除いても緩やかに上昇する。
（出典：山藤道明ほか，体温はなぜ37℃なのか，メディカル・サイエンス・インターナショナル，2005，p.89）

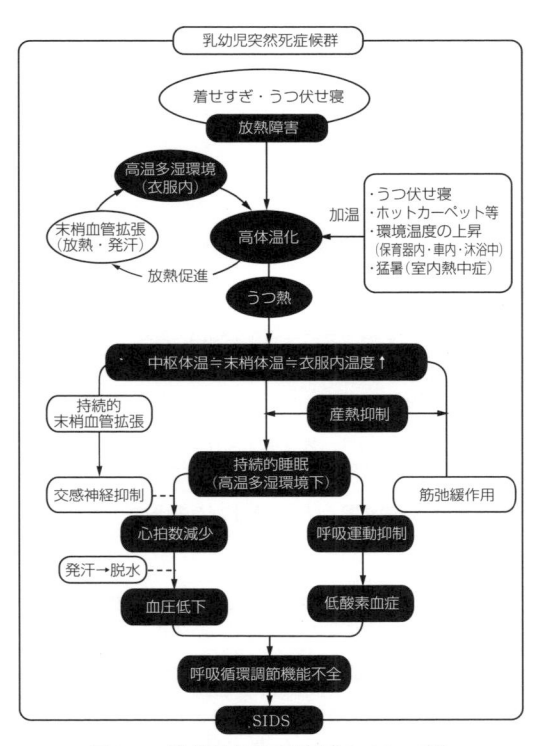

図6.15　乳幼児突発死症候群のメカニズム
乳幼児突発死症候群（SIDS）のメカニズムは，着せすぎ（放熱障害）→衣服内高温環境→うつ熱→放熱促進（交感神経抑制）＋産熱抑制機構（睡眠＋筋弛緩＋呼吸運動抑制）→血圧下降＋低酸素血症→SIDSである。
（出典：図6.14に同じ）

6.2.2 乳幼児のロコモーションと衣服

　身体の位置を変えるような運動，すなわちロコモーションの変化は，乳幼児の身体発達とともに起こり，運動機能の発達も著しい。ほぼ一日中寝ていた新生児から，3ヵ月頃には首がすわり，6ヵ月頃寝返りをし，7ヵ月頃お座り，8～9ヵ月頃ハイハイすることで，自分の体の移動が可能になる。9ヵ月頃つかまり立ちできるようになり，11ヵ月頃でつたい歩きを始め，その後一人で歩けるようになるまで，めまぐるしく変化する。このような状況下で着装する乳幼児服の留意点を表6.3にまとめた[2,3]。

　新生児では，肌着の縫い代を外側に出したりして皮膚を痛めないように，ほつれ糸が指にからまったりしないよう注意する。3ヵ月頃までは，ほとんど寝ている状態なので，打ち合わせのたっぷりした，更衣させやすい前あき衣服で，袖口は乳児の手を外から引き出せる程度のゆとりが必要である。

　乳児期後半に近づく頃の衣服は，カバーオールや上下に分かれた腹部が出ないような組合せを考え，動作しやすく着せ勝手・脱がせ勝手の良いデザインにする。留め具も，ホック・面ファスナーやひもなどは，手ではずしてしまうので避ける。

　乳児服の素材は，軽くて肌触りが良く，吸湿性・吸水性に富み，洗たくに耐えるものが良い。季節に応じて，保温性・通気性に配慮し，柔らかく伸縮性のあるものが望ましい。

　乳幼児は，何でも物珍しく思い，いろいろなものに手をだす。幼児がボタンに興味をもち始めると，視覚でボタンをとらえ，触覚で引っ張りいじるなどを経て，ボタンの掛けはずし行動につながっていく。これらはすべて自分の目で確認して行われるので，幼児の目と手の届く所にボタンを付ける。初期段階では扱いやすい直径2cmの平らでつまみやすい形，識別しやすい色ボタンで，ボタンの立ち上がりをつけ，縦穴のボタンホールを2mm位大きめにすると，未熟な幼児には扱いやすい。

表6.3　乳幼児服の留意点

①	乳幼児は手足をこまめに動かしながら，空間の中で自分の位置感覚を育て，体性感覚野の発達とともに，運動野も発達していく。四肢や手足の指先を自由に動かすことができ，発達段階に応じた機能性に優れる衣服の配慮が大切といえる。
②	乳幼児の形態に合い，ロコモーションをサポートできる衣服構造で，発達段階に応じて，着せやすく脱がせやすい，または，子どもが着やすく脱ぎやすい着替えが楽にできるデザインで，適切なゆとり量が必要である。
③	かぶり式の衣服は，大きな頭部が気持ちよく出し入れできるゆとりに配慮し，開口部に肩あき・前あきを組み込むデザインや，首周りに十分な伸縮性をもたせる。
④	首が短い年少幼児では，立ち上がりの少ないフラットカラーやえりなしにする。
⑤	腹部が前に出ており，ギャザー・フレアーや長い裾で足元が死角とならないよう安全性に配慮する。
⑥	腹部が樽型のため，ウエストでの衣服の落ち着きが悪い。腹式呼吸を妨げないようなつり紐形式が望ましく，ズボン・スカート・パンツなどの腹部のゴムをきつく圧迫しすぎない健康への配慮が必要である[4]。
⑦	季節の気温・気湿や室温の変化に応じた快適素材で，こまめに体温調節でき，薄着の着装を心がける。
⑧	「24ヵ月で衣服を着せてもらうのを手伝う。36ヵ月で脱ぐことをおもしろがり，脱げるようになる。48ヵ月でほとんど自分でできるようになり，60ヵ月でよく注意して着脱できる。」の着衣行動の発達の序列を参考に，子どもの興味の生じる時期を個々にみきわめ，更衣の習慣付けを行う。
⑨	手入れしやすく，扱いやすく，安全で快適な衣服であること。
⑩	着用者の好みや色の組合せなどへの配慮も大切である。

6.2.3 妊産婦の衣生活

　妊産婦の代謝量は，妊娠6～7ヵ月まではそれほど変わらないが，それ以後では15～20％増加する。妊娠によって，身体活動や食事による熱産生は変化しないが，妊娠週数が進むに伴い，体表面からの熱放散は少なくなる傾向にある。また妊娠週数とともに増加する皮下脂肪のために，熱放散が少なくなることもある。そのため蓄熱量の増加，体温の上昇傾向がみられる。しかし，妊娠中はホルモンの影響もあり，ほてりがある一方，下半身に冷えが生じることもある。また，ホルモンバランスの崩れから，自律神経系に乱れが生じ，体温調節がうまくいかないこともある。

　妊産婦の体温は，胎児の体温に影響を与える因子となるため，健康への十分な配慮が必要である。身体を冷やさないように単なる厚着ではなく，軽い衣服の重ね着をすることによって細かな調節をし，身体を動かしやすくすることが望ましい。また妊娠中は，新陳代謝が盛んであることから洗たく，乾燥がしやすい衣類を選択することも大事なことである。

　また，身体を強く締め付け血液の循環を妨げると，むくみが発生しやすくなる。ブラジャーやショーツなどのゴム部分による締付けには注意が必要である。

6.3 高齢者の衣服

6.3.1 更衣動作の問題点とその配慮

加齢に伴う身体機能の低下とともに，衣服に求められる要件も変化している。1993年に実施した高齢男女の調査では，身体機能と扱いやすい日常着に関する項目のカテゴリーを用いて解析が行われた。その結果，①視覚・巧緻性・可動域の加齢に伴う減衰，②着脱の難易性，③扱いやすい衣服構造，④上肢・下肢動作時の痛みに関する側面が挙げられた。①と②に関して，60・70・80歳代の各年齢間で有意な加齢変化が認められた。

図6.16は，①にかかわる手指の触れる範囲と可視境界範囲を示したものである。背部に手を当てる動作は，手首・肘・肩部の各関節可動域が総合的に作用する。椅座位における可触範囲も，前屈動作を負荷すると腰に痛みのある人や可動範囲に制限のある人では，個人差がみられる。

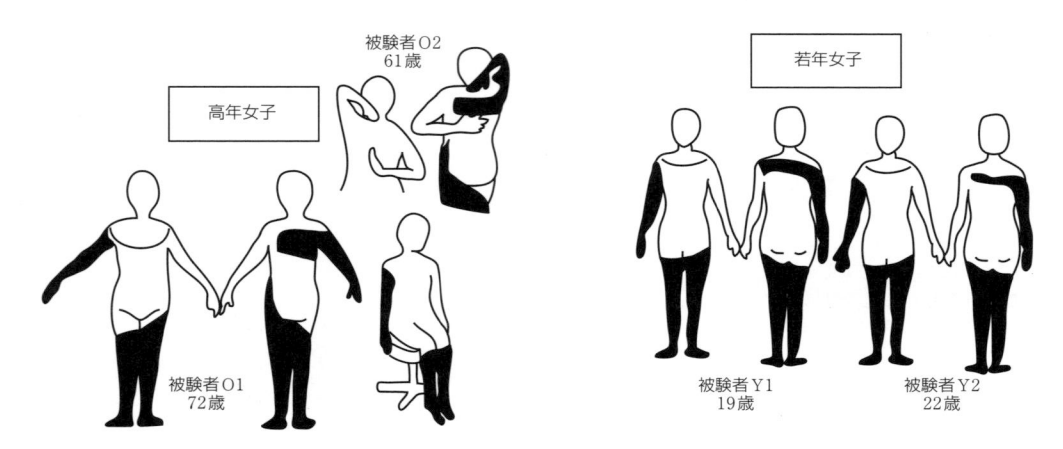

図6.16　手指の身体可触範囲と可視境界範囲（白地：右手の指先で触れられる範囲，点線：可視境界範囲）

若年と比較して高年では，手指の触れる範囲と可視境界範囲は狭くなっている。高齢者には，背中にあきのある衣服の着脱は難しい。
（出典：岡田宣子，民族衛生，vol.65, no.4, 1999, pp.182-196）

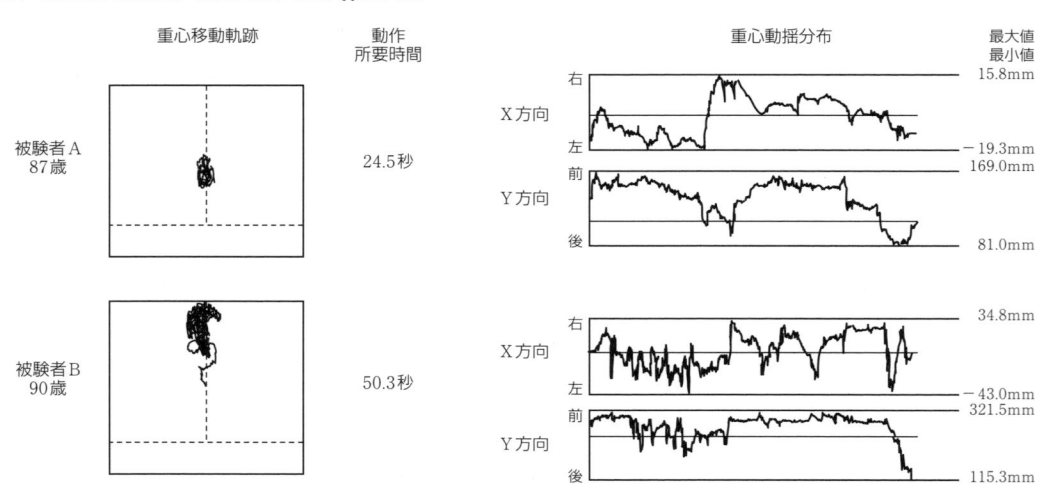

図6.17　右側ソックス着衣時の重心動揺（椅座位）

ソックス着用時の重心動揺を左右（X方向）と前後（Y方向）の成分に分けて分析すると，被験者Bのほうが左右（最大値：34.8mm，最小値：－43.0mm）・前後（最大値：321.5mm，最小値：115.3mm）動揺の最大振幅が大きく，動作所要時間でみても，被験者Aのほぼ2倍の50秒を要している。

図6.17は，椅座位で右足にソックスを履く動作をしたときの重心動揺である。左右方向・前後方向の動揺振幅も動作所要時間も，被験者Bは被験者Aの2倍を超えている。つまり，上半身を前屈させて最も遠い足部まで手を伸ばし，足部が入るようにソックスの履き口を手で広げて履く動作は，高齢者にはかなりの負担となる。履き口にゆとりのある扱いやすいソックスが求められる。

　健康な高齢者の60歳から80歳以上までを，5歳刻みで，6つのグループに分けて，更衣の難易性の加齢変化をとらえた調査報告では，男子は70歳近くで更衣に問題が生じ始める。関節可動域が狭まり，Tシャツより前あきが，ウエストにはゴムが好まれるようになる。女子は70歳以降，更衣に問題が生じる。75歳になると，ソックスを安定した腰掛け姿勢で履くようになり，80歳過ぎると更衣が面倒になってくる。

　視力や巧緻性の低下に伴い，スナップがはめにくく，服と同色のボタンが見分けにくく，肩・腕に痛みも生じて，更衣は難度を増す。少しでも身体負担が少なく，衣服を自分で扱いやすくするためには，着脱時に必要なゆとり量を衣服に組み込む配慮が必要となる。

　図6.18は，ゆとり量の異なるTシャツの更衣動作について，重心動揺で若年と高年を比較している。若年では差がなくても，高年では適切なゆとりが組み込まれていれば，フィットサイズより身体負担が有意に少ない。

　図6.19は，着勝手のよさをゆとり量の異なる前あきシャツで比較したものである。まっすぐに腕入れができるもののほうが，肘を曲げなければ腕入れできないものより，楽に着ることができ，脱衣時も身体負担は少ない。

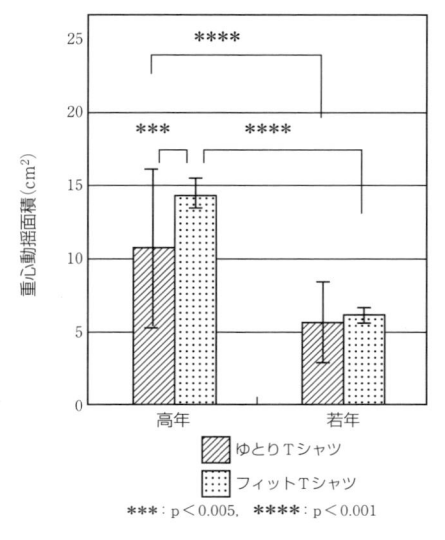

図6.18　Tシャツ着衣時の重心動揺の高年・若年比較
重心動揺面積が広いと，着衣時に身体を多く動かしている指標になる。若年では差がなくても，高年では適切なゆとり量が組み込まれていれば，フィットサイズより身体負担は有意に少ない。
(出典：図6.16と同じ，p.191より作成)

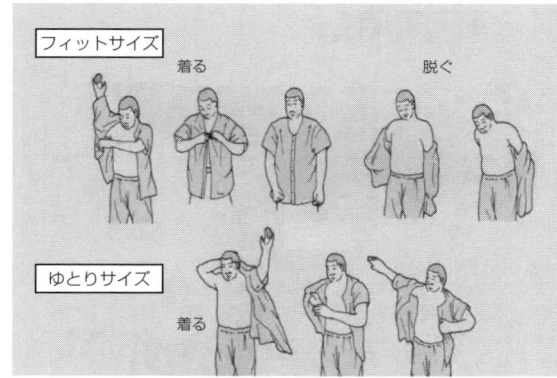

$*** : p < 0.005, **** : p < 0.001$

図6.19　前あきシャツの着勝手のよさの比較
フィットサイズでは，肘を曲げなければ腕入れできない。脱ぐ時も背渡り寸法が少ないため，肩関節や肘関節を狭い範囲で動かさなければならないことから，身体負担は大きい。
(出典：酒井豊子編，家政学概論，メヂカルフレンド社，1999，p.93)

6.3.2 着脱しやすい衣服の工夫

着脱動作は，着用者の身体機能の低下の程度に応じて，自立，自助具で自立，一部介助，全介助に分けられる。自立した高齢者には，着勝手・脱ぎ勝手のよい衣服を，全介助で生活する高齢者には，着せ勝手・脱がせ勝手のよい衣服が必要となり，その衣服構造は異なる。自立している高齢者には，着脱動作が身体負担にならない配慮が必要となる。

身体に痛みが生じていて着脱する場合は，一般的に着衣は患側から健側の順，脱衣する場合は，健側から患側の手順があり，それらの動作に応じて衣服のゆとり量を考慮する必要がある。

更衣のしやすさには，衣服構造，重ね着のゆとり量の問題や，袖裏地などのすべりやすさ・摩擦抵抗も影響する。健常な高齢者の場合，腕入れ・腕ぬきしやすいTシャツや，脱ぎ着しやすい前あき上衣における適切なゆとり量は，若年が必要とするゆとり量より，さらに12～13cm多く組み込むとよい。しかし，これらをゆとり量だけで補うのは無理があり，ニットなどの伸縮性のある素材使用による動作適応性を高める工夫が求められる。

また，図6.20に示すように，パターンによる工夫や，タック，スリット，マチなどでゆとりを組み込むデザインによる工夫などが必要となる。その他，かぶり式の場合の前立て部分のあき構造，ズボンの股上の深さや，衣服の肌ざわりなどにも配慮が必要であり，着心地よく満足のいくデザインであることが前提である。

着脱動作の自立には，扱いやすい面ファスナーや袖口・ズボンの裾口，ウエストなどのゴム使用，つまみやすいボタンのサイズと形状，留め具などの工夫も有効である。また，ひとつ大きめのサイズの市販衣服をリフォームすることで個人対応する方法もある。

[上衣] 既製品は，ひとまわり大きい物をリフォームする。円背には，肩ダーツや背縫いにカーブを入れたり，余分の前裾をカットして，それを後ろに足して後ろ身頃に脇ダーツを入れたり，ヨークをつけて背肩に，①ギャザーや，②タックでゆとりを持たせたりして対応する。③④⑤は，腕入れ・腕ぬきしやすくするための，ゆとり量の確保例である。

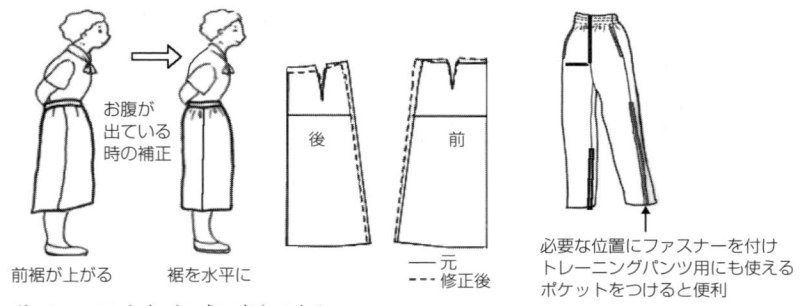

[下衣] ダーツ分をギャザーに，ベルトをゴム式に変えてもよい。

図6.20　更衣しやすく快適な衣服の工夫(リフォーム事例)

6.3.3 着衣着火事故と防炎・難燃加工の衣服

平成22年度の「消防白書」によると，住宅火災による死者数は，火災警報機の普及とともに平成17年以降減少傾向にあるが，平成21年中の住宅火災による死者数（放火自殺者等を除く）は，1,023人であり，このうち65歳以上の高齢者は628人と6割以上を超えている。図6.21は，年齢別に比較した死亡者数であるが，年齢とともに増加している。これには，加齢による身体および生理機能などの低下も大きく関与している。

図6.22は住宅火災の発火源別，図6.23は発火源からの最初の着火物別の死者数である。繊維製品への着火による死者が約3割を占め，燃えやすいものに囲まれて生活していることがわかる。さらに，死に至った経過の発生状況では，「逃げ遅れ」が毎年6割前後を占めて最も多い。次いで多いのが，「着衣への着火事故」である。何らかの火源により，人の意志に反して，身につけている衣類に着火した火災のことを指す。

年齢別死者数を表6.4にまとめた。65歳以上の高齢者が7割以上を占めており，高齢者の体力

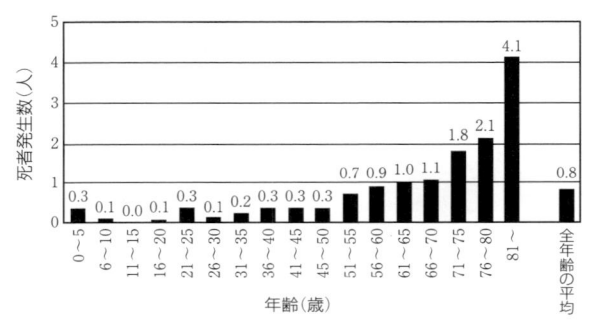

図6.21 住宅火災における年齢階層別の人口10万人当たりの死者発生数（放火自殺者等を除く）

人口10万人当たりの死者発生数を年齢層別に比較すると，高齢になるにつれて急増し，81歳以上は約4人で全年齢層の平均（0.8人）のおよそ5倍になっている。

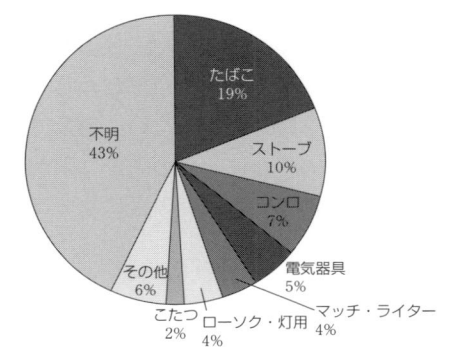

図6.22 住宅火災の発火源別死者数（放火・自殺者等を除く）

発火源としては，たばこやストーブ，コンロなどが多い。

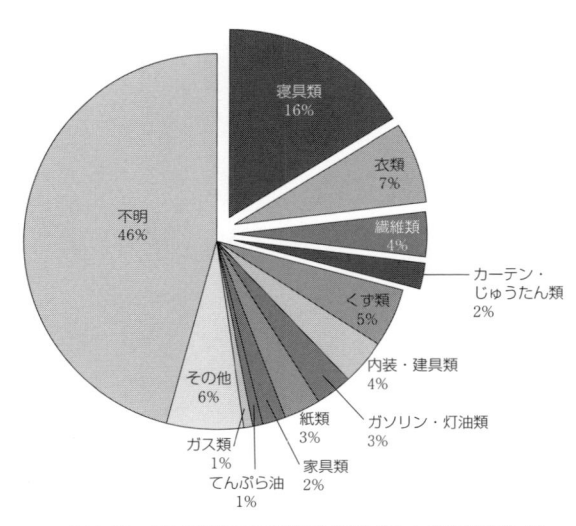

図6.23 住宅火災の着火物別死者数（放火自殺等を除く）

寝具類が最も多く（16%），ついで衣類（7%）が多い。繊維類とカーテン・じゅうたん類を含めると，約30%が繊維製品への着火が原因で死亡している。

表6.4 年齢別にみた着衣着火による死に至った経過とその人数

年齢等区分（歳）		着衣着火							合計
		着衣着火し，火傷（熱傷）あるいはガス中毒により死亡したと思われるもの							
		喫煙中	炊事中	採暖中（たき火を除く）	たき火中	火あそび中	その他火気取扱い中	その他	
乳幼児	0〜5	0	0	0	0	1	0	0	1
小中学生	6〜15	0	0	0	0	0	0	0	0
高校生および成人	16〜65	2	4	0	4	0	7	15	32
高齢者	65〜	4	6	6	26	0	30	15	87
合計		6	10	6	30	1	37	30	120

（平成21年中）（単位：人）

着衣着火による死者の7割は，65歳以上の高齢者である。

や判断力の低下にも要因があるといえる。いずれも、衣服に火が着いた際に、動作が緩慢となっている高齢者において被害が大きくなる可能性が高い。着衣着火の原因は、タバコや炊事中のコンロ、たき火などであるが、国民生活センターや各自治体の消防署では、高齢者に対して以前から着衣着火への注意を呼びかけており、仏壇のろうそくに火をつける際に衣服に火が燃え移ることや、タバコに火をつけようとした際に、マフラーやストールに火が燃え移る例などを取り上げて注意を促している。

安全性の配慮から、高齢者の寝具や寝衣に防炎機能を付加することが考慮されつつあり、購入時には燃えにくい繊維、すなわち難燃繊維などの加工の表示にも注意する必要がある。特に台所などでの被服への引火を防止するには、防炎機能が付加されたアームカバーや袖口のしまったエプロン着用などが有効であるが、これらは完全に防火できるものではない。なおカーテンなどに、防炎性能の高いものが販売されつつある。

繊維製品は燃えることを十分理解し、表6.5を参考にして、難燃・防炎加工を施した衣服を購入するなどの対策が必要である。また、パジャマのようにゆとりが大きい衣服は、煙突効果により燃え方が早くなることや、袖口や裾が広がっているもの、マフラーなど身体から離れてしまうものを身につけていると、思わぬところで火が燃え移る危険がある。繊維の種類だけでなく、衣服のデザインにも配慮したい。加えて、表面に毛羽がある衣服では、表面フラッシュが発生するので、一瞬のうちに衣服の表面に火が広がることがある。国民生活センターのホームページに動画が掲載されているので参考にしてほしい。

6.3.4 その他の安全性

高齢になると，身体機能の低下により，足元がふらついて転倒することがある。また，スカートやコートの裾(すそ)が足元を隠すと，歩行時に大変危険である。本人が足元を確認できるようつねに配慮することが大切である。衣服や紐が引っ掛からないかなど安全に配慮し，使いやすくじゃまにならない位置にポケットがあると便利である。また，転倒事故を防止するため，滑り止めの付いた靴下やスリッパ，靴などを活用するなどの配慮も必要である。

下肢(かし)の運動機能が低下し歩行が遅くなり，横断歩道を渡るにも時間がかかるため，自動車事故にあう可能性が高くなる。外出時には，薄暗い所でも視認性の高い目立つ色の服を着用するなど，他者から認識されやすくする工夫も大切である。衣服や帽子，杖(つえ)などに反射素材を使用したり（図6.24），蛍光シールを付けることで交通事故防止にもつながる。

表6.5　繊維の燃焼性

分類		燃焼の状態	繊維の種類	備　考
難燃性	不燃性	燃焼しない	ガラス繊維，炭素繊維，金属繊維	難燃ポリノジック 難燃アクリル 難燃ポリエステル 難燃レーヨン
	難燃性	炎に触れている間は燃えるが，炎を遠ざけると消える（自己消炎性）	ポリ塩化ビニル，塩化ビニリデン ポリクラール，モダアクリル，アクリル系，ノメックス，カイノール，PBI	
防炎加工の対象	可燃性	容易に燃えるが，炎の広がりは比較的暖たかである	ポリエステル，ビニロン，羊毛，絹，ナイロン，ベンゾエート	
	易燃性	容易に燃え，速やかに燃え広がる	アクリル，ポリエチレン，キュプラ，綿，麻，アセテート，プロミックス，レーヨン	

綿やレーヨンなどのセルロースを成分とする繊維や，合成繊維のアクリルの衣服は，容易に燃える。

衿の縁取りとして，視認性の高い反射材を使用しており，夜間に高い安全性を発揮する。

図6.24　光る衣服の例

6.4 障がい者の衣服

ここでは，(1)障がい者の現状と障がいを受けた機能を補い助ける各種補装具（身体機能補助増進衣），(2)補装具（身体機能補助増進衣）の着心地，(3)障がいが衣生活に及ぼす影響と配慮したいこと，(4)障がいのある人の衣服を選ぶとき，リフォームするときに役立つちょっとした工夫について述べる。

6.4.1 障がい者の現状と各種補装具（身体機能補助増進衣）

「平成23年版障害者白書」によると，障がい者のおよその数は身体障がい360万人，精神障がい320万人，知的障がい55万人である。身体障がいの内訳は，肢体不自由が約50％を占め最も多いが，視覚・聴覚・言語障がいのほか，心臓・呼吸器・膀胱・内臓等の内部障がいが近年増加している。肢体障がいの原因は，事故のほか，病気によるものが多く，障がいの部位は，四肢だけでなく身体全体に及ぶ。

私たちをいろいろな環境から守るために，衣服は身体の諸機能を助けている。また，衣服を着用するときと場所と場合に応じて，衣服は私たちを精神的にもサポートしている。障がいがある場合，座る姿勢や立つ姿勢の保持を助ける姿勢保持装置，車椅子・義肢・四肢体幹用補装具・歩行補助杖・靴のほか，耳や目の機能を補う補聴器・眼鏡など身体諸機能を補助増進する各種補装具を衣服とともに用いる。

私たちの皮膚からは，発汗していないときでも不感蒸散があるので，衣服素材には吸湿・吸水性と透湿・透水性などの衣服衛生学的性能が求められ，これらの性能を保つために洗たく等の衣服管理が必要である。補装具は身体と密着して使用されることが多いので，素材の水分に対する性能が大切であるが，各種補装具に要求される諸機能が優先されることが多い。また，補装具のデザインは，補装具をつけても衣服が着用でき，トータルファッションとして使用者を精神的にサポートできるものが望ましい。

身体の機能を補うための各種身体機能補助増進衣の一例を図6.25に示す。

A：(1)ヘアバンドは，目に汗が入らないようにする眉毛の機能を補う，(2)メガネは視力を補い，光や異物侵入防止，(3)手袋は皮膚のバリア機能を補い，断熱や汚れ防止，(4)左腕装飾用義手には時計も装着できる，(5)おしゃれな義足，(6)長靴は手袋同様，皮膚機能を補助増進し，生物や化学的・物理的衝撃から足を守る，(7)手のもつ機能を補うポケットと，薬などを入れられるペンダント，(8)ストーマ（人工排泄口）用装具を圧迫しないゆとりある上着
B：(1)帽子は，保温性を補うとともに，てんかんなどの病気による突然の転倒時の頭部保護に，カツラとともにがん治療時の脱毛対策や，薄毛時の気持を支える，(2)補聴器・耳栓は聴力を加減，(3)つけまつ毛は目への異物侵入防止，(4)マスクは鼻のフィルター機能を補う，(5)防弾ベストは身体を衝撃から守る，(6)ショルダーバッグは手のもつ機能を補う，(7)サポーターは靱帯・筋等を補助，(8)杖は下肢を補助

図6.25　各種身体機能補助増進衣

（イラスト：香月欣浩）

6.4.2 補装具（身体機能補助増進衣）の着心地

いろいろな義足があるが，ある義足ランナーは，マラソン走行中には義足装着部のシリコン製のライナー部をひっくり返すと，ポタポタ流れ落ちるほど大量の汗がたまるので，皮膚がふやけて傷つかないように，汗をぬぐう必要があるという。

図6.26に示した補装具を，半年以上使用している恒常的補装具使用者431名を対象に行った「補装具の着心地改善のための調査」で，短下肢プラスチック補装具が一番多く使用されていた。短下肢プラスチック補装具について使用者が不満に感じていることは，表6.6に示すように，衣生活に関係するものが多い。短下肢プラスチック補装具を装着すると，プラスチックで覆われた皮膚表面の温湿度は著しく上昇するが，プラスチックに孔をあける，プラスチックが皮膚と接する面に吸湿・吸水性が高い接着シートを貼るなどの方法により，不快感を多少改善することができる。

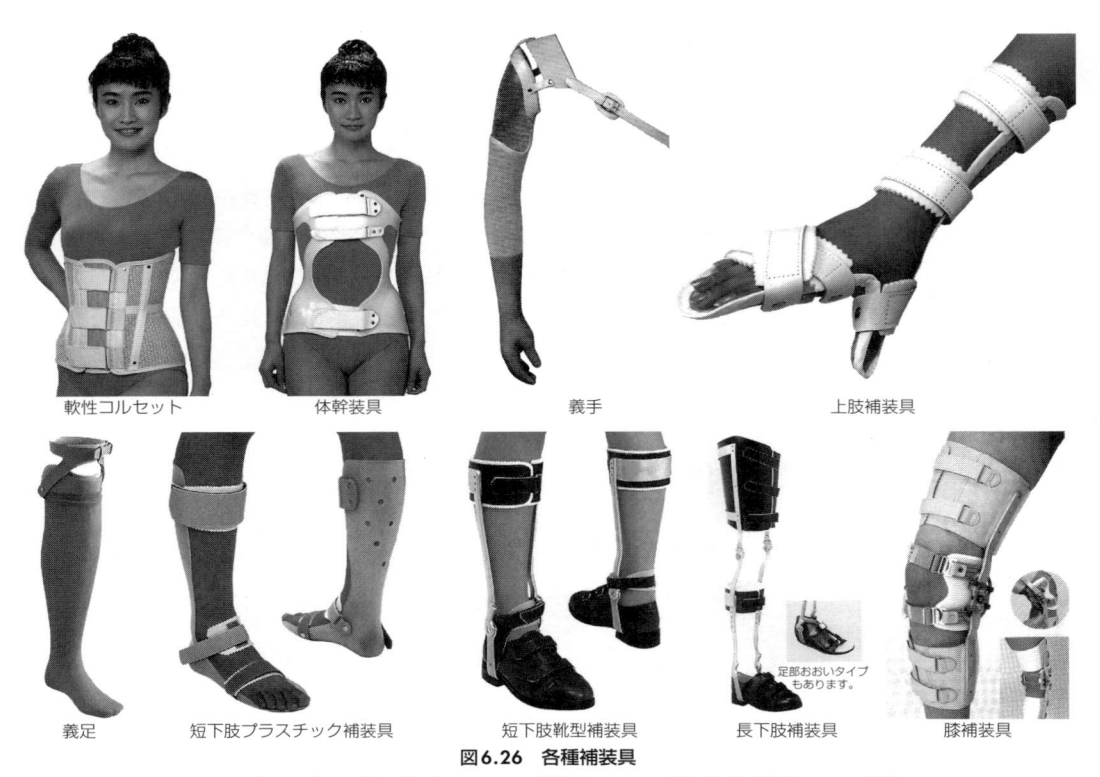

軟性コルセット　　体幹装具　　義手　　上肢補装具

義足　　短下肢プラスチック補装具　　短下肢靴型補装具　　長下肢補装具　　膝補装具

足部おおいタイプもあります。

図6.26　各種補装具

下肢補装具の使用が92％を占め，内訳は短下肢プラスチック補装具が42％，短下肢靴型装具25％，義足20％
(出典：緑川知子ほか，日本衣服学会誌，vol.54, no.1, 2010, pp.37-46)

表6.6　短下肢プラスチック補装具に対する使用者の不満

項　目（人）	不満の内容
衣生活との関係（96）	好みの衣服・靴を用いにくい，色や好みが服に合わない，目立つ，格好が悪い
装具取扱いの問題（62）	ひとりで着脱ができない，着脱が面倒，ゆるみやすい，ずれやすい，脱げやすい，マジックテープをはずす力がない，マジックテープが服を傷める，手入れが面倒
温熱的快適性（53）	触れると冷たい，中に汗をかく，暑い，むれる，かゆい
運動性の関係（32）	重くて硬いため動きにくい，生活しにくい，疲れる
サイズ（24）	きつい，なじまない，当たると痛い，筋肉が衰え細くなるのでサイズが合わなくなる
周囲への気遣い（14）	音がする，当たると人に危ないので気を遣う

(括弧内の人数は複数回答)（出典：図6.26に同じから作成）

6.4.3 障がいのある人の衣生活

　寝返る・起き上がる・座る・立つ・歩くという起居移動，排泄・食事・入浴・更衣整容などの日常生活動作（ADL：activity of daily living）は，障がいの程度により個人差が大きい。更衣には，衣類を持つ・手足頭を通す・留める・衣類を整えるという手足の動作に加えて，首や体幹を傾けたり前屈したり，反り返ったり捻ったりする動作が必要である。これらの動作が難しいと，更衣時や入浴時に時間がかかり，排泄時には間に合わないこともある。

　座位姿勢，さらに立位姿勢がとれると，更衣が容易になる。立位姿勢が保持できても，更衣のために片手しか使えない場合は，留め具をはずして床に脱げ落ちた衣服をつかんで着ることが難しいこともある。関節可動域が狭い場合や麻痺・不随運動・痛みなどがある場合には，着脱しやすい素材・デザイン・留め具・着方に配慮がいる。筋力が弱い場合は，生地の伸縮性や滑りやすさなどの材料学的性能や留め具により，更衣のしやすさが左右される。滑りやすいと着脱しやすくなったり，寝返りがしやすくなる場合があるが，座位姿勢の保持が難しくなって滑り落ちる危険も生じる。

　熱放散調節の役割をしている四肢を切除している場合や，四肢を被覆する補装具を使用している場合には，体温調節への配慮が大切である。脊髄損傷の場合は，損傷の部位に応じて発汗や血管運動による体温調節が損なわれる部位が生じるので，体温調節に気をつけることが必要である。皮膚乾燥の程度に応じて，皮膚疾患にも気をつける必要がある。また，皮膚が弱くなっている場合，精神的に肌触りに強いこだわりがある場合，寝たきりや座りきりの場合には，素材・縫目・留め具・ゴム等の皮膚への影響に気を配りたい。嚥下に関係する筋等の動き具合によっては，よだれや食べこぼしで衣服を汚すことが多くなる。ストーマ（人工排泄口）用装具や補装具使用時には，衣服のゆとりやデザインに工夫がいる。

　障がいのある人の衣生活には，表6.7に示すように，体温調節機能，感覚，知覚，認知，精神機能も関係してくるので，個別対応が必要となる。また，いずれの場合も衣服の引っ掛かり，燃焼等の安全に対する配慮が大切である。

表6.7　障がいのある人の衣生活と配慮したいこと

衣生活	配慮したいこと
着脱基本姿勢	①座位をとれるか否か，どこにもつかまらずに立つことができて，手を着脱に使うことができるか否か ②不随意運動・硬直・痛み・巧緻性・関節可動域・筋力・握力変化の有無
衣類を持つ	①リーチャー・ボタンエイド・ソックスエイド等の自助具は重すぎないか，握れるか，布を破損させずに使えるか
頭・腕・足を通す	①衣服の前後左右・上下・表裏・どこから手足首を入れてよいかがわかるか ②だらんと弛緩して重たい腕や足の着脱が可能か ③頭・腕・足を通すのに十分な関節可動域の有無 ④つま先を伸ばして，パンツに足を引っ掛けずに通すために必要な足首関節可動域の有無 ⑤補装具装着での着衣が可能か
留め具	①巧緻性が変化した手指でボタンをつまむ・引っ掛ける・掛けはずす動作ができるか，寝返りや座位で体の下にくるボタンは痛くないか ②運動制御が困難になった手で，面テープやホックを的確に対応する位置にもっていけるか，その留めはずしに十分な筋力があるか，引っ張るときにもう一方を押さえていられるか
衣類を整える	①握力が低下している手や片手で，伸縮性がある布やゴムを引き上げたり整えたりできるか ②季節・気温に対して調節できるか，組合せ・外観が整えられるか ③食事の食べこぼし対策としてのエプロン等は，自尊心を傷つけないか
体温調節	①発汗などの自律性体温調節ができるか ②熱放散調節部位である四肢が失われていないか，あるいは補装具などで被覆されていないか ③寒暖に対する知覚・認知ができるか
皮膚	①摩擦・圧迫に弱くないか ②むれ・乾燥に弱くないか ③皮膚感覚は十分あるか

6.4.4 生活の質（QOL）を高める衣生活

障がいのある人の衣生活は，失った機能を補助するため，表6.6でみられたような「格好が悪い補装具」を用いることが多い。そのうえ，「着脱と介護のしやすさ」が「自分らしく装うこと」より優先されがちである。しかし，「自分の好みの服」「着ていて気持が良い服」を装うことは，自分に自信をもち，生きる意欲を高め，生活の質（QOL：quality of life）を高め，リハビリテーションの成果も上げる[1]。また，日常生活動作（ADL：activity of daily living）が低下し，認知症がみられる場合にも，老人精神機能評価尺度による痴呆状態と生活能力評価による生活能力の改善が認められている[2]。

手足が不自由な人も，幅広いサイズ・体型の人も，視力が衰えた人も着やすい既成服を普通売場で探し求めて，表6.8のように留め具を付け替える，丈を直す，腕を通しやすくするなどと個別にリフォームすることで対応している。できるだけ多くのいろいろな人が利用しやすい売場，使いやすい試着室，気軽に安くリフォームできる体制が必要である。障がいのある人に快適な優しいファッションの一例を図6.27に示す。

衣服には，多くの人を元気にする「衣服力」がある。既成概念にこだわらないで個性豊かな装いをできるだけ多くの人に楽しんでもらうために役立つ情報が，各種媒体を通じて発信されている。

表6.8 障がいのある人の衣服を快適にするチェックポイントとアイディア

チェックポイント	内　　容
素　材	①保温性・通気性・透湿透水性・吸湿吸水性について，発汗など体温調節能力が低下している場合には特に配慮する ②布の伸縮性と伸縮の方向については，関節可動域と筋力に配慮する ③摩擦抵抗については，滑りやすさが着脱を助ける場合と姿勢保持を困難にする場合がある ④難燃性については，障がい者の脱衣には時間がかかることと，火が近接していることに気づきにくいことから特に配慮が必要
デザイン	①格好良くおしゃれなデザイン ②背幅・前幅や袖付けには着脱しやすいゆとり ③袖口・裾口の長さや幅は引っ掛からない，踏まない，ぬれないように紐，ゴム，バンド，ベルトで調節 ④腹部は締めすぎ，ずり落ちないようにゴムや紐で調節 ⑤排尿がしやすいデザイン
留め具	①つかみやすいボタン，ボタンホールに入れやすい卵型ボタン，体の下におさえられても痛くないユニバーサルボタンや紐を引っ掛け巻き付けるだけのボタン，掛けはずしがしやすい斜め向きのボタンホール ②自助具を握れ，引っ張るときにもう一方を押さえていられるならボタンエイドは便利 ③スナップは，補助具を付けることで筋力や巧緻性が低下していても使用しやすくなる ④面ファスナーは便利ではあるが，対応する面につかないと，皮膚を刺激する・衣類を傷める・ゴミがつき接着しなくなるので，的確に対応する位置にもっていけること ⑤面ファスナーとホックは，はずせるが，使用中に意に反してはずれないことが必要 ⑥ファスナーを合わせやすい箱型ファスナー，ファスナーのつまみに付けるとつまみやすいシリコンカバー，ファスナー両端につけると開閉がしやすくなるリングやストラップ
座位姿勢 車椅子対応	①上衣の丈が長すぎない，車椅操作のために腕を自由に動かせる前幅と背幅，袖や手が車輪ですれたり，汚れたりしない ②下衣は，腹部を締め付けないゆとり，背中がでない股上丈，裾が上がって足首が出ない前裾丈 ③靴は足のトラブル発生予防・着脱の容易性・車椅子のフットサポートの上に足を安定して置くことができて座位姿勢を保持できる，そして変形やむくみに対し調節できること

図6.27　障がいのある人に優しいファッション

A：上着の袖は，左には広いアームホール，右は肩ファスナー，衿開口部留め具は飾りボタン付き面テープ，スカートは卵型ボタンの巻きスカート，ブーツのファスナーはリング付き（右）とシリコンカバー付き（左），右手には自助具

B：ネクタイは面テープ付き，ベスト型エプロン右にはループ掛ボタン，左胸にはメガネを掛けられるリング，ズボンは排尿に便利な股割式，ウエスト両脇にはズボンの上下に便利なループ，ズボン裾はシリコンカバー付きつまみのファスナーで裾開閉（右），紐を引き寄せてズボン丈調節（左），右靴はセンターゴム付き，左靴は面テープ付き，右手には行動性体温調節のための扇子

（イラスト：香月欣浩）

[引用文献]

〈第1章〉
1) 栃原裕，"人工環境の創造"，人工環境デザインハンドブック，丸善，2007，pp.1-9
2) 田村照子，"被服衛生学の輪郭"，基礎被服衛生学，文化出版局，1988，pp.11-18
3) Newburgh, L.H. ed. Physiology of heat regulation and the science of clothing. Hafner Publishing Company, 1949, pp.1-457
4) 堀照夫監修，廣瀬通孝，志水英二，"これからのテクニカル・テキスタイル"，繊維社，2006，pp.404-409

〈第2章〉
2.2.1
1) Hong, S.K.Pattern of cold adaptation in women divers of Korea(ama).Federation Proc.1973, 32, pp.1614-1622
2) 高取明正，サーモグラフィーを用いた冷え性の病態生理学的検討－気温の変化と冷え性患者皮膚表面温度分布の関係について，環境病態研報，vol.62，1991，pp.16-21
3) 佐藤真理子，田村照子，冷え性者の末梢部皮膚温と温冷覚閾値の検討，第30回人間－生活環境系シンポジウム報告集，P－12，2006，pp.101-104
2.3.2
1) 戸田正三，胸襟を開け，京都帝国大学内服装革新同盟，1933
2) 飯塚幸子，日本人のファッション－開襟シャツと省エネルック，現代のエスプリ生理人類学，至文堂，1994，p.83
3) 薩本弥生編著，快適ライフを科学する，丸善，2003，p.36
4) ISO9920，Ergonomics of thermal environment-Estimation of thermal insulation and water vapour resistance of a clothing ensemble，2007，pp.16-17
2.3.3
1) 丸田直美・田村照子，歩行者の外観に基づくclo値推定の試み，日本気象学会雑誌，vol.46，no.4，2009，pp.149-158
2) 内田実，エリスリトールの特性と用途開発，食品と容器，vol.50，no.6，2009，pp.330-336
3) 小林茂夫，脳が作る感覚世界，コロナ社，2006，pp.88-100
2.4.2
1) 西原直枝，羽田正沖，田辺新一，日本家政学会誌，夏季冷房28℃設定オフィスにおける執務者の着衣量および主観申告調査，2010，vol.61，no.3，pp.169-175

〈第3章〉
3.2.3
1) 石塚忠雄，新しい靴と足の医学，金原出版，1992
2) 田中尚喜，伊藤晴夫，腰痛・下肢痛のための靴選びガイド，日本医事新報社，2004
3.3.1
1) 梁瀬度子，住空間の快適性に関わる生理心理学的研究，日本家政学雑誌，vol.49，no.9，1998，pp.975-984
2) Haskell, EH.; Palca, JW.; Walker, JM.; Berger, RJ.; Heller, HC.; The effects of high and low ambient temperatures on human sleep stages. Electro Clin Neurophysiol，vol.51，no.5，1981，pp.494-501
3) 小川徳雄，睡眠時の体温調節，睡眠と環境，vol.5，no.1，2001，pp.2-7
4) 水野一枝，睡眠と環境，睡眠とメンタルヘルス，ゆまに書房，2006，pp.138-156
3.3.2
1) 嶋根歌子，平成7年度～平成8年度科学研究費補助金(基盤研究A(1)研究成果報告書)，1997，pp.109-126
2) 宮地良樹ほか，"褥瘡はなぜできる"褥瘡のすべて，永井書店，2005
3) 宮地良樹ほか，"褥瘡の予防"褥瘡治療・ケアトータルガイド，照林社，2009
3.4.2
1) 米国保健福祉省公衆衛生局疾病予防センター，国立産業安全保健研究所，表面筋電図の人間工学応用，労働科学研究所出版部，2004
2) 木塚朝博，増田正，木竜徹，佐渡山亜兵，表面筋電図，バイオメカニズム学会，東京電機大学出版局，2009
3) 永田晟，筋と筋力の科学－筋収縮のスペクトル解析，不昧堂出版，1984

〈第4章〉
4.1.1
1) 荒木英爾編，"第11章 皮膚とその付属器，感覚器系"Nブックス 人体の構造と機能 解剖生理学，建帛社，2004，p.155
2) 今山修平担当編集，"Ⅱ.スキンコンディション"スキンケアを科学する，南江堂，2008，p.38
3) 島上和則，"STUDY 真皮層"心を癒すスキンケアの科学，中央書院，2005，p.28
4) 今山修平担当編集，"Ⅱ.スキンコンディション"スキンケアを科学する，南江堂，2008，pp.55-59，p.101
4.2.2
1) 岡崎静子，紙おむつの衛生と臭い対策，防菌防黴，vol.37，no.7，2009，pp.511-519
2) 矢吹亜希子，藤井京子，おむつ内で起こる皮膚障害のメカニズム，月刊ナーシング，vol.30，no.2，2010，pp.20-24
3) 吉田淳一，喜成年泰，松平光男，紙おむつ用トップシートにおける風合い評価，繊維学会誌，vol.63，no.3，2007，pp.47-52；松平光男，紙おむつトップシートの基本風合いおよび総合風合い客観的評価法，日本衣服学会，vol.54，no.1，pp.1-10

4) 杉浦弘子, 村田真実, 藤本保, 木下博子, おむつのしめつけに関する調査-「ウエストしめつけ軽減パンツ型紙おむつ」の効用-, 小児保健研究, vol.65, no.6, 2006, pp.763-770
5) 杉浦弘子, くらしの最前線(55)乳幼児向け製品デザインに向けた産学の取り組み～パンツ型紙おむつ開発～, 日本家政学会誌, vol.60, no.10, 2009, pp.909-912
6) 山城由華吏, 小山貴夫, 松井学, 仁木佳文, 大人用パンツの「はき心地」構成要素の解明, 応用老年学, vol.5, no.1, 2011, pp.60-69
7) 社団法人日本衛生材料工業連合会, 紙おむつ・ライナー生産数量, 日衛連ニュース, no.72, 2011, p.7

4.3.1
1) 米田守宏, 川端季雄, 日本繊維機械学会誌, vol.34, no.10, 1981, T199-208
2) 今井順子, 米田守宏, 丹羽雅子, 繊維製品消費科学, vol.28, no.10, 1987, pp.414-422
3) 丹羽雅子編, アパレル科学, 朝倉書店, 1997, pp.14-21

4.4.1
1) 糸山光紀, 着るビタミン～V-UP～, 繊維製品消費科学, 2002, vol.43, no.3, pp.39-42
2) 糸山光紀, 着るビタミン「V-UP」, 繊維工学, 2003, vol.56, no.4, pp.3-7
3) 野村正和, 山田英幸, 不破順清, セリシンの再発見と繊維への応用, 繊維学会誌, 2001, vol.57, no.10, pp.19-23
4) 庄司昭伸, 井上明子, 木下香里, 谷幸子, 武林亮子, 西田則彦, 柏谷久美, 不破順清, 山田英幸, 野村正和, セリシン定着インナー(ブラジャー)のアトピー性皮膚炎および接触皮膚炎患者に対する着用試験, 皮膚, 1999, vol.41, no.4, pp.481-491
5) 諸岡晴美, 不破順清, 長田勝栄, 諸岡英雄, セリシン加工スポーツウェアが人体生理および疲労抑制に及ぼす影響, 繊維学会誌, 2006, vol.62, no.1, pp.6-11
6) 林田隆夫, 新しい繊維のはなしⅨ, 繊維製品消費科学, 2008, vol.49, no.1, pp.24-40
7) 布生敏一, ビタミンCの素プロビタミン剤を付与したヘルシーアップ素材「ベルミンC」, 繊維工学, 2003, vol.56, no.4, pp.8-12
8) 竹内富士男, 素材のサプリメント「アクティヴェイト」, 「ビーナススリム」, 繊維工学, 2003, vol.56, no.4, pp.13-16
9) 岡本好弘, ダイエットを志す人を応援する繊維「ベルベリー」, 繊維製品消費科学, 2004, vol.45, no.3, pp.34-37
10) 林田隆夫, 新しい繊維のはなしⅥ(その1)-快適・健康・安全・便利, 繊維製品消費科学, 2007, vol.48, no.4, pp.17-24

〈第5章〉
5.1.1
1) Constitution of The World Health Organization, 1946, p.1
2) 松村明監修, 大辞泉, 小学館, 1998

5.3
1) 牛腸ヒロミほか, ものとして心としての衣服, 放送大学教育振興会, 2011, pp.105-117
2) 泉加代子, 要介護者とファッションセラピー, 日本衣服学会誌, vol.50, no.1, 2006, pp.17-22

〈第6章〉
6.1.2
1) 簗瀬度子, 高齢者の温熱適応能力からみた居住環境の改善の関する研究, 文部科学省研究費総合研究(A)研究成果報告書, 1989

6.2.1
1) 秋本沙緒里・菊池直子, 乳幼児の衣服による体温調節と夏季の着衣量について, 岩手県立大学卒業研究論文

6.2.2
2) 内藤道子ほか, 新・被服, 学習研究社, 1999, pp.206-214
3) 内藤道子ほか, 新・被服 教授資料, 学習研究社, 1999, pp.189-200
4) 日本家政学会被服衛生学部会編, 衣服と健康の科学, 丸善, 2002, p.116

6.4.4
1) 片瀬眞由美, 装い支援とリハビリ オシャレのちからを考えてみませんか？ リハビリナース, vol.2, 2009, pp.77-83
2) 泉加代子, おしゃれで生き生き-高齢者の「装い」の効果について, 人間生活工学, vol.6, 2005, pp.2-5

[参考文献]

〈第2章〉
- Lee, J；Wakabayashi, H.；WijayantoTitis；Tochihara, Y.Differences in rectal temperatures measured at depths of 4-19 cm from the anal sphincter during exercise and rest.Eur J Appl Physiol, 2009, vol.109
- 時澤健, "基礎医学"からだと温度の事典, 朝倉書店, 2010
- 空気調和・衛生工学会編, 快適な温熱環境のメカニズム, 丸善, 1997
- 岩瀬善彦・森本武利編集, やさしい生理学, 南江堂, 2000
- 田村照子編著, 衣環境の科学, 建帛社, 2006
- 谷田貝麻美子・間瀬清美編, 衣生活の科学, アイ・ケイコーポレーション, 2006
- 中橋美智子・吉田敬一編, 新しい衣服衛生, 南江堂, 1990
- 中山昭雄編, 温熱生理学, 理工学社, 1981
- 人類学講座編纂委員会, 人類学講座9 適応, 雄山閣, 1988
- 三浦豊彦, 冬と寒さと健康, 労働科学研究所出版部, 1985
- 黒島晨汎, 環境生理学, 理工学社, 1981
- 関邦博, 坂本和義, 山崎昌廣, 人間の許容限界ハンドブック, 朝倉書店, 1990
- 万木良平, 環境適応の生理衛生学, 朝倉書店, 1987
- 山崎昌廣, 村木里志, 坂本和義, 関邦博, 環境生理学, 培風館, 2000
- 斉藤秀子編著, 快適服の時代－ヒト・衣服・環境25話, おうふう, 2009
- 岡田宣子編著, ビジュアル衣生活論, 建帛社, 2010
- 小川徳雄, 新汗の話, アドア出版, 1994
- 酒井豊子・牛腸ヒロミ, 衣生活の科学, 放送大学教育振興会, 2002

〈第3章〉
- 田村照子編著, 衣環境の科学, 建帛社, 2004
- 岸清, 五味敏昭, 木村明彦, 後藤保正, 石塚寛, 山下菊治, 黒田優, 村上邦夫, 角田幸子, 小田哲子, 小島久幸, 樋浦明夫, 石川陽一, "2運動系"解剖学, 医歯薬出版, 1995
- 内田勝雄, 吉岡利忠, 角濱晴美, 磯山正玄, 鈴木孝夫, 水野健志, 八幡剛浩, 中野京子, 吉崎克明, 尾崎勇, 秋元博之, 高橋裕美, "第11章運動と筋収縮"生体機能学テキスト, 中央法規, 2007
- ゲーリー・A・ティボドー, ケビン・T・パットン, コメディカルサポート研究会訳, "第6章骨格筋系"カラーで学ぶ生体解剖学, 医学書院, 1999
- 斉藤秀子, 呑山委佐子, 西原直枝, 久慈るみ子, 高野倉睦子, 菊池直子, 三野たまき, 長山芳子, 近藤恵, 堀雅子, 佐藤希代子, 水野一枝, "8.衣服を着るヒトの構造と動き"快適服の時代－ヒト・衣服・環境25話, 2010, おうふう
- 松山容子, 祖父江茂登子, 田村照子, 林隆之, 古松弥生, 基礎被服構成学, 建帛社, 1988
- 三野たまき, 内藤由佳, 關麻依子, 起床時新室温が日中の手掌皮膚温に与える影響, 日本生理人類学会誌, 2008
- Nori Kikufuji and Hiromi Tokura, Disturbance of the Duration in the Menstrual Cycle under the Influence of Thight Clothing, *Biological Rhythm Research*, 2002
- Solomon CG, et al., JAMA, 286
- 石塚忠雄, 新しい靴と足の医学, 金原出版, 1992
- 山崎信寿, 足の事典, 朝倉書店, 1999
- 理学療法科学学会, ザ・歩行, アイベック, 1993
- 田中尚喜, 伊藤晴夫, 腰痛・下肢痛のための靴選びガイド, 日本医事新報社, 2004
- Rechtschaffen, A.；Kales, A.；A manual of standardized terminology, technique and scoring system for sleep stages of human subjects.Public health service, U.S.Government Printing Office, 1968
- 白川修一郎編, 睡眠とメンタルヘルス, ゆまに書房, 2006
- 堀忠雄, 白川修一郎監修, 基礎講座睡眠改善学, ゆまに書房, 2008

〈第4章〉
- 村上泉子, 梶原理恵, 林照次, 新井清一, 永井由美子, 山崎和彦, 飯塚幸子, 身体各部位の皮膚生理に関する研究, 日本香粧品学会誌, 1994
- 吉国好道, 田上八朗, 白浜茂穂, 佐野勉, 井上邦雄, 山田瑞穂, 身体各部位における皮表角層水分量の季節的変化とそれに関与する因子について, 日本皮膚科学会誌, 1983
- Wheatley, V. R：The physiology and pathophysiology of the skin, Academic Press, 1986, 9
- 安部隆, 保湿効果と肌あれ, 日本香粧品学会誌, 1996
- Takenouchi M, Suzuki H, Tagami H, Hydration characteristics of pathologic stratum corneu, m-evaluation of bound water, J Invest Dermatol, 1986
- 中山靖久, 堀井和泉, 皮膚保湿とNMF, F ragrance Journal, 1988, 臨時増刊号9
- Rawlings A V, 角層に対する季節的影響－セラミド1リノレート含有量と外用必須脂肪酸の影響Fragrance Journal, 1995
- Imokawa G, Abe A, Jin K, Higaki Y, Kawashima M, Hidano A, Decreased level of ceramides in stratum corneum of atopic dermatitis: an etiologic factor in atopic dry skin？, J Invest Dermatol, 1991, 96(4)
- Furuse M, Hata M, Furuse K, Yoshida Y, Haratake A, Sugitani Y, Noda T, Kubo A, Tsukita S, Claudin-based tight junctions are crucial for the mammalian epidermal barrier: a lesson from claudin-1-deficient mice, J Cell Biol, 2002, 156(6)

- 高森健二，ドライスキンによるかゆみのメカニズム，2000，臨床皮膚科，54
- Warner RR，Myers MC，Taylor DA，Electron probe analysis of human skin:determination of the water concentration profile，J Invest Dermatol，1998，90
- Downing DT，Strauss JS，Pochi PE，Variability in the chemical composition of human skin surface lipids，J Invest Dermatol，1969，53
- Horii I，Nakayama Y，Obata M，Tagami H，Stratum corneum hydration and amino acid content in xerotic skin，Br J Dermatol，1989，121
- Lampe MA，Williams ML，Elias PM，Human epidermal lipids:characterization and modulations during differentiation，J Lipid Res，1983，24
- 総務省 生体電磁環境研究推進委員会，電波の生体への影響研究報告，1998〜2005
- メアリーローチ，池田真紀子訳，わたしを宇宙に連れてって，NHK出版，2011

〈第5章〉
- 中川早苗編，被服心理学，日本繊維機械学会，2004
- 高木修監修，被服と化粧の社会心理学，北大路書房，1996
- 小林茂雄ほか，介護と衣生活，同文書院，2005
- 小林茂雄，装いの心理－服飾心理学へのアプローチ，アイ・ケイコーポレーション，2004
- 中島義明，神山進，まとう，被服行動の心理学，朝倉書店，1997

〈第6章〉
- 島袋勉・栗田智美，ホノルルマラソンへの道 義足のランナー，文芸社，2005
- 西本典良，まちへでよう！装いのバリアフリー 衣生活と介護，医歯薬出版，2002
- 山根寛・菊池恵美子・岩波君代編，作業療法ルネッサンス－人と生活障害③着る・装うことの障害とアプローチ，三輪書店，2006
- 田中直人・見寺貞子，ユニバーサルファッション だれもが楽しめる装いのデザイン提案，中央法規出版，2008

[索 引]

あ—お

項目	頁
足のアーチ	87
足のサイズと形状	88
足の変形	85
汗	103
圧感覚	75
アパレル	15
アレルゲン	124
安静時代謝	25
衣生活	166
衣服圧	70, 74, 77, 97
衣服圧測定法	74
衣服気候	36
衣服構造	160
衣服内温湿度	42
衣服の機能	16
うつ熱	155
運動時代謝	25
煙突効果	49
おしゃれ	134, 139
おむつ	114
おむつカバー	114
おむつかぶれ	115
温度制御	152
温熱環境	90
温熱性発汗	46

か—こ

項目	頁
外殻温	20
概日リズム	21
快適性	60
外反母趾	85
角質細胞間脂質	110
核心温	20
角層	108
可触範囲	158
褐色脂肪細胞	30
可動域	67
紙おむつ	114
紙おむつリサイクル	116
カラー	133
からだつき	149
下臨界温	30
換気	48
緩衝効果	43
乾性放熱	27
関節	66
患側	160
官能検査	137
寒冷順化	34
気孔率	62
着心地	165
着せ勝手	156
着せすぎ	155
基礎代謝	24
ギャッチ	14
吸湿性	41, 54
吸湿発熱	56
吸水性	41, 55
競泳用水着	96
局所圧	98
局所寒冷血管反応	33
曲率	71
筋	66
筋電図	98
筋負荷	99
筋ポンプ作用	81
クールビズ	49, 61
クロー値(clo値)	36
血管拡張	44
健康の定義	130
健側	160
顕熱移動	27
抗アレルギー加工	124
更衣環境	153
更衣動作	159
光沢	144
行動性体温調節	30
高齢者	142, 158, 159, 161
呼吸ポンプ作用	81
極細繊維	120
骨格	66

さ—そ

項目	頁
サーマルマネキン	37
サンクトリウス	13
産熱	24
紫外線遮蔽繊維	125
色彩	133
湿性放熱	27
臭気の発生	105
重心動揺	159
収着熱	43
障がい	164
消臭加工	107
上昇気流	48
蒸発	27
蒸発放熱	45
静脈還流	81
上臨界温	30
食事誘導性代謝	25
食事誘発性産熱反応	29
暑熱環境	60
暑熱適応	47
自律神経	76
自律性体温調節	29
新合繊	121
人工皮革	121
寝床内気候	90
新生児	156
身体	164
身体機能	148
人体の構造	66
心電図	136
水分特性	40
水分率	41
睡眠	89
水流抵抗	96
スキンケア加工	123
ストレスホルモン	136
静止空気層	39
精神性発汗	46
静電気	125
制電性繊維	125
性能	112
世界保健機関	130
接触冷温感	117
セラピー	143
セリシン加工	123
洗たく	113
潜熱移動	27

た—と

項目	頁
ターンオーバー	102

体圧分散寝具	95
体圧分布	93
体温	20, 90
体温調節	152
体型変化	148
対向流熱交換系	32
タイツ	98
体熱平衡式	28
対流	26
多重扁平繊維	145
弾性糸	72
断熱保温	56
蓄熱加工	57
着衣着火	161
着脱動作	160
通気性	53
テーピング機能	98
電磁波遮蔽繊維	126
纏足	85
伝導	26
電熱服	58
天然保湿因子	109
透湿性	41
動静脈吻合（AVA）	44
導電性繊維	125
特異動的作用	29
床ずれ（褥瘡）	94
取扱い絵表示	113

な―の

難燃性	163
乳幼児の体温	154
乳幼児の熱中症	154
乳幼児服	156
ニューラルネットワーク	137
妊産婦の体温	157
脱がせ勝手	156
布の力学特性	119
寝姿勢	92
熱コンダクタンス	40
熱産生	32
熱中症	47
熱抵抗	36
熱伝導率	40
脳波	89, 135

は―ほ

肌着	111
発汗	45
発汗漸減	46
発色性	144
はっ水性	41
パワーネット	72
伴行静脈	32
半側発汗	47
冷え性	34
光干渉発色繊維	145
皮脂の分泌	104
皮脂膜	109
引張特性	70
皮膚	110
皮膚温	20
皮膚血流量	83, 94
皮膚常在菌	105
皮膚弾力性	103
皮膚トラブル	105
皮膚の構造	102
非ふるえ熱産生	29
表在静脈	32
表面特性	119
ファッション	132
ファッションと高齢者	134
ファンデーション	78
ふいご作用	50
風合い	118
不感蒸散	29
ふるえ熱産生	29
プロポーション	150
分泌	103
平均体温	23
平均皮膚温	23
ペッテンコーフェル	14
弁別閾値	152
防炎加工	162
防護服	59
放射	26
防臭加工	106
防水性	41
放熱	25
放熱抑制	32

保温機能	57
保温性	52
補装具	165
ホメオスタシス	28

ま―も

見かけの熱伝導率	40
水着	96
むくみ	81

や―よ

有効熱伝導率	40
ゆとり量	159
ゆらぎ	138
汚れ	111

ら―ろ

卵殻膜加工	123
乱調（ハンティング）反応	33
リフォーム	160
リンパ還流	82
ルブナー	14
冷却衣服	59
ローレル指数	149
ロコモーション	156

NMF	109
q^{max}	117
WHO	130

アパレルと健康 ── 基礎から進化する衣服まで

2012年4月10日　第1版第1刷発行
2016年8月10日　第1版第4刷発行

著　者　日本家政学会被服衛生学部会Ⓒ
発行者　石川泰章
発行所　株式会社 井上書院
　　　　東京都文京区湯島2-17-15　斎藤ビル
　　　　電話（03）5689-5481　FAX（03）5689-5483
　　　　http://www.inoueshoin.co.jp/
　　　　振替 00110-2-100535
装　幀　髙橋揚一
印刷所　美研プリンティング株式会社

- 本書の複製権・翻訳権・上映権・譲渡権・公衆送信権（送信可能化権を含む）は株式会社井上書院が保有します。
- JCOPY〈（一社）出版者著作権管理機構　委託出版物〉
本書の無断複写は著作権法上での例外を除き禁じられています。複写される場合は，そのつど事前に，（一社）出版者著作権管理機構（電話03-3513-6969，FAX03-3513-6979，e-mail：info@jcopy.or.jp）の許諾を得てください。

ISBN 978-4-7530-2322-6 C3077　　Printed in Japan

出版案内

消費者の視点からの 衣生活概論

菅井清美・諸岡晴美編著
A5判・136頁
本体1800円

多種の繊維製品が次々と展開される今日の社会状況を鑑み，消費者としていかに対応するかという視点から，衣生活に必要な基本的知識をコンパクトにまとめた一冊。消費者行動の流れに沿って，被服の的確な選択と購入，快適な着方，清潔な管理といった日常に役立つ知識を平易に解説する。

生活科学のすすめ

佐藤方彦編著
B6変形判・248頁
本体1900円

「生活科学」とは，日常的な諸問題を今日の科学・技術の水準に照らして検討し，人間生活の向上に資することを目的とした新しい学問分野である。本書では，衣服学，食物学，居住学および家庭工学などの諸領域と生理人類学を結んだ学際的観点から「生活科学」の基本理念を平易に解説する。

生活文化論

佐藤方彦編
B6変形判・294頁
本体2100円

近年，われわれを取り巻く生活環境を単に科学技術的な観点からだけでなく，文化として捉える動きがでてきている。そこで本書は，生活文化とは何かを，従来の衣・食・住といった範疇に留まらず，広く関連諸領域から探り，その本質を解明していく。

生活環境学

岩田利枝・上野佳奈子・高橋達・
二宮秀與・光田恵・吉澤望
B5判・210頁（二色刷）
本体3000円

生活科学系および建築系の学生を対象に，人の感覚が感知する，生活上もっとも基本的な要件である「生活環境」のあり方と，それを作り，維持する方法について，音，空気，熱，光，水，廃棄物といった要素に分けて，科学的・工学的に平易に解説した。章末には演習問題を掲載。

健康をつくる住環境

健康をつくる住環境編集委員会編
B5判・176頁
本体3000円

居住者の健康をおびやかす化学物質過敏症やシックハウス症候群など室内空気汚染の問題を取りあげ，人間工学，建築環境，建築材料，建築設計，住まいの維持管理といったさまざまな視点から，安全かつ快適で健康的な住環境を確保するための具体的な方法を探る。

福祉住環境コーディネーター用語辞典[改訂版]

福祉住環境用語研究会編
A5変形判・214頁
本体2700円

福祉住環境コーディネーターの資格取得を目指す受験者を対象に，試験の出題傾向や介護・福祉の現状に即した基本用語2200余語を収録。前段には「医療系・福祉系・建築系の専門用語検索のための用語グループ一覧」を設けた。実務や日常の介護に携わる人にも役立つ一冊。

カラーコーディネーター用語辞典

尾上孝一・金谷喜子・
田中美智・柳澤元子編
A5変形判・230頁（オールカラー）
本体3000円

色彩検定，カラーコーディネーター検定の頻出用語を中心に，必須の1900余語と図表約790点を収録。実務者にも役立つよう，色彩知識の利用の広がりに合わせて，色覚・心理・色の表示，色彩調和，色と光，ファッション，インテリア，人名，文化等の分野を網羅した。290色のカラー見本付き。

＊上記の本体価格に，別途消費税が加算されます。